现代房地产税

美国经验与中国探索

张平○著

中国社会科学出版社

图书在版编目(CIP)数据

现代房地产税：美国经验与中国探索/张平著．—北京：中国社会科学出版社，2016.12

ISBN 978-7-5161-9428-7

Ⅰ.①现… Ⅱ.①张… Ⅲ.①房地产税—税收制度—研究—美国 ②房地产税—税收制度—研究—中国 Ⅳ.①F817.123.2②F812.422

中国版本图书馆 CIP 数据核字（2016）第 279214 号

出 版 人	赵剑英
责任编辑	喻 苗
责任校对	冯英爽
责任印制	王 超
出 版	中国社会科学出版社
社 址	北京鼓楼西大街甲 158 号
邮 编	100720
网 址	http：//www.csspw.cn
发行部	010-84083685
门市部	010-84029450
经 销	新华书店及其他书店
印 刷	北京君升印刷有限公司
装 订	廊坊市广阳区广增装订厂
版 次	2016 年 12 月第 1 版
印 次	2016 年 12 月第 1 次印刷
开 本	710×1000 1/16
印 张	17.5
插 页	2
字 数	273 千字
定 价	76.00 元

凡购买中国社会科学出版社图书，如有质量问题请与本社营销中心联系调换
电话：010-84083683
版权所有　侵权必究

序　言

　　张平 2010 至 14 年在美国乔治亚（Georgia）大学攻读公共管理学科的公共财政方向博士学位，博士论文的四篇文章（essays）分别考查房地产税与地方治理的四个相关方面。他于 2014 年夏，在西拉丘斯（Syracuse）大学完成论文并获得乔治亚大学博士学位后即回国，选择在复旦大学国际与公共事务学院任教，专门结合中国实际，研究地方财政与地方治理。张平博士的书稿完成，邀我作序。我欣然答应，肯定他的努力和成绩，并借此机会就地方税与地方治理研究的视角、方法和数据，说几句题外话。

　　中国在 1980 年代开始重建 1950 年代取消了的税制，在财政制度层面启动国家管理现代化的进程。三十几年时间，对于经历其中者，算得近乎半生的光阴；可对于社会经济制度建设，只是转眼一瞬，中国的财政制度建设成绩斐然，其中主要的包括建立了个人和企业所得税、创新了增值税、确立分税制等等。1990 年代以来的税改主要在增强国家尤其是中央的财权；我个人认为，现在是国家治理现代化进程中的一个关键节点，需要下大力气，切实地探究地方主体税的作用、设置和管理。

　　为什么强调地方税呢？因为基层政府是提供基本公共服务的主体，是大众生活每天直接面对的当家人。基层政府能否实实在在地履行其职责，是体现国家现代化、民众生活品质保障的关键。提供基本服务千头万绪、日常工作琐碎无比，其中公平与效率（效益）的两难困境对体系设计的要求很高，政府对居民的责任和政府自身的激励又使问题进一步复杂。要想妥善解决这些困难，客观上要求授予地方基层政府稳定可靠的财权。这是地方主体税存在缘由的一部分。

　　财与职来，钱随责走；现代政府体系中不存在免费午餐式的财权。

地方主体税服务于落实小康和谐社会的目标，其本质是从根本上改善地方治理。地方税和地方治理是具有普遍意义的话题，其研究应当基于中外比较和历史比较。唯有通过比较，才能去粗存精，避免他方和前人的失误，后来居上、更上层楼。

研究方法应当是理论结合实证。做中国税制方面的实证研究，缺乏数据是个大难题。其实，国内相关政府机构还是收集统计了很多数据的，但由于保密观念和一些其它原因，多数仍然不对学术研究人员公开，企望能够尽快改变，促进基础性学术探索和相关政策研究。

中国自1998年开始住房制度改革和2011年沪渝两市开始房产税试点以来，关于房地产税的著作已经开始多起来了，研究域外实践和经验的也不少，但多数是走马观花之类的观察感受或阅读域外著作的感想分析，沉下去经年观察研究的还不多，这本书是后者中的一个例子。作者在美国四年求学期间，专门于房地产税的研究，从文献到数据，做了可观的基础性工作；回到国内后，从细微处着眼入手，写成这本书。几乎每一章都包含了理论、数据和实证分析，是朝比较、实证方面努力的例子。

初识张平是在2009年夏天。我从乔治亚大学研究生院得到专项资助，可以用"大学奖学金"招收博士生，专门从事地方财政稳定方向的研究。清华大学经济管理学院一位资深教授向我推荐了张平。他本科学理，硕士转学经济，我觉得是合适的人选，很高兴能招到他。

2010年夏末，张平来到乔治亚大学，三年期间系统、完整地学习了公共管理和公共财政的课程。入学不久，我就建议他专攻税收当中的房地产税理论，再从地方财政与治理之间关系的视角研究美国的实践，并注重中国相关方面的发展。机缘巧合，时机恰好与国内沪渝两市试点房产税重合。张平系统、全面阅读了相关及相近的文献，并做了详细综述，又耗时费力地搜集乔治亚州40几个郡（县）的财政数据和这些郡内的微观房地产信息及其十几年期间的交易数据，为深入研究打下了坚实的基础。

2013年夏秋，我回到母校西拉丘斯大学麦克斯维尔（Maxwell）学院任教。张平又随我北上到雪城，在政策研究中心一年，潜心完成博士论文，并全力汲取、补充这里可以得到、之前欠缺的知识和技能。2014

年夏，张平通过乔治亚大学博士答辩，获得学位，论文得到答辩委员会成员的一致好评。毕业之际，他全意回国发展，以期发挥所学，用于国家的改革发展实践。我很支持他的选择。

看了初稿之后，我建议他把书名改为目前的题目。其中美国经验的"经验"二字，实指"做法"，中性、没有褒贬，意思是观察、取其精华和成功之处，避其失误。

细心的读者会发现书中不少行文带有明显的翻译腔，似乎不尽通顺。这是留学生读外文汲取知识后，一个阶段内的普遍特征和"后遗症"，我本人也不能幸免。相信读者能体谅，更相信作者会较快恢复、增强中文写作技巧。行内专家会察觉本书作者对美国实践的提炼和对中国探索的总结都还需要进一步加深把握，我想，这是一位年青学者成长和进步的必经过程吧。

张平是"中国房地产税研究项目"课题组的核心成员，自始参加了全部工作。读者可以把这本书阐述的内容，当作对《中国房地产税税制要素设计大纲》中若干论点的注脚。毋庸讳言，本书中一些观点尚有需要商榷之处，作者某些看法仍需进一步推敲，不过，都是他思考过程的反映。我乐于看到年青学者思想活跃，不拘一格。

侯一麟
2016 年 11 月末
美国纽约州詹姆士维尔镇

目　　录

上篇　美国经验

第一章　房地产税的美国研究理论述评 ……………………（3）
　一　房地产税作为地方税 ……………………………………（5）
　二　房地产税对房价的影响 …………………………………（7）
　三　房地产税的税负归宿 ……………………………………（8）
　四　房地产税的公平性 ………………………………………（10）
　五　房地产税与地区间财力差异 ……………………………（12）
　六　结语 ………………………………………………………（14）

第二章　美国房地产税的历史演变与地方政府收支结构 …（21）
　一　房地产税在美国政府层级间的演变 ……………………（21）
　二　美国的财政收入和支出结构 ……………………………（25）
　三　美国地方政府的收入和支出结构 ………………………（32）
　四　房地产税与其他税收 ……………………………………（35）
　五　结语 ………………………………………………………（37）

第三章　美国地方政府的不同类型、收支结构与地方治理 …（39）
　一　美国的地方政府类型 ……………………………………（39）
　二　不同类型地方政府的收入重要性 ………………………（43）
　三　地方自主税收来源与转移支付 …………………………（45）
　四　碎片化地方政府与财政收支结构 ………………………（49）
　五　房地产税与不同地方政府之间的治理功用 ……………（62）
　六　结语 ………………………………………………………（67）

第四章　美国房地产税的征收实践 (69)
　　一　美国房地产税治理的实践经验 (69)
　　二　以佐治亚州克拉克郡及克拉克郡学区为例 (76)
　　三　美国房地产税实践中存在的问题 (83)
　　四　主要结论及政策建议 (96)

第五章　房地产税在美国的州际差异 (101)
　　一　州样本选取 (103)
　　二　房地产税政策差异 (104)
　　三　差异产生的原因与结果分析 (110)
　　四　结语 (125)

第六章　美国房地产税的福利效应量化分析 (128)
　　一　文献综述 (130)
　　二　理论基础 (133)
　　三　数据 (135)
　　四　传统资本化模型的缺陷与改进 (138)
　　五　分析结果 (141)
　　六　结论与政策建议 (151)

下篇　中国探索

第七章　中国房地产税改革的理论探索
　　　　　——用脚投票与地方政府竞争 (157)
　　一　Tiebout 模型基本假设 (158)
　　二　税制设计与制度保障 (160)
　　三　房地产税改善地方治理与现有制度的协调 (167)
　　四　结语 (170)

第八章　中国房地产税的政府层级归属
　　　　　——作为地方税的理论依据与制度设计 (173)
　　一　财政分级制与公共选择 (174)
　　二　房地产税的受益税特征 (176)

三　支付意愿与支付能力 ……………………………… (177)
　　四　地区间异质性和偏好多样性 ……………………… (178)
　　五　结论 ………………………………………………… (180)

第九章　中国房地产税的早期发展、试点经验与改革设想 …… (185)
　　一　房产税（财产税）在中国的早期发展 …………… (187)
　　二　现代房地产税的法理基础 ………………………… (193)
　　三　房地产税改革的收支模拟与地方公共服务 ……… (196)
　　四　房地产税改革成功推进的关键 …………………… (205)
　　五　结论与讨论 ………………………………………… (211)

第十章　中国城镇居民的房地产税缴纳能力与地区差异 …… (217)
　　一　现有研究与衡量指标 ……………………………… (219)
　　二　数据、方法和结果 ………………………………… (222)
　　三　结论 ………………………………………………… (234)

第十一章　中国房地产税改革的定位与地方治理架构探讨 …… (237)
　　一　地方财政体系的建构 ……………………………… (239)
　　二　房地产税改革与政府治理 ………………………… (246)
　　三　中国房地产税改革的推进思路 …………………… (249)
　　四　结论 ………………………………………………… (252)

第十二章　全书结论：美国实践在中国探索中的综合考量 …… (256)
　　一　理论的一般性 ……………………………………… (257)
　　二　实践借鉴的去粗取精 ……………………………… (258)
　　三　对中国当前政策的评估与展望 …………………… (260)

后记 ………………………………………………………… (270)

上篇
美国经验

第一章 房地产税的美国研究理论述评[*]

中国房地产税改革已经进入立法完善阶段，学者对房地产税在中国背景下从政策层面和技术层面分别进行了较多探讨。鉴于中国和美国在诸多方面的可比性，本章将房地产税在美国的相关研究归结为几大类主题，分别从房地产税作为地方税、对房价的影响、税负归宿、公平性以及与地区间财力差异的关系等角度对房地产税的相关研究文献进行全面梳理和理论述评。这些研究对厘清中国的房地产税改革可能带来的相关社会经济效应具有重要的借鉴意义，有助于进行房地产税制度设计时能够提前进行配套政策的综合筹划。

房地产税是一个比较宽泛的概念。基于征收房地产税的目的不同，房地产税的税制要素设计会有所不同，尤其是体现在税基的设置上。就税基宽窄来看，有窄税基的房地产税、中税基的房地产税及宽税基的房地产税之分。窄税基的房地产税典型的如韩国中央政府征收的综合不动产税（Comprehensive Real Estate Holding Tax）和我国2011年上海和重庆试点的房产税。以韩国的综合不动产税为例，该税自2005年开始征收，征收目的在于抑制房地产投机和最大限度地实现税收公平。从税制设计上看，中央政府给予6亿韩元或9亿韩元的免征额（按照1元人民币兑180韩元折算，上述免征额折合约333万元和500万元人民币）。我国2011年上海和重庆试点的房产税则更是窄税基的房地产税。中税基的房地产税如我国1986年开征的"房产税"（以下简称86版房产

---

[*] 本章的主要内容发表于《复旦公共行政评论》（张平、任强《房地产税相关问题探讨：基于美国房地产税的研究述评》，《复旦公共行政评论》2016年第1期）。

税），86版房产税主要针对工商业住房进行征收。对于居民的房地产则不予征收。宽税基房地产税要求绝大多数房地产都是课税对象，税基较宽。宽税基房地产税的税收收入可以成为基层政府的重要财政收入。如美国基层政府的财产税、韩国基层政府征收的地方财产税、英国的议会税（Council Tax）和澳大利亚的房产税（Rates）等。即便是宽税基的房地产税，具体税制要素设计差异也很大。

  房地产税在欧美以及一些亚洲发达国家已经是一个比较成熟的税种。国外关于房地产税研究的文献以美国居多，关于房地产税的研究也更为微观和细化。其多样化的房地产税征收办法为社会研究提供了多种社会实验视角。已有文献对房地产税的税制要素设计及其在地方政府财政中的重要性等方面进行了一些国际比较，但仍未见对房地产税的相关研究文献进行全面综合性的理论述评；尤其是对房地产税在成熟市场中的各类经济效应的研究，还缺乏相应的关注。那么，我们为什么选择以美国研究为主的英文文献进行理论梳理？房地产税作为地方税种，各国的差异巨大，其实施的政策依据和产生的结果均有所不同；对于疆域辽阔的国家如美国等，其不同州之间的房地产税政策设计也千差万别。从平均有效税率来看，在纽约州、新泽西州等税率较高州的某些郡（县）可达到3%，而在亚拉巴马州和夏威夷州等税率较低州的一些郡（县）仅为0.3%，相差近10倍。[①] 因此，从房地产税的税制要素结构对中国的借鉴意义来说，基于疆域大小、人口数量和区域间差异等方面来看，美国或是整个欧洲和中国才具可比性。当然，由于日韩的经验与东方文化类似，研究日本和韩国等亚洲国家的房地产税对中国亦有特殊的意义。总的来说，房地产税在中国某个区域的具体设计可以充分借鉴多个其他国家的经验，但区域间的差异化特征在疆域较小的国家往往难以体现。因此，我们这里主要以美国为例，对以美国的房地产税为对象的研究进行综述，试图从中抽象出一些共通的规律。

  美国的房地产税历史悠久，在建国伊始就有了房地产税；其政治经

---

① 资料来源：美国税收基金会（The Tax Foundation），http://taxfoundation.org/article_ns/median-effective-property-tax-rates-county-ranked-taxes-percentage-home-value-1-year-average-2010。

济制度亦是在欧洲文明的基础上经过吸收提炼演化而来的。如前所述，美国幅员辽阔、人口众多、经济社会结构复杂，地区差异明显，在发达国家中跟当今中国也最具可比性。同时，美国的联邦制决定了州政府和地方政府均有较高的自主权。而在单一制下的中国，省及省以下政府在税基定义、税率确定等方面基本没有发言权。因此，如何达到房地产税在地区间的差异化制度设计往往是多数人的疑问。实际上，在中国现有的相关制度和政策中，同样允许存在地区差异，且差异化程度很大的领域比比皆是，如新型农村合作医疗（王绍光，2008）、林权改革（温铁军，2010）、环境税改革（楼继伟，2015：186；苏明，2014）和跨年度预算制度改革（马蔡琛，2016）等。这些说明了中国作为疆域和人口的超级大国，即便在单一制体制下地区间差异的存在也不可避免且很大程度上可以提高经济效益。同样，房地产税的差异化设计也不会导致"天下大乱"。相反，基于下文的理论述评可以看出，房地产税的各类社会经济效应很多时候决定于当时当地的实际情况。在强中央政府的前提下，这样的分权可以充分发挥分权的有效性，实现因地制宜，不求划一。因此，本章选择美国对房地产税的理论和实践进行综合完整的文献阐述，从房地产税的普遍理论出发、从长期实践出发，可以帮助我们从深层次理解房地产税制度设计的原理和避免当今实践中已经被证明的种种问题。

一　房地产税作为地方税

房地产税作为税收和公共服务的连接工具，为地方政府提供了可靠稳定的收入来源，这一自有财源在很大程度上支撑了美国地方政府的独立性（Brunori, Green, Bell, Choi & Yuan, 2006；Mikesell, 2011），在不少欧洲国家亦是如此（Almy, 2001）。从20世纪60年代起，美国90%以上的房地产税都归于地方政府。相对于其他税种，为保障地方政府自主性，房地产税被认为是地方政府提供公共服务最有效率的收入来源（Connolly, Brunori & Bell, 2010）。因为当地区间存在较大差异时，相比于上级政府（如中国的中央政府或省政府），由最接近居民、更加熟悉居民实际偏好的地方政府来提供公共服务更有效率（Fischel, 1992；

Hamilton, 1975, 1976b; Tiebout, 1956)。

　　Tiebout（1956）研究了分权体制下地方公共服务的提供问题。尽管他的研究对象存在于分权体制下，但该研究蕴含着现代社会基层政府公共服务提供的潜在规律。他在其《地方支出的纯理论》一文中关于地方政府公共服务提供问题的研究引导了之后房地产税问题研究的基本方向。在该文中，他对地方政府、辖区居民和地方性公共服务等做了七项假设。在假设得到满足的条件下，辖区居民可以通过"用脚投票"的方式在足够多的辖区之间自由选择税收和公共服务组合，从而促使地方政府的公共服务供给实现最优。在 Tiebout 描述的图景中，给地方政府创造主要收入的税种是与地方公共服务相对应的一种"受益税"。然而，Tiebout 并没有指出他设想中的"受益税"在现实中到底是什么税种。在房地产税作为地方政府主要收入来源的同时，也存在一些关键问题。这包括房地产税的直观可见性和痛苦指数高（由于税负高度透明）、以价值评估为代表的行政事务问题、收入（支付能力）与财产所有权（税收负担）之间不匹配的问题，以及地区间的财力差异问题。这些问题是否由于房地产税作为地方税而引起？我们又应该如何解决？

　　根据 Oates 的观点，尽管房地产税的可见性使其不受欢迎，但一种好的税收应当让人们意识到公共服务的成本。对于收税而言，可见性是"一种优点，而非过错"（Oates, 2001, p. 24）。而从行政事务方面来看，更现代化的、准确的、频繁的评估管理大大降低了评估实践中的不公平现象。同时，房地产所对应的税基逐渐受到限制，也简化了税收，减小其"侵入性"（intrusiveness）。此外，推出所谓的"断路器"政策，为某些经济弱势群体，比如老年人和低收入家庭，提供房地产税减免，显著地解决了收入与财产之间不匹配的关联问题。最后一个问题是地区间的财政差异，事实上房地产税确实很大程度上导致了不同地方政府在政策结果上的差异。然而，Oates（2001）认为财政差异并不是房地产税本身导致的结果，相反，它反应的是普遍的地方税收现象。例如，McGuire（2001）发现，地方的销售税和所得税也面临着和房地产税相同的地方差异问题；在地方税收税基中，销售税所导致的地区差异甚至比房地产税更大，而地方所得税也只是略小于房地产税所导致的差异。因此，Oates（2001）认为真正的问题是：我们是否应当依靠地方税收来支持基层的公共支出？或者说，地方政府能否从上级政府的转移支付中获得其主要财政收入？

事实上，几乎所有的地方财政系统都是自筹资金和政府间转移支付的混合体。在配比上有着相当大的差异，这反映了地方政府财政观念间的基本差别（Oates，2001）。地方税收的财政差异问题被Oates视为最重要的问题。利用地方服务供应效率的衡量指标，Duncombe和Yinger（1998）发现，由于"粘蝇纸效应"，通过政府间转移支付来提供公共服务比由地方自有税收来提供更有效率。他们的测算发现，平均来看，1美元转移支付的增加会引起0.33美元地方教育支出的增加；而地方自有收入增加1美元，只能引起0.10美元的教育支出增长。Hines、Thaler（1995）和Inman（1983）回顾了其他关于"粘蝇纸效应"的研究，提出"粘蝇纸效应"是政治的产物，最该被视为政治制度和对相应的民选官员激励措施的结果。因此，对于地方政府来说，不同的财政收入组成如何影响地区间财政差异值得进一步深入研究。强化地方主体税种势必会加大公共服务提供的不平等。对于中国来说，如何在推进房地产税改革的同时兼顾到公共服务均等化是今后房地产税改革的理论指导和实践应用的一个重要挑战。在本章的第五节我们将专门探讨房地产税与地区间财力差异的关系。

虽然房地产税有着诸如税负明显、不受欢迎和地区间差异较大等缺点，但是由地方政府管理和掌握房地产税同样优势显著：（1）房地产税为地方政府提供了可靠稳定的收入来源，（2）房地产税在税收和服务之间建立了直接联系，（3）地方政府也因此拥有了由足够的自筹资金支撑的地方自主权（Brunori et al.，2006；Mikesell，2011）。房地产税在美国立国初期开始就已经存在并被广泛接受（Brunori et al.，2006），此后从州政府的主要财源逐步转移到地方公共财政管理之中。

二 房地产税对房价的影响

根据经济学原理，对于一般的消费品，增加税收会使商品的价格提高，税负在供方和需方中的承担比重由供给弹性和需求弹性决定。但由于房产同时具有消费品和投资品的特征，房地产税对房价的影响很大程度上取决于房地产市场的供求状况。房地产税会增加投资性需求的成本，使得投资性需求向市场释放变为消费市场的供给方。因此，房地产税对房价的影响取决于税收的增加多大程度上会导致投资性需求向消费市场供给转变，在投资需求占比较高的背景下，房地产税的开征会使房价下降。中国房地产市场的复杂性决定了很难对房地产税对房价的影响作出简单的结论，我们将另文专述房地产税对房价影响的理论模型和可能的实证结果。在投资需求和消费需求均衡的市场中，房地产税对房价的影响则取决于如何使用房地产税收入。房地产税一般用于当地基本公共服务，房地产税使房价下降（由于存在地区间竞争），但由房地产税支持的相应公共服务会使房价上升，最终房地产税对房价的影响取决于这两者效应的相对强弱。因此这一问题也即转化为房地产税和公共服务的资本化研究。例如，Oates（1969）运用新泽西州53个市/镇的数据证明，房产价值与房地产税的有效税率呈显著的负向关系，同时与公立学校的生均教育支出呈显著的正向关系。

Haughwout（1999）利用美国29个大城市的数据，将房地产税和基础设施的资本化进行比较，发现在市区和城郊有着显著的不同。他提出不同地区的房产对房地产税有着不同的资本化率是值得深入研究的问题，这正是房地产税在不同地区需要以及如何差异化设计的理论原因之一。现有文献一般用公共服务资本化到房价中的参数来量化公共福利的价值。当居民可以自由选择居住地时，房价效应体现了居民对公共品价格的支付意愿。这一结论也被很多学者的实证结论所证明（Brueckner，1979；Haughwout，2002；Roback，1982）。Chakrabarti和Roy（2012）进一步发现教育财政支出的增加对不同收入阶层的影响有很大不同；教育支出增加会提高低档社区的异质性，同时会降低高档社区的异质性。这一结论也佐证了同一种公共服务对不同人群带来影响的差异。

三　房地产税的税负归宿

关于房地产税的税收归宿问题，理论界主要有三种观点（Rosen，2001）：分别将房地产税作为消费税（Excise Tax）（Netzer，2001；Simon，1943），将房地产税作为资本税（Capital Tax）（Mieszkowski，

1972；Zodrow，2014；Zodrow & Mieszkowski，1986）和将房地产税视为使用费（User Fee）也就是受益税。在这三种观点之下，关于房地产税归宿的理解不同。在第一种观点下，对土地征收房地产税和对建筑物征收房地产税的归宿不同。就土地而言，根据一般理解土地的供给不具有弹性，这样土地的所有者承担所有税负；就建筑物而言，传统观点认为建筑物的供给曲线是水平的，这样，供给方不承担税负，承租房地产的租户承担所有税负。第二种观点将房地产税视为一种资本税。具体来说，资本税同时具有一般税效应（General Tax Effect）和消费税效应（Excise Tax Effect）。房地产税以不能移动的房地产为课税对象，税收会被资本所有者承担。第三种观点将房地产税视为一种使用费。这一观点将房地产税作为享受基层公共服务所付出的价格，因而认为讨论所谓的税收归宿没有任何意义。

尽管这些观点在税负归宿的评价上存在一定的不一致，但没有改变房地产税作为受益税用于基本公共服务的事实。基于房地产税的资本化特征，房地产税通常被认为是一种受益税（benefit tax），即房地产税一般用于当地的基本公共服务，居民缴纳房地产税的同时也可以享受这些公共服务。即使居民不享受相应的公共服务，这些公共服务也会被资本化到房产价值中。因此，房地产税的最终受益者仍是房产拥有者（Hamilton，1975，1976a；Oates，1969，1973）。Oates首先说明了房地产税是现实中最接近Tiebout设想的"受益税"。与Oates的研究类似，Yinger、Bloom、Boersch - Supan和Ladd（1988）等上节中提到的众多学者同样发现：房地产税是一种"受益税"，房地产税和地方公共服务可以被资本化到房产价值之中。房地产税作为受益税可以成为财权与事权和支出责任匹配的天然工具，形成地方财政收支相连的治理体系；从而降低税收的政治成本和管理成本，减少对经济行为的扭曲，提高经济效益（Wallis，2001）。因此，作为受益税，房地产税由房产的居住人承担（房屋出租时房地产税会被转嫁给承租人），居住人承担房地产税的同时享受了相应的公共服务。从税负归宿的角度看，由于房产不可移动的特征，大大降低了匹配纳税人和公共服务受益者的难度。房地产税是将收入和支出相连的最好税种，是对经济行为的扭曲较小的高效率受益税。

Hamilton（1975，1976a）认为，为了使房地产税更为接近 Tiebout 设想的"受益税"，有必要对辖区内的房屋建设进行一定的规划限制（Zoning Regulation）①。例如规定辖区内建设的房屋必须达到一定的价值标准，其目的是使根据每套房屋价值计算出来的房地产税不得低于规定数额，以防止纳税人仅缴纳数额较少的房地产税就可以享受辖区中同等数额的公共服务，产生"搭便车"的结果。简单来说，就是使每个辖区居民必须缴纳最低数额房地产税。Fischel（1980，1992，2013）进一步认为，辖区房屋规划限制不局限于要求房产价值必须达到最低标准，还包含其他有关土地使用的规定，如最低建筑面积要求、限制房屋独家独户使用和街边停车位建设要求等。Glaeser 和 Gyourko（2010）研究发现，上述规划限制区域的房产价格要明显高于没有规划限制区域的房产价格，佐证了"搭便车"行为确实会降低公共服务供给效率。

四 房地产税的公平性

房地产税的公平性可以从多个视角进行把握。有的学者从税制要素方面来研究房地产税的公平性问题；有的学者从评估的精确性上来研究房地产税的公平性问题。公平是房地产税研究中的重要问题，主要分为横向公平（horizontal equity）和纵向公平（vertical equity）。房地产税在税率、税基等方面的设计也会影响横向公平和纵向公平问题。横向公平指情况类似的纳税人应税额相等，纵向公平指情况不同的纳税人应税额不等。例如，由于不同类型房产的评估率（评估价值/实际价值）不同，情况类似的纳税人可能由于居住的房产类型不同导致税负差异，这就会产生房地产税的横向不公平（Cornia & Slade，2006）。从纵向公平的角度来看，税种分为累进税、比例税和累退税。一般认为累进税符合

---

① 规划限制（Zoning Regulation）是尽可能防止搭便车，提高基层公共服务提供效率的一种设置。如美国有些基层政府规定，该基层政府范围内的住房不准小于一定的使用面积。设定了面积等同于设定了房产价值进而设定了房地产税的缴纳。实质上，这些规划限制的目的是将没有付出相应公共服务成本的居民排除出去。这种规划限制与美国基层政府的重叠设置和基层政府特有的权力有关系。规划限制的结果促使了辖区居民的同质性。这种规划限制不同于一般的城市规划，更精确地说，可以将其翻译为排他性规划。

纵向公平的标准。对于某种类型的房产，如果其评估值与市场价值的比率随着该房产市场价值的增加而下降，房地产税就是累退税；反之就是累进税（Sirmans, Diskin, & Friday, 1995）。累退税会加剧不同群体纳税能力的差异。富人拥有房产的市场价值较高，因此富人房产的评估值就会被相对低估，有时需要某些对穷人的豁免政策以消除这类不公平。Plotnick（1981）从理论的角度利用劳伦兹曲线（Lorenz curve，常用于计算基尼系数）比较税前和税后的分布来测量横向公平。基于横向公平和纵向公平之间存在的此消彼长关系，King（1983）将两者结合设计出了一个不公平指数，利用英国的数据作了很好的验证，并在不公平指数的基础上提出了最优税收模型。亦有不少学者致力于从技术的角度优化测量房产市场价值的模型。例如，Paglin 和 Fogarty（1972）提出了一个较好的房地产税评估概念模型。在此基础上，Clapp（1990）发现可以利用两阶段最小二乘法（2SLS）剔除一般测试中存在的大量偏差，获得更为准确的房产市场价值。

针对公平问题，美国不少州的房地产税政策细节有差异，并且在发生着调整和变化。不少政策细节对房地产税的公平有重要的影响。从实践的角度看，加利福尼亚州（以下简称"加州"）的13号法案很好地反映了房地产税作为政府收入和支出的连接工具，使得属地居民对其公平性产生了相关看法和行动。在一系列政治社会背景下，1978年加州通过了第13号提案。加州第13号提案规定：第一，财产税（房地产税）税率的最高限制为应税财产货币价值的1%。第二，确定财产基准评估值的方式存在三种，即：①1975年3月1日前购买的房地产以该时点的价值为基准；②提案实施后发生交易的房地产以交易日的市场价值为准；③提案实施后竣工的房地产以交付使用时的实际价值为准。第三，提案实施后，财产评估值的涨幅以每年2%为最高标准，或者以通货膨胀的年上涨幅度为最高限制，两者间取低值。在加州13号提案实施后的若干年时间，加州房地产价值呈现出较高的涨幅。在涨幅大于2%的情况下，房地产税纳税人为了防止自身税负上升，显然会采取降低交易频率的策略。否则，提高房地产交易频率将会使房地产按照最新的市场价值进行评估。在这种政策下，对于新购买房地产的纳税人显然比持有房地产较长时间纳税人的房地产税负高。这就产生了不公平的现象。同时，这种状况对纳税人的住房拥有行为产生了锁定（Lock-in）效应。Ferreira（2010）利用 1986 年和 1988 年加州 60 号提案和 90 号提案为例，研究了锁定效应的大小。60 号提案和 90 号提案规定，满 55 岁的房地产税纳税人换房可以仍旧参考换房之前房地产的评估价值进行纳税。研究结果发现 55 岁房主的流动性比 54 岁房主的流动性提高了 25%。与加州 13 号提案类似的政策在其他州也存在。Moore（2008）研究了佛罗里达州房地产评估值增长设限政策和自住减免对公平问题的影响，发现这些政策的实施对横向公平和纵向公平都产生了负向结果。

除了研究居住性房地产税减免政策对公平问题的影响。不少学者也研究了农牧业用地房地产税减免政策对公平问题的影响。如 Spahr 和 Sunderman（1998）研究了怀俄明州对农牧业用地评估优惠的政策对公平问题的影响。他们发现对农牧业用地按照生产率进行评估的价值低于市场价值，这不利于横向公平和纵向公平。也有一些学者就评估的精确性对房地产税公平性的影响进行了研究。如 Allen 和 Dare（2002）以佛罗里达棕榈滩郡（Palm Beach County）的房地产税评估为例研究了该问题。他们发现，地块面积和居住面积越大，评估越不精准；少数族裔占比越大的社区，评估越不精确。对于市场活动程度高、居民收入高的区域，评估的精度高。对房产价值评估的精确性确实也会影响房地产税的公平性问题。

五　房地产税与地区间财力差异

尽管房地产税作为基层政府重要财政收入具有很多非常重要的作用，这些作用在促进效率和作为价值捕获工具（Value Capture）等方面均有体现，然而，如果将房地产税作为基层政府重要财政收入与基层政府的碎片化（Fragmentation）叠加在一起，也会产生其他的结果。按照 Tiebout（1956）描述的那样，愿意付出相应税收价格的人能够在无限多有差异的辖区中选择最能满足自身偏好的公共支出模式。在这种情境下，每个辖区在基本公共服务提供方面似乎是一个独立的小"国家"，是能够达到经济效率的。然而，这些现象如果和收入及种族等问题过分掺杂在一起的话，则可能会加剧不均等和社会隔离（Social Segregation）

的现象，亦可能会加重社会矛盾。因此，不少社会政策研究者对此提出了疑问，政府事实上也采取各种措施试图缓解这一现象。以1971年加州的 Serrano v. Priest 案件为例。加州洛杉矶郡一部分家长将加州财政厅长和洛杉矶郡公立学区负责人等告上法庭。原告认为加州公立学区对房地产税的过分依赖导致了学区之间收入的过大差异，这种学区的融资体系违背了加州宪法第十次修正案中关于公平问题的条款（Equal Protection Clause）。法院最后裁决这种融资体系违背加州宪法。随后，加州政府采取措施对学区之间的财力进行均等化。州政府接下来的举措是加大州政府对财力较低学区的转移支付力度，同时限制较高财力地区税收收入的增加幅度。

在地方政府财政中真实地存在一种介于效率和公平之间的张力，即地方税收和转移支付（Oates, 2001）。与西欧国家不同，美国财政独立的地方政府是地方公共财政的关键。对于西班牙、挪威、德国和意大利来说，地方政府的财政收入则主要依靠来自中央政府的转移支付。与美国相比，欧洲的地方公共服务由财政依赖性较强的地方政府更多地依赖转移支付的方式来提供，这使得不同地方政府的财政支出更具一致性（McGuire, 2001）。在美国，学区作为地方政府的一种形式，在最近几十年中对转移支付具有较高的依赖性，加利福尼亚州和密歇根州就是两个明显的例子。这一发展的主要原因是始于20世纪70年代对房地产税的抵抗，以及法院对房产价值以及中小学的生均教育支出分配不公发起的挑战（Murray, Evans & Schwab, 1998）。学区财政来源变化所产生的影响，包括对教育的整体质量和贫困地区学生教育的影响，受到了学者的激烈讨论，目前尚未达成共识。但是，除了加州之外，对于州财政大力支持地方公共学校发展，并没有发生大范围的不满（McGuire, 2001）。至于美国和欧洲国家之间的区别，Netzer（2001）认为，地方政府融资渠道是对顺从和不顺从两种传统之间区别的反映。英国学者重视应税财产的一致性和完全性，他们不关注有效税率中的地理因素差异或者其他后果。而美国学者则积极参与改革，强调充分考虑区域间的异质性。

除了学区之外，在包括郡（县）、市的其他管辖区，房地产税基的分布不均也是抑制过度使用自主财政收入来源的一个因素。在拥有大量的地方管辖区的大都市地区，因为具有相近收入的人们根据"蒂伯特排序"（Tiebout sorting）趋向于聚居在同一个管辖区，所以地方间财政差异更大（McGuire，2001；Tiebout，1956）。因此，就像许多欧洲国家以及美国的学区那样，对地方政府的政府间援助是一种成功的融资渠道，它为限制过度使用房地产税，以及为表明地方政府在没有基本的自主财政收入来源的情况下也可以表现得很好提供了证据支持（McGuire，2001）。然而，由于复杂的管理系统、模糊的税收和支出责任，以及扩大了税收的无谓损失（deadweight loss），转移支付会增加交易成本（Bröthaler & Getzner，2011）。没有对地方具体条件进行充分考察认识的转移支付拨款随意性也会导致交易成本的扩大和转移支付的低效率（Borck & Owings，2003；Chesney，1994；Grossman，1994；Volden，2012）；诸如"跑部钱进"的现象就会不时发生。

此外，地方政府的财政自主权确实具有其合理性。在拥有自主收入来源的情况下，地方政府可以对居民或选民的需要负责，可以在不同的支出决策中提供有效的公共服务（Oates，1972，2001），还可以在有限的地理区域内对纳税人和支出受益者进行匹配（McGuire，2001；Wallis，2001）。Connolly，Brunori 和 Bell（2010）还发现地方政府来源于国家的财政收入（转移支付）和地方自主财政收入的比例与地方自治的程度密切相关（McCluskey，1999）。由于这些原因，有学者认为美国式的联邦制仍然需要被保持，包括具有财政自主性授权的地方政府。而在较低（有效）税率的前提下，房地产税似乎是大幅提高财政收入的最好工具（McGuire，2001）。

六 结语

随着深化财税体制改革提上议事日程，房地产税作为一个重要税种，尤其是对地方政府财政改革至关重要。在争论房地产税政策在中国实施的可行性、实施方案及其可能产生的社会经济影响之时，我们对发达国家相关文献的认识和分析仍并不透彻。美国的房地产税研究已持续近百年的历史，其研究的视角也涉及房地产税本身的税制要素设计的效率与公平，对房价和居民生活的影响，以及作为地方税对财政收入和政府治理的方方面面。因此，我们聚焦美国房地产税作为地方税、对房价的影响、税负归宿、公平性以及与地区间财力差异的关系等角度对相关研究文献进行全面梳理和理论述评。这些研究对厘清中国的房地产税改革可能带来的相关社会经济效应具有重要的借鉴意义，有助于进行房地产税制度设计时能够提前进行配套政策的综合筹划。

（一）基于美国房地产税问题研究的总结

房地产税的税基不可移动和作为受益税的特征决定了其适合成为地方政府的主体税种，这使得地方政府可以根据当地居民的实际偏好和现有财力合理高效地分配财政资源和决定公共服务支出的结构。当然，房地产税的税负显性化使得其不受欢迎以及造成了地区间较大差异等缺点也产生了一些局部性的争议。房地产税对房价的影响则取决于房产的消费需求和投资需求的相关状况及其可能产生的变化。在这两项需求趋于平衡的成熟房地产市场中，这一问题转化为房地产税在房价中的资本化，其结果进一步取决于房地产税的支出取向和居民偏好。而在中国房地产税从无到有，且其支出取向还处于不确定性的过程中，房地产税对房价的影响也由更多的因素左右和决定。房地产税的税负归宿对于一个新税种的实施至关重要，这与税制要素的设计直接相关。甚至在房地产税的税制要素设计基本稳定的发达国家，其税负归宿也存在受益税、资本税和消费税的不同视角。对房地产税的横向公平和纵向公平问题，学者也从不同的角度进行了多方位探讨。房地产税的税制要素的设计和房产价值评估的精确性均会对公平性产生不同程度的影响。文献中的实证结果也表明，规划限制（zoning Regulation）的差异也会使房地产税的税负归宿发生变化，对公平性产生影响。最后，房地产税作为地方政府主要财源，在一定程度上导致了地区间财力差异。学者和政策制定者也从不同的角度为解决这一问题提供了相应思路和方法，包括通过转移支付缩小地区间差异。加州等地区针对地区间差异对房地产税进行调整的相关政策也反映了居民对房地产税导致的地区差异所诉诸的实际行动。但房地产税作为地方政府的自有财源所具备的效率和治理优势，也提醒我们应该正确适当认识地区差异存在的必要性。正如文献中所说，房地产税扩大了地区财力差异本质上是地方自有财力的问题，这一问题归结于是否需要有地方自主财源以及什么税种是更好选择的问题。综合理论上的利弊得失以及绝大多数国家的实践，结果表明，房地产税仍然并将持续是地方政府主体税种的较好选择。

（二）对中国未来房地产税政策的思考

现有的英文文献在上述几个不同方面均对房地产税的相关社会经济效应和影响进行了充分的研究。但中国作为转型经济体，其房地产税的改革在这些方面均具备着不同程度的特殊性。房地产税作为地方税提升基层治理水平需要以房地产税收入的充分性为前提，唯有以充分的收入作为地方主要收入来源，才能成为有效连接收入和支出，有助于财权事权与支出责任相匹配的税收工具。关于开征房地产税对房价的可能影响，中国住房市场投资需求规模的不确定性以及数据的准确性难以获得，使得具体的数据分析难度加大。房地产税的税负归宿至关重要，与居民的生活息息相关，这考验着政府进行税制要素结构设计的政治智慧，也亟须相关的实证分析支撑。公平性也将很大程度上决定整个社会对于房地产税这一新税种的接受程度，这涉及不同角度的分析，在中国利益主体相对更加复杂的基础上如何做到这一点需要各级政府对税制设计的因地制宜和税政实施透明度的全心投入。最后，由于不同区域间的经济发展差异，整个房产市场的价值有很大区别，如何在大面积推广房地产税的同时，协调区域间财政能力？如果将这些房地产税用于地方基本公共服务，这势必会加大区域间公共服务的不平等，是否能在推进房地产税改革的同时兼顾公共服务均等化？这些问题都亟须得到解答。一个可能的解决办法是将房地产税的收入在不同政府层级间进行一定的划分，例如，40%的收入由市政府统筹，用于缩小地市内不同区县的横向差距，其余60%由基层区县自行使用。这一比例由各省、市自主确定，如何划分与各地的房地产税收入潜力以及财政集中度紧密相关。总之，房地产税涉及面广泛，中国的房地产税改革具备的多重特殊性对其理论研究和改革实践会产生重要的影响。这有待于这一领域的学者不断添砖加瓦，以期在理论上探讨出在完整的税制框架中纳入新的居民房地产税如何对现有成熟的理论文献提供新视角的贡献，同时在实践上努力探索一条适合中国国情的对居民开征房地产税的中长期策略和改革路线图。

参考文献

[1] 楼继伟:《深化财税体制改革》,人民出版社 2015 年版。

[2] 马蔡琛:《大国财政视野中的跨年度预算平衡机制》,《地方财政研究》2016 年第 1 期。

[3] 苏明:《中国环境税改革问题研究》,《当代经济管理》2014 年第 11 期。

[4] 王绍光:《学习机制与适应能力:中国农村合作医疗体制变迁的启示》,《中国社会科学》2008 年第 6 期。

[5] 温铁军:《中国林权制度改革》,华中科技大学出版社 2010 年版。

[6] Allen, M. T., & Dare, W. H. (2002). Identifying Determinants of Horizontal Property Tax Inequity: Evidence from Florida. *Journal of Real Estate Research*, 24 (Sep./Oct.).

[7] Almy, R. (2001). A Survey of Property Tax Systems in Europe. Retrieved from http://www.agjd.com/EuropeanPropertyTaxSystems.pdf.

[8] Borck, R., & Owings, S. (2003). The political economy of intergovernmental grants. *Regional Science & Urban Economics*, 33 (2).

[9] Bröthaler, J., & Getzner, M. (2011). Fiscal Autonomy and Total Government Expenditure: An Austrian Casestudy. *International Advances in Economic Research*, 17 (17).

[10] Brueckner, J. K. (1979). Property-Values, Local Public-Expenditure and Economic-Efficiency. *Journal of Public Economics*, 11 (2).

[11] Brunori, D., Green, R., Bell, M., Choi, C., & Yuan, B. (2006). The Property Tax: Its Role and Significance in Funding State and Local Government Services. *GWIPP Working Paper Series* (27).

[12] Chakrabarti, R., & Roy, J. (2012). Housing Markets and Residential Segregation: Impacts of the Michigan School Finance Reform on Inter- and Intra-District Sorting. *Federal Reserve Bank of New York Staff Reports*, No. 565.

[13] Chesney, J. D. (1994). Intergovernmental Politics in the Allocation of Block Grant Funds for Substance Abuse in Michigan. *Publius the Journal of Federalism*, 24 (1), págs.

[14] Connolly, K. D., Brunori, D., & Bell, M. E. (2010). Are state and local finance becoming more or less centralized, and should we care. *The Property Tax and Local Autonomy*.

[15] Cornia, G. C., & Slade, B. A. (2006). Horizontal inequity in the property taxation of apartment, industrial, office, and retail properties. *National Tax Jour-*

nal, 59 (1).

[16] Duncombe, W., & Yinger, J. (1998). School finance reform: aid formulas and equity objectives. *National Tax Journal*, 51 (2).

[17] Ferreira, F. (2010). You can take it with you: Proposition 13 tax benefits, residential mobility, and willingness to pay for housing amenities. *Journal of Public Economics*, 94 (9 – 10).

[18] Fischel, W. A. (1980). Zoning and the exercise of monopoly power: A reevaluation. *Journal of Urban Economics*, 8 (3).

[19] Fischel, W. A. (1992). Property Taxation and the Tiebout Model: Evidence for the Benefit View from Zoning and Voting. *Journal of Economic Literature*, 30 (1).

[20] Fischel, W. A. (2013). Fiscal Zoning and Economists' Views of the Property Tax. *Social Science Electronic Publishing*.

[21] Glaeser, E. L., & Gyourko, J. (2010). The Impact of Zoning on Housing Affordability. *Ssrn Electronic Journal*, 9.

[22] Grossman, P. J. (1994). A political theory of intergovernmental grants. *Public Choice*, 78 (3).

[23] Hamilton, B. W. (1975). Zoning and Property Taxation in a System of Local Governments. *Urban Studies*, 12 (2).

[24] Hamilton, B. W. (1976a). Capitalization of Intra – Jurisdictional Differences in Local Tax Prices. *American Economic Review*, 66 (5).

[25] Hamilton, B. W. (1976b). Effects of Property Taxes and Local Public Spending on Property – Values – Theoretical Comment. *Journal of Political Economy*, 84 (3).

[26] Haughwout, A. F. (1999). Regional fiscal cooperation in metropolitan areas: an exploration. *Journal of Policy Analysis and Management*, 18 (4).

[27] Haughwout, A. F. (2002). Public infrastructure investments, productivity and welfare in fixed geographic areas. *Journal of Public Economics*, 83 (3).

[28] Hines, J. R., & Thaler, R. H. (1995). Anomalies: The flypaper effect. *The Journal of Economic Perspectives*, 9 (4).

[29] Inman, R. P. (1983). Anatomy of a fiscal crisis. *Business Review* (Sep. / Oct.).

[30] King, M. A. (1983). An Index of Inequality: With Applications to Horizontal Equity and Social Mobility. *Econometrica*, 51 (1).

[31] McCluskey, W. J. (1999). *Property Tax: An International Comparative Study*.

Ashgate Publishing Limited.

[32] McGuire, T. J. (2001). Alternatives to property taxation for local government. *Property Taxation and Local Government Finance*: Essays in Honour of C. Lowell Harris. Cambridge, Massachusetts: Lincoln Institute of Land Policy.

[33] Mieszkowski, P. (1972). The property tax: An excise tax or a profits tax? *Journal of Public Economics*, 1 (1).

[34] Mikesell, J. L. (2011). *Fiscal administration: analysis and applications for the public sector* (8th ed.). Australia; Boston, M. A.: Wadsworth Cengage Learning.

[35] Moore, W. Y. (2008). Property Tax Equity Implications of Assessment Capping and Homestead Exemptions for Owner-Occupied Single-Family Housing. *Journal of Property Tax Assessment & Administration*.

[36] Murray, S. E., Evans, W. N., & Schwab, R. M. (1998). Education-finance reform and the distribution of education resources. *American Economic Review*.

[37] Netzer, D. (2001). Local property taxation in theory and practice: Some reflections *Property taxation and local government finance*. Cambridge, M. A.: Lincoln Institute of Land Policy.

[38] Oates, W. E. (1969). The Effects of Property Taxes and Local Public Spending on Property Values: An Empirical Study of Tax Capitalization and the Tiebout Hypothesis. *Journal of Political Economy*, 77 (6).

[39] Oates, W. E. (1972). *Fiscal federalism*. New York: Harcourt Brace Jovanovich.

[40] Oates, W. E. (1973). Effects of Property Taxes and Local Public Spending on Property Values-Reply and yet Further Results. *Journal of Political Economy*, 81 (4).

[41] Oates, W. E. (2001). *Property Taxation and Local Government Finance*: Lincoln Inst of Land Policy.

[42] Paglin, M., & Fogarty, M. (1972). Equity and the property tax: a new conceptual focus. *National Tax Journal*, 25 (4).

[43] Palmon, G., & Smith, B. A. (1998). New evidence on property tax capitalization. *Journal of Political Economy*, 106 (5).

[44] Plotnick, R. (1981). A measure of horizontal inequity. *The Review of Economics and Statistics*.

[45] Pollakow, H. O. (1973). Effects of Property Taxes and Local Public Spending on Property Values – Comment and Further Results. *Journal of Political Economy*, 81 (4).

[46] Reinhard, R. M. (1981). Estimating Property – Tax Capitalization – a Further Comment. *Journal of Political Economy*, 89 (6).

[47] Roback, J. (1982). Wages, rents, and the quality of life. *The Journal of Political Economy*.

[48] Simon, H. A. (1943). The Incidence of a Tax on Urban Real Property. *Quarterly Journal of Economics*, 57.

[49] Sirmans, G. S., Diskin, B. A., & Friday, H. S. (1995). Vertical inequity in the taxation of real property. *National Tax Journal*.

[50] Spahr, R. W., & Sunderman, M. A. (1998). Property Tax Inequities on Ranch and Farm Properties. *Land Economics*, 74 (3).

[51] Tiebout, C. M. (1956). A Pure Theory of Local Expenditures. *Journal of Political Economy*, 64 (5).

[52] Volden, C. (2012). Asymmetric Effects of Intergovernmental Grants: Analysis and Implications for U. S. Welfare Policy. *Publius the Journal of Federalism*, 29 (3).

[53] Wallis, J. J. (2001). A history of the property tax in America. *Property Taxation and municipal Government Finance: Essays in Honor of C. Lowell Harris*, ed. Wallace E. Oates, Cambridge: Lincoln Institute of Land Policy.

[54] Zodrow, G. R. (2014). Intrajurisdictional capitalization and the incidence of the property tax. *Regional Science and Urban Economics*, 45.

[55] Zodrow, G. R., & Mieszkowski, P. (1986). Pigou, Tiebout, Property Taxation, and the Underprovision of Local Public – Goods. *Journal of Urban Economics*, 19 (3).

第二章　美国房地产税的历史演变与地方政府收支结构

本章首先从房地产税在美国政府层级间演变的历史以及美国财税体制变迁的实践出发，阐述为什么房地产税在美国历史上曾有相当长的时间是州政府最主要的收入来源，又如何从州税逐步下沉到最终几乎完全由地方政府征收和使用的过程。然后介绍美国政府总体财政收入和支出结构的演变与现状以及地方政府的财政收支结构。最后在此基础上比较房地产税和其他税种之间的关系。

美国建国伊始就开征了房地产税，在200多年的发展过程中，房地产税也经历了方方面面的变化。那么，如何从财政的视角看待美国房地产税的历史和现状？本章系统介绍房地产税在美国的来龙去脉，以美国地方政府的结构为基础阐述房地产税在美国地方政府治理中的重要角色。

一　房地产税在美国政府层级间的演变[①]

在20世纪之前，房地产税不仅主导着政府的税收体系并且是整个美国以及其他许多国家收入的主要来源（Carlson, 2004; Wallis, 2000）。进入20世纪，随着经济结构变得更加复杂，人们普遍认识到现有的税收体系已经不能对复杂经济体系公平地征税；由此引入的所得税和销售税使得房地产税在美国整体层面上的重要性被削弱（Carlson, 2004）。房地产税

[①]　本节的主要内容发表于《中国行政管理》（张平《房地产税的政府层级归属：作为地方税的理论依据与美国经验启示》，《中国行政管理》2016年第12期）。

占国家总收入的比重在逐步下降：该比例在 1902 年和 1913 年分别为 42%和 44%，此后逐渐下降到了 1936 年的 30%、1940 年的 25%以及 1950 年的 11%。如图 2.1 所示，在经济大萧条期间，伴随着房地产税征收率的下降和自住房产豁免政策（homestead exemptions）的引入，房地产税占国家总收入的百分比显著下降。然而，与此同时，房地产税在地方政府中则一直保持着相当重要的位置。当房地产税占州政府税收收入的比重迅速下降至 2%以下时，房地产税占地方政府税收收入的比重却始终维持在 70%以上，一直是地方政府最重要的收入来源。Connolly、Brunori 和 Bell（2010）概括得出，房地产税是支持地方政府提供服务最有效的收入来源，并且没有其他更好的替代税种能够保证地方政府的自主权。

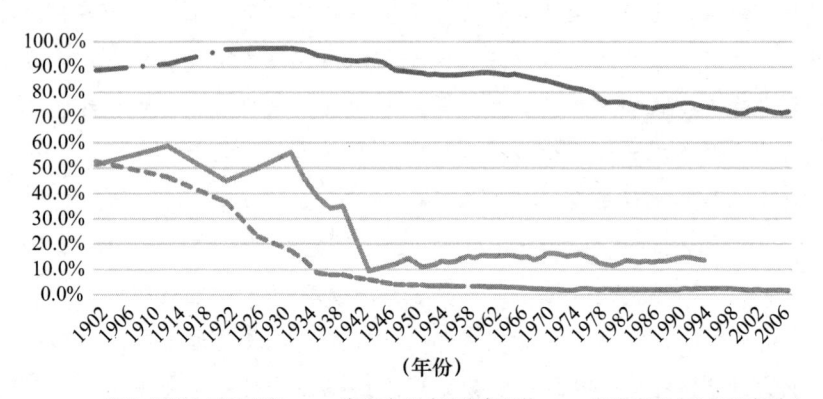

图 2.1　美国房地产税在不同层级政府税收收入中的演变（1902—2008）①

结合图 2.1 我们可以发现，在不同的政府层级之间，房地产税经历了一个地方化的过程，即房地产税的征收和分配逐渐由州政府下沉到地方政府（Sokolow, 1998）。自 20 世纪 60 年代起，在大多数州，超过 90%的房地产税收入已经流入地方政府。实际上，从美国建国后至第一次世界大战以前，房地产税在这 100 多年里并不是地方政府的重要收入，而是一直由州政府征收管理。尽管在这过程中有所反复，但房地产税一直是州政府最重要的收入来源，其持续的时间之久丝毫不亚于我们

---

① 数据来源：美国统计局（U. S. Census）若非特别说明，本书下文图表的数据均来源于美国统计局。

所熟知的房地产税作为地方税的时间。那么，美国的房地产税是如何由州税转变为地方税，发生这一转变的原因又是什么？当我们都认为房地产税应该作为地方税时，房地产税长时间作为州税的历史说明了什么，是否同样具备相应的合理性？

Wallis（2001）将美国公共财政的历史简要地分为三个阶段，房地产税的发展与演变和这三个阶段联系紧密。1790 至 1842 年为第一阶段，此时所有层级政府的规模都比较小。州政府由于承担了在金融和基础设施方面的投资责任，其政府规模在此阶段增长迅速。在 1800 至 1840 年间，州政府收支的增长速度比联邦政府快得多，其收支规模在 19 世纪 30 年代经过州政府对运河及银行进行巨大投入后达到了顶峰（Sylla, Legler, & Wallis, 1987；Wallis, Sylla, & Legler, 1994）。[①] 因此，尽管房地产税在 19 世纪初是州政府单一的最大收入来源，到 19 世纪 30 年代末，它们的重要性急剧下降，尤其是在东部州。这主要源于 19 世纪初期开始，在良好的财政状况和额外的其他收入来源支持下，即便支出在增加，所有东部州均削减或取消了房地产税。而在 1812 年的战争期间，州政府因为需要直接承担对抗英国的负担，大部分州的政府支出都有所上升，对房地产税的征收同样有一定上升。在此次战争后，房地产税的征收额又持续下降。如表 2.1 所示，从 1835 年至 1841 年，在大西洋沿岸地区的东部州，房地产税只占州收入的 2%；而西部和南部州由于其他收入来源较少，房地产税仍占州收入的 34%。

表 2.1　　　美国不同阶段房地产税占州政府收入比例　　　　　单位：%

区域＼年份	1835—1841	1842—1848	1902
美国东海岸	2	17	55
西部和南部	34	45	70
所有州	16	30	57

资料来源：Sylla 和 Wallis（1998），Wallis（2000a）。

[①] 在这一阶段，州政府主要投资于银行、运河和铁路等。州政府的其他收入来源包括以下三种中的一项或多项：(1) 投资于银行或交通运输企业的巨额股息，(2) 州政府直接建立和运营交通运输企业，(3) 对多种商业活动征税，包括征收公司资本税和对公司执照收费。

1842年至20世纪初为第二阶段，在此阶段的初期，州政府的投资繁荣在1839年因强烈的经济萧条突然中断。同时，州政府的政治与宪法也出现了多种形式的变革（Green，2008；Richardson，1897；Sturm，1954），许多其他收入来源被切断。[①] 例如，禁止投资于私人企业使州政府失去了股息收入这一来源；禁止特殊执照发放则使其失去了出售公司执照的收入。总的来说，州政府发现通过资本获得收入变得非常困难。因此，州政府对房地产税的依赖迅速回升。到1844年，东部州政府的房地产税占总收入的比例由2%上升至17%；西部和南部州则由34%上升至45%（表2.1）。但州宪法对房地产税"一致性"（对所有应税财产一致评估）和"普遍性"（对所有动产和不动产普遍征税）的规定使州政府必须对所有财产以相同税率征税，因此更加难以解决协调匹配纳税人和受益者的问题。州宪法的修改对地方政府的影响还不是特别明显，但清楚的是，在19世纪40年代之后，地方政府接管的政府行为所占比例不断增加。相对于州政府的投入，地方政府对基础设施，尤其是铁路、供水和污水处理，以及公用事业的投入呈现出明显增长。至1902年，地方政府的债务已是州政府的8倍；地方政府的收入也几乎是州政府和联邦政府的收入总和。

大萧条与罗斯福新政被认为是开启了美国第三阶段的财政制度（Wallis，2001）。1933年后，联邦政府推出了一系列针对解决经济萧条问题的政府项目；第二次世界大战则带来了联邦政府的又一次扩张。所得税扣缴和个人免税额的下降使个人所得税在1940年至1944年间迅速增加了20倍，这成为美国现代财政系统的基础。而房地产税在第三阶段的演变则从1900年就已经开始。对州政府的限制也在1900年后发生了改变（Benson，1965）："一致性规定"（the uniformity provision）与"普遍性规定"（the universality provision）条款在州宪法中被取消后，

---

① 这次的宪法变革在经济制度上包含了4个方面：（1）州议会通过特殊法案管理公司登记被禁止，转而由一般的公司登记法案所取代，该法案允许任何申请者通过行政程序获得公司执照。对于特殊执照的禁止是直接针对政府侵犯私人权限而设的。（2）州政府禁止投资任何私人企业。（3）对政府发债实行限制，包括州政府和地方政府。（4）各州开始要求房地产税对所有应税财产一致评估（"一致性规定"），同时，一小部分州还要求对所有财产（包括动产和不动产）征税（"普遍性规定"）。这些变革并不是在所有州都存在，但这一过程持续了整个19世纪。

宪法层面对于房地产税的限制减轻了。州政府的新收入来源于汽车牌照税费、燃油税，以及后来的消费税与所得税，这使得州政府能够再一次取消房地产税。因此，与1800—1840年间类似，在1900—1940年，房地产税在州政府收入中的份额稳步下降。所不同的是这次的下降并未伴随后来的回升，而是促成了房地产税逐步由州政府的重要收入完全下沉至地方政府。尽管州财政的规模正在扩大，但房地产税在州政府中却逐渐消失。与此同时，在1900—1942年间，地方政府大约70%的收入来源于房地产税。由此，房地产税正式成为地方税，美国财政收支与政府间财政关系的格局在20世纪40年代之后基本形成，保持运行至现在。在这段时间，地方政府持续课征房地产税；房地产税作为地方税一直延续至今，最终地方政府发现"房地产税是获得财政收入最有效的方式"（Wallis, 2001, p. 24）。[①]

二　美国的财政收入和支出结构

如上文所述，自1790年至1990年间，美国经历了三种截然不同的政府财政体制。在每一个体制中，某一种财政收入比在其他时期显得相对更为重要，某一级的政府比在其他时期扮演了相对更积极主动地推动经济发展的角色（Wallis, 2000）。在资产财政时期，州政府相对较为活跃；到了房地产税财政时期，地方政府的重要性迅速提升；而在所得税财政时期，联邦政府的角色较为积极主动。

从图2.2也可以看出，在20世纪初，地方政府的收入比重高于50%，是财政收入占比最高的政府层级。此时地方政府税收收入中90%以上为房地产税。从20世纪30年代末期起，联邦政府收入开始超过州和地方政府，成为财政收入比重最高的政府层级，20世纪40年代后占有财政收入比重一直保持在50%以上。地方政府的财政收入比重约为20%，近半个世纪以来，地方政府的财政收入略低于州政府（图2.2和图2.3）。

[①] 原文为"local governments still found property taxes to be the most effective way of raising revenues"。

图 2.4 为美国的主要税收收入构成。可以看出，二战后所得税一直是美国政府最重要的税种，约占全国税收收入的 60%。其中，所得税的主体是个人所得税，近年来其税额约为企业所得税的 4 倍（图 2.5）。销售税约占全国税收收入的 20%，房地产税占全国税收收入的 10%—15%。但从地方政府的税收收入结构来看，房地产税仍然占地方政府税收收入的 70% 以上（图 2.1）。

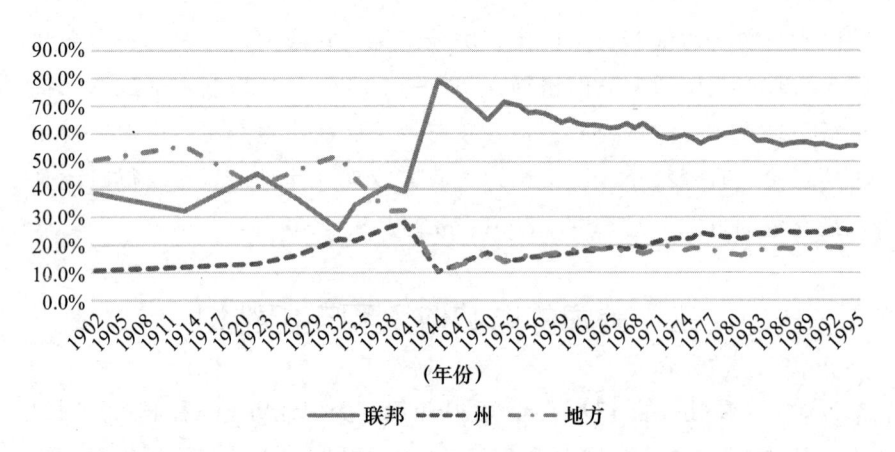

图 2.2 美国的财政收入在不同政府层级中的分布和比重（1902—1985）

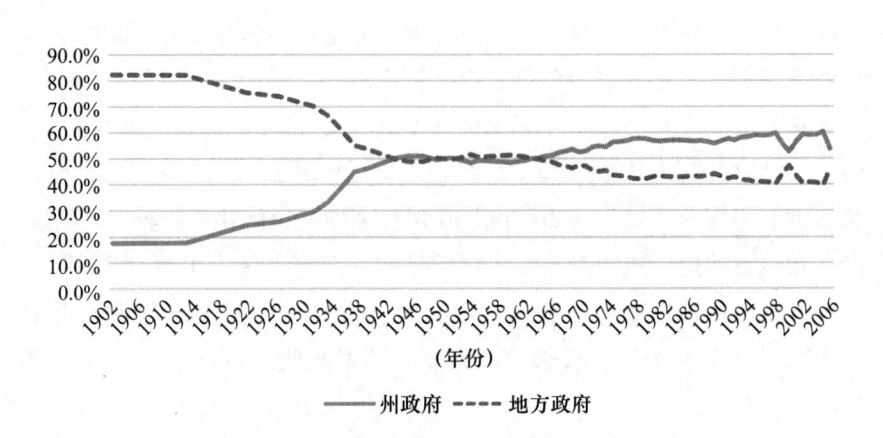

图 2.3 美国州政府和地方政府的财政收入比重（1902—2008）

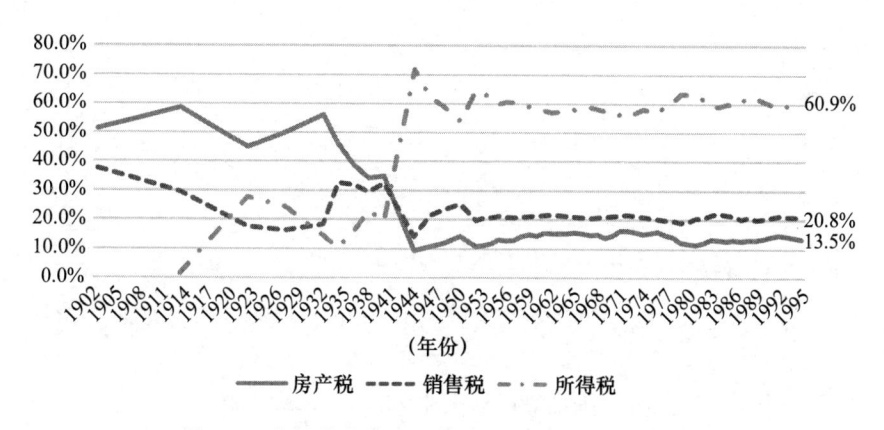

第二章 美国房地产税的历史演变与地方政府收支结构

图 2.4 美国的税收收入构成和比重（1902—1995）

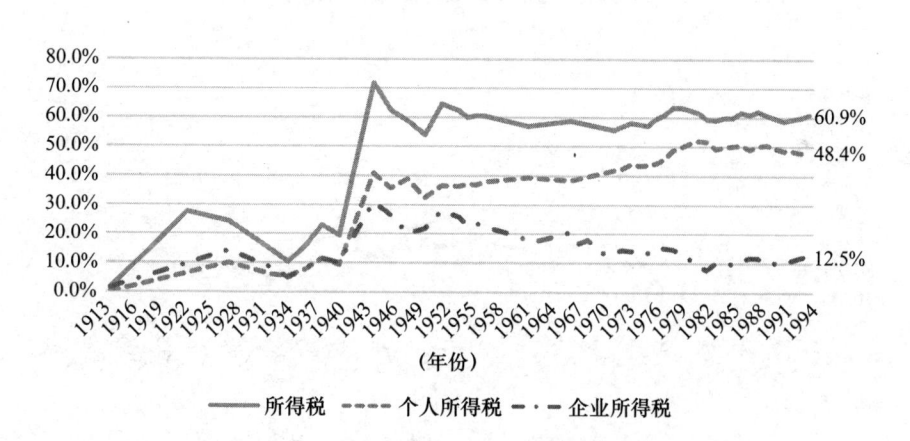

图 2.5 美国个人所得税和企业所得税的比重（1913—1995）

美国的财政支出在不同政府层级中的分布也非常明显。从图 2.6 可以看出，二战后联邦政府的支出占总支出的比重一直保持在 50% 以上，这与联邦政府的收入比重基本一致。与州政府的收入比重超过地方政府相比，州政府的支出比重为 20% 左右，地方政府的支出比重接近 30%。这说明州政府的部分收入通过转移支付的形式转化为了地方政府的支出。从政府资本支出的分布来看（图 2.7），资本支出在不同政府层级的比重基本相当，州政府略低于 30%，联邦政府除 20 世纪 80 年代中期比重较高约为 50% 以外，多数年份和地方政府一样基本在 30% 至 40% 之间。

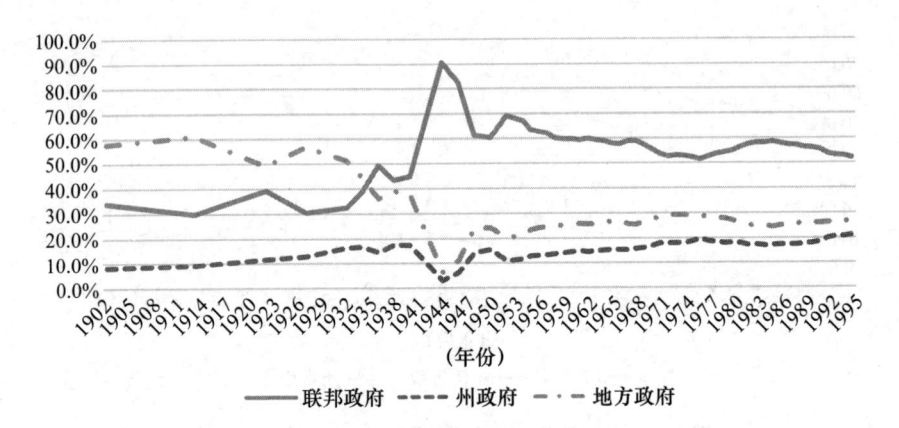

图 2.6 美国的财政支出在不同政府层级中的分布（1902—1995）

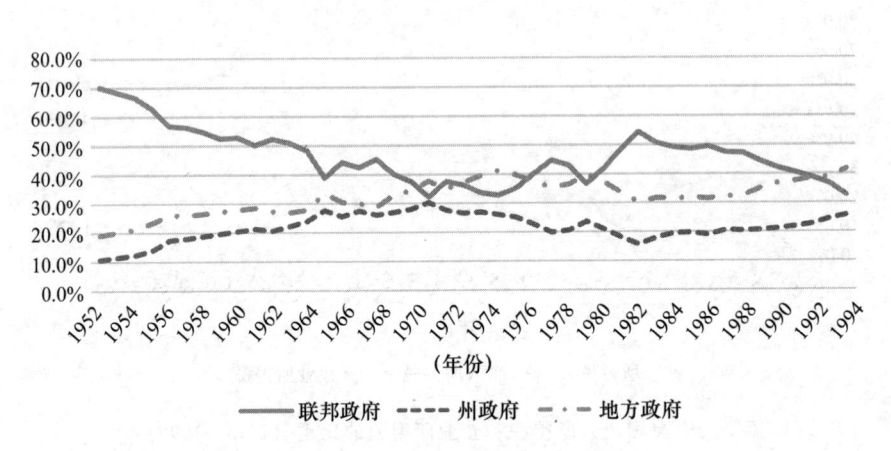

图 2.7 美国的政府资本支出在不同政府层级中的分布（1952—1994）

也可以从当前支出（current expenditure）和资本性支出（capital outlay）的构成来看政府支出的结构，图 2.8 为美国政府主要当前支出的比重。可以看出，当前支出中主要为运营支出（current operation），约为 50% 以上。需要注意的是，这里的运营支出包含了各类公共服务的支出。其中，教育支出基本保持在 10% 至 20% 之间，医疗卫生支出在 1995 年仍为 10% 以下，但近 20 年来增长迅速，已经超过教育支出，达到了财政支出的 20% 以上。图 2.9 表明，资本性支出在近半个世纪以来呈现快速下降趋势，从 20 世纪 50 年代占总支出的 25% 下降至

10%以下。其中，建设支出（construction）与其他资本支出（other capital outlay）约各占资本性支出的一半。

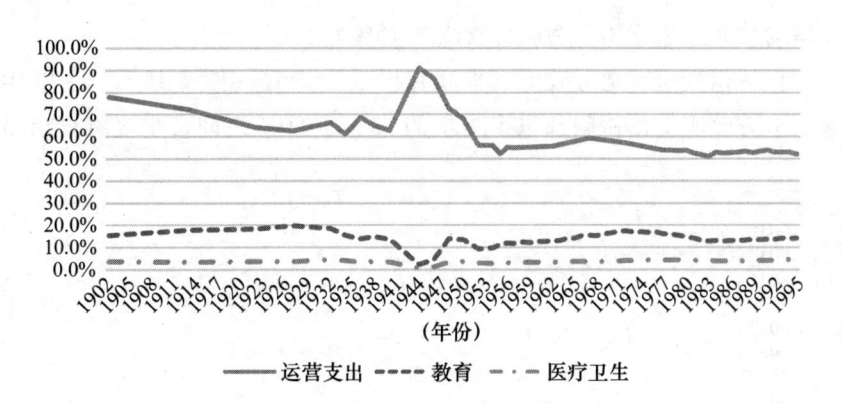

图 2.8　美国政府主要当前支出比重（1902—1995）

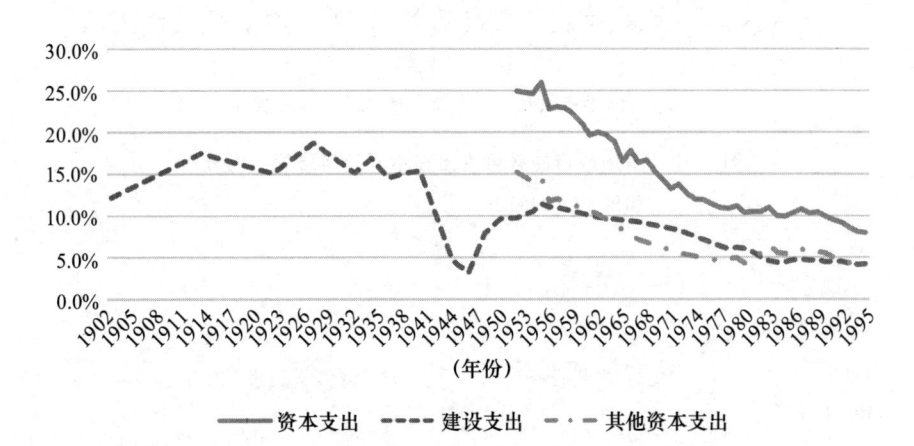

图 2.9　美国政府的资本性支出结构（1902—1995）

图 2.10 为美国政府的教育支出在不同政府层级中的分布。可以很明显地看出，美国的教育支出主要由地方政府承担。联邦政府在教育支出的投入除二战后的少数几年上升到 30% 之外，20 世纪 100 年大多保持在 10% 以下。相应地，地方政府这 100 年来的教育支出投入占比大多在 70% 以上；教育支出中州政府的比重从 20 世纪初的不到 10% 逐步上升至近几十年的 25% 左右。医疗卫生支出主要由地方政府和州政府

现代房地产税：美国经验与中国探索

提供，各占约 40%，联邦政府占比逐步下降至 20% 以下（图 2.11）。公共安全支出则更加明显，地方政府承担了 80% 以上，州政府和联邦政府占比各为 10% 左右（图 2.12）。当然，从支出的绝对数额来看，美国的公共安全支出仅为教育支出的 15% 左右。

仅从州政府和地方政府（即联邦以下）来看（图 2.13），近 20 年来，地方政府支出占联邦以下支出的 55% 至 60% 之间，州政府支出相

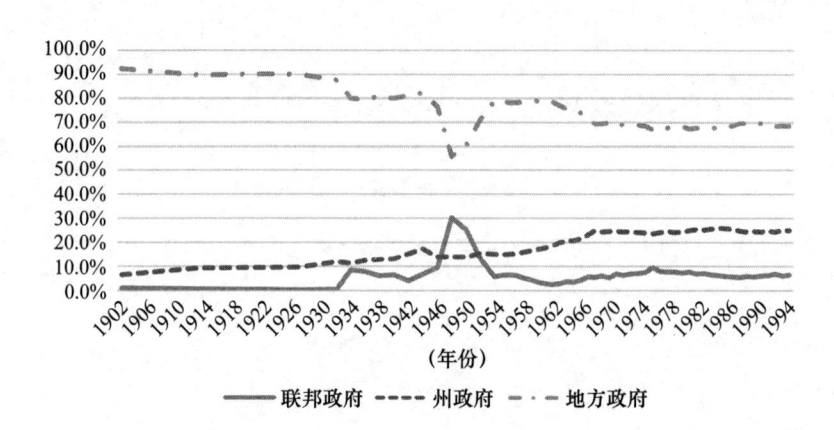

图 2.10 美国政府的教育支出在不同政府层级中的分布
（1902—1995）

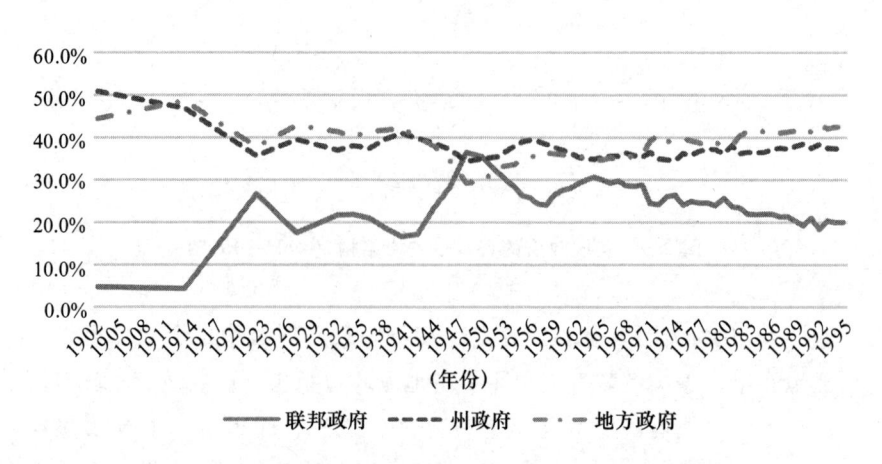

图 2.11 美国政府的医疗卫生支出在不同政府层级中的分布
（1902—1995）

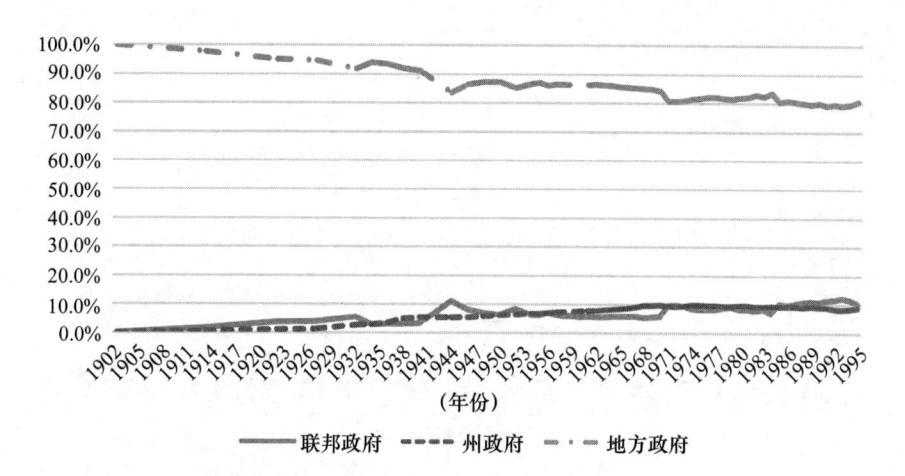

第二章 美国房地产税的历史演变与地方政府收支结构

图 2.12 美国政府的公共安全支出在不同政府层级中的分布（1902—1995）

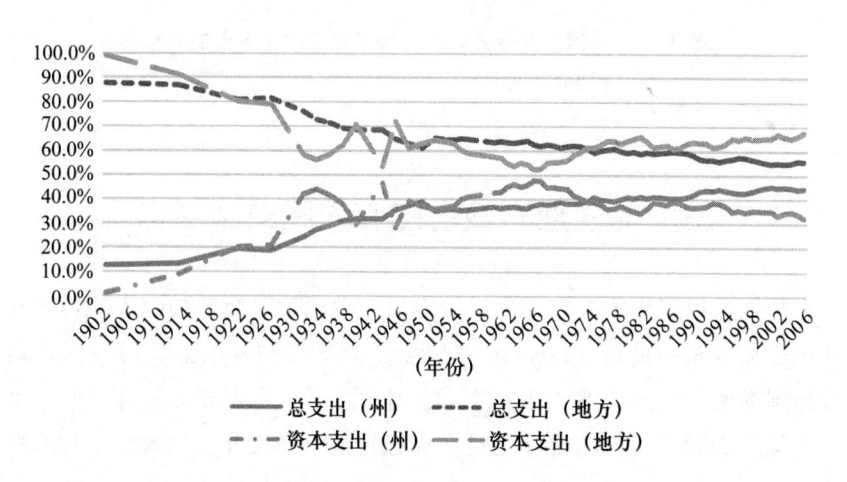

图 2.13 美国州和地方政府总支出和资本支出的分布（1902—2006）

应为 40% 至 45% 之间。图 2.14 为州政府和地方政府在最重要的两项民生服务（教育和医疗卫生）各自所占联邦以下的支出比重。可以看出，地方政府教育支出占联邦以下支出的比重一直在 70% 以上，且半个世纪以来基本保持稳定。由于联邦政府在教育支出上占据的比重相对较低（不足 10%），这一数据更加凸显了地方政府在教育投入上的绝对重要性。这一投入的来源正是房地产税，下文会进一步详细阐述。在医疗卫生投入方面，地方政府和州政府的重要性不相上下，各在 50% 左右，但地方政府的重要性有上升的趋势。

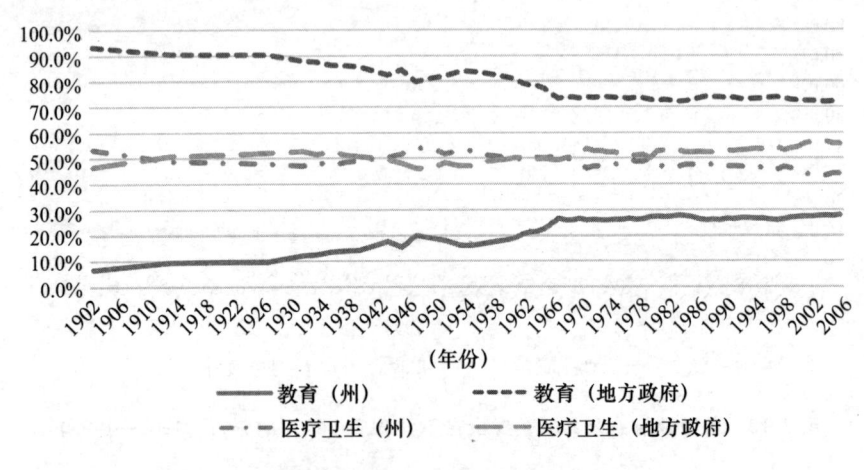

图 2.14 美国州和地方政府教育和医疗卫生支出的分布（1902—2006）

三 美国地方政府的收入和支出结构

房地产税逐步下沉到地方政府之后，美国地方政府的收入来源中房地产税成为其中最重要的一块，占税收收入的 70% 以上。与各国的财政体制类似，美国的地方政府除了自有收入外，也有相当一部分收入来自联邦政府和州政府的转移支付。自有收入中又可分为税收收入和非税收入。

图 2.15 为美国地方政府 1902—2008 年收入结构的变化，可以看出，20 世纪初，美国地方政府收入中 90% 以上为自有收入，其中近 80% 为税收收入。从大萧条之后，美国地方政府自有收入的比重逐步下降，到 21 世纪约为 65% 左右。在此过程中，税收收入比重逐步下降，非税收入比重逐步上升。近几十年来，地方政府税收收入和非税收收入基本相当，各占地方政府收入的三分之一，另外的三分之一则来自上级政府的转移支付。而这些转移支付中的绝大多数来源于州政府而非联邦政府（图 2.16）。这一结果正是美国联邦制下州政府的财政权力相对独立自主的一种体现。

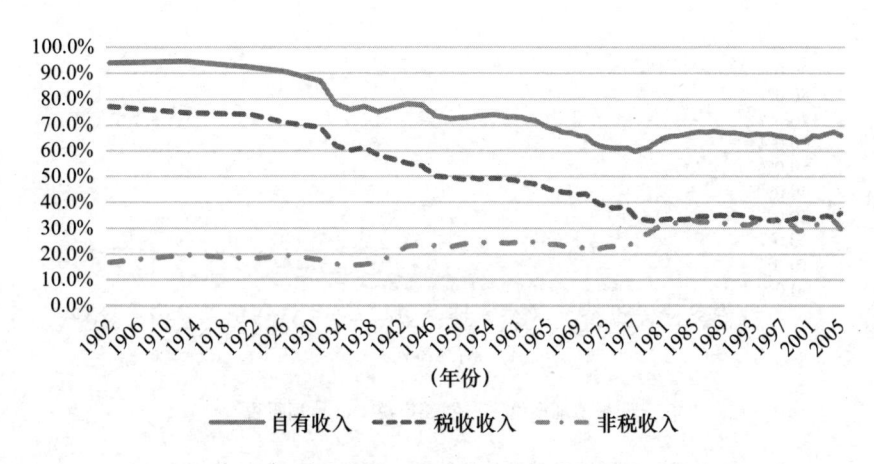

图 2.15　美国地方政府的收入结构（1902—2005）

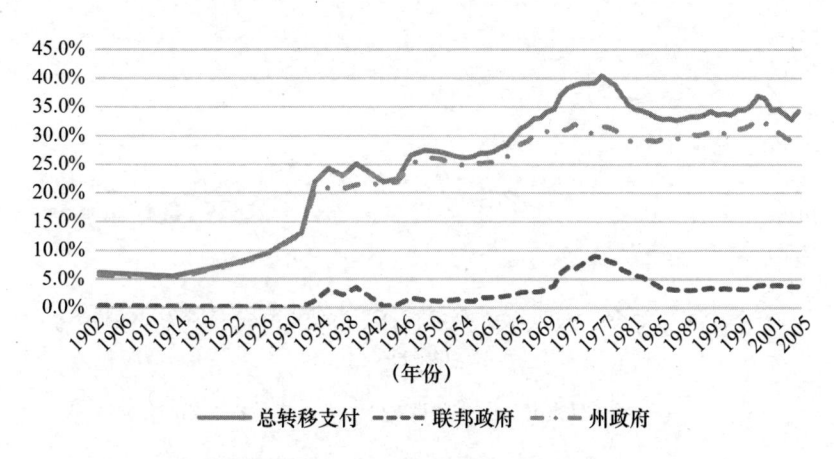

图 2.16　美国地方政府的转移支付收入来源构成（1902—2005）

美国地方政府的税收收入中，根据图 2.17 所示，70% 以上来源于房地产税（property tax），其余为销售税（sales tax）和地方所得税（local income tax）。房地产税、销售税和地方所得税基本构成了美国地方政府税收收入来源的三大税种，其中房地产税占据了绝对的重要性地位。

与联邦政府和州政府类似，美国的地方政府支出也分为当前支出和资本性支出。从图 2.18 可以看出，在 1902—2008 年的 100 多年间，

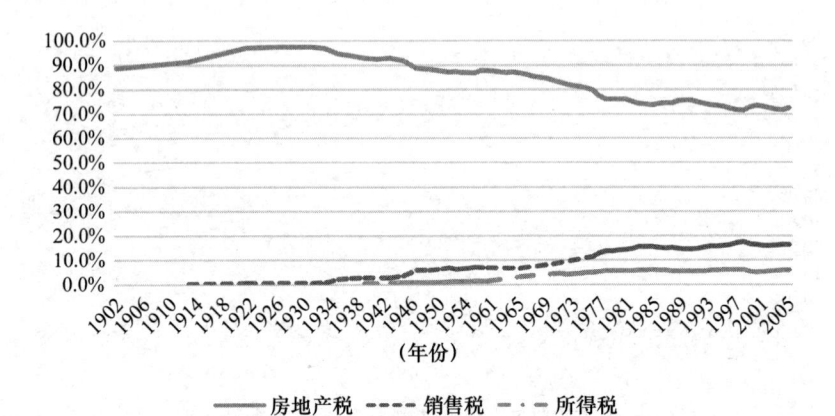

图 2.17 美国地方政府的税收收入来源构成（1902—2005）

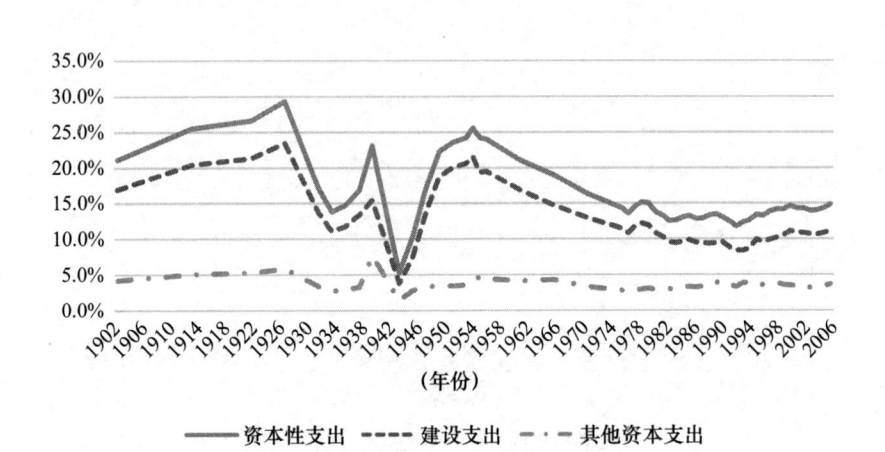

图 2.18 美国地方政府的资本性支出构成和比重（1902—2006）

除了第一次世界大战和第二次世界大战后的特殊重建时期以外，地方政府的资本性支出基本维持在 15% 至 25% 之间。其中，资本性支出主要为建设支出，其他资本支出一直在地方政府支出的 5% 以下。对于地方政府来说，除了资本性之外的当前支出主要为各类基本公共服务。如图 2.19 所示，美国地方政府支出中，公共服务支出占据了相当的比重，其中又以教育支出占据了绝对重要的位置。近几十年来，教育支出占地方政府支出的比重为 35%—40%，其余主要为医疗卫生、公共安全、公园和娱乐设施等其他支出。美国地方政府支出中教育支出的重要性与地方政府的不同类型以及相互之间的关系有着重要的联系，下一章会对美国不同的地方政府类型以及各自的财政收支结构作进一步阐释和解析。

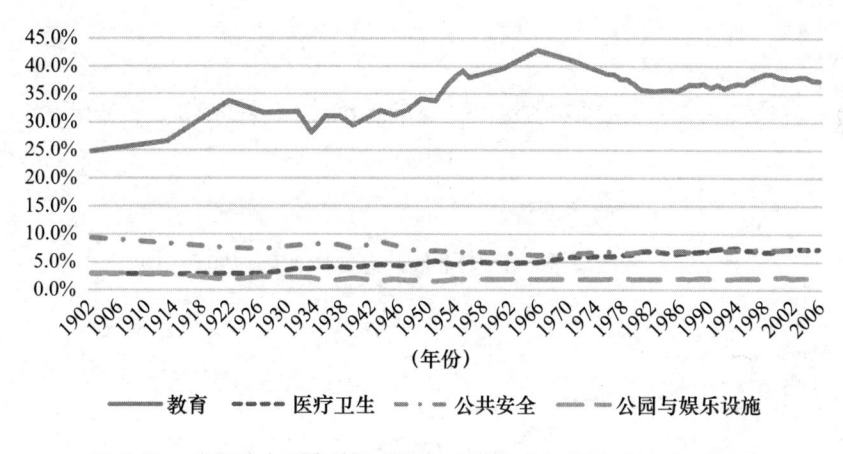

图 2.19　美国地方政府的公共服务支出构成和比重（1902—2006）

四　房地产税与其他税收

综合房地产税在美国政府层级间的演变以及美国政府的财政收入和支出结构，我们基本可以看出，美国的不同政府层级各自具备收入相对稳定和充足的税种作为自有财源：联邦政府主要为所得税，州政府为销售税和所得税，地方政府为房地产税。如图 2.20 所示，自二战后美国联邦政府的税收收入中，绝大多数来源于所得税，少数来源于销售税，联邦政府没有房地产税。图 2.21 中的州政府的税收收入构成和比重则表明，销售税和所得税基本占据同等重要的位置，所得税的重要性呈现上升的趋势。而房地产税的比重很低，近年来占州政府财政收入的比重已经不足 1%。

不同政府层级间税种的这一划分是方方面面的力量，包括历史脉络的演变等共同作用的结果，但其划分也符合不同税种各自的特征。从税收的筹集财政收入、调节分配和促进结构优化的作用，以及经济效率和

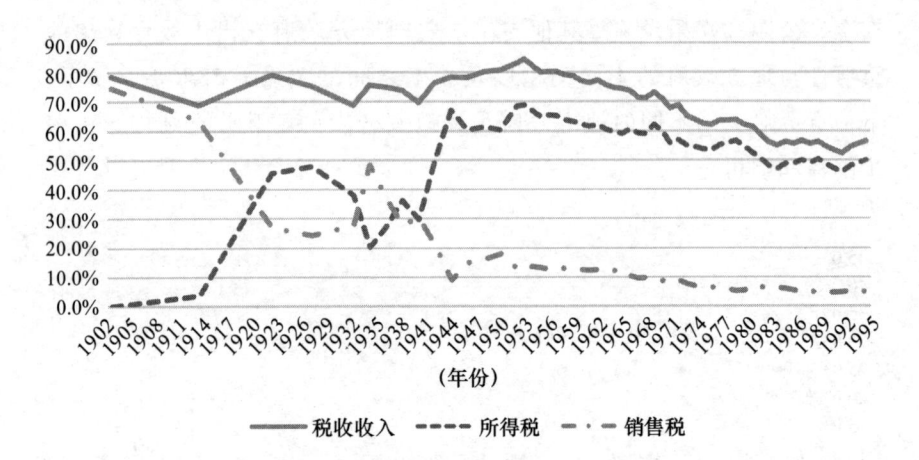

图 2.20　美国联邦政府的税收收入构成和比重（1902—1995）

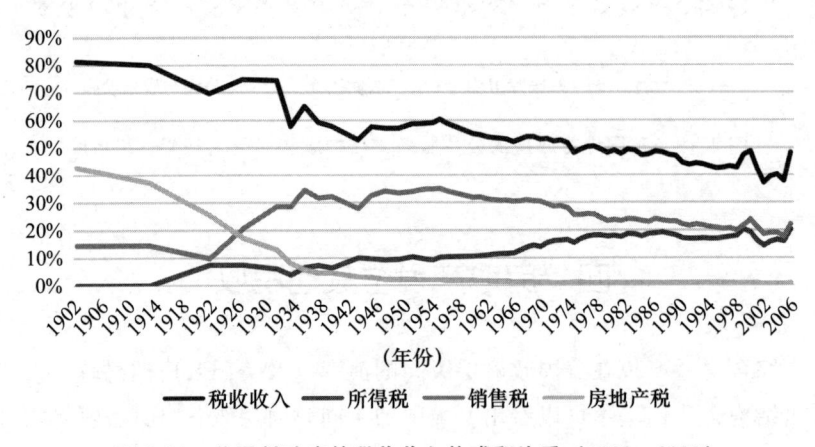

图 2.21　美国州政府的税收收入构成和比重（1902—2008）

税制公平的角度来看，增值税和所得税应该由高层级政府征收管理，而房地产税则主要应由地方政府来征管（楼继伟，2015）。当然，不同税种的划分方式与各级政府的支出责任也息息相关，中国的税收体系建设需要建立在事权和支出责任相适应的制度基础之上。决策过程的民主化也有利于提高政府的财政汲取能力（王绍光，1997）。由于房地产税的地方税特征可以充分发挥地方政府的自主性和反映当地居民的偏好，居民也会具有更高的意愿去缴纳房地产税并同时对政府进行监督，最终提高地方政府治理水平。

五 结语

美国的财政史和税制史及联邦、州和地方政府之间的关系共同构成了房地产税在美国历史演变的制度基础。第一阶段州政府扮演着最重要的角色时，投资和资产收入是最重要的财政收入来源，房地产税也大多归于州政府。此时由于政府职能相对简单，政府规模也相对小，地方政府治理还不像如今这样复杂和重要。第二阶段地方政府成为财政上最重要的政府层级时，房地产税的相关特征使其迅速转变为地方政府最重要的财政收入来源。在大萧条和第二次世界大战之后的第三阶段，伴随着政府扩张这一全球的趋势，源于所得税的兴起以及联邦政府重要性的加强，房地产税在整个税制中的重要性和相对比例有一定下降。但对地方政府来说，自从房地产税被地方政府所运用和管理，就一直是地方政府最重要的收入来源；在可预见的未来，房地产税也将是地方政府治理所不可缺少的工具，很难有其他税种或使用费（user charge）能够替代房地产税的治理属性。

财政收入结构与政府结构相互影响、相互依赖，我们认知财政收入结构与政府结构也有赖于理论知识与历史经验。正如我们看到的，美国的财政收入结构的变化，是历史演变中几股重要力量的综合结果，也是经济社会发展的应然产物。从这一点来说，财政模式以及税制结构与历史和制度有着千丝万缕的联系，不可轻易研判某种模式或结构孰优孰劣。然后，更加不应该的是拘泥于历史和制度，忽视了财政和税收体系本身具备的一般性财政是国家治理的基础，财政税收体系与本国制度和治理息息相关但同时又具备自身的理论一般性，如何在两者之间取得一致非常难能可贵。我们是否需要推进房地产税改革，不是在于发达国家有没有房地产税，也不是在于发达国家房地产税作为治理工具用得好不好，而是在于在房地产税的一般理论基础上，结合中国国情的财政体系与治理架构，如何推动地方财政转型和基层治理优化。

参考文献：

[1] 王绍光：《分权的底限》，中国计划出版社1997年版。

[2] Benson, G. C. S. (1965). *The American property tax: Its history, administration, and economic impact.* Institute for Studies in Federalism.

[3] Carlson, R. H. (2004). *A brief history of property tax.* Paper presented at the IAAO Conference on assessment Administration.

[4] Connolly, K. D., Brunori, D., & Bell, M. E. (2010). Are state and local finance becoming more or less centralized, and should we care. *The Property Tax and Local Autonomy.*

[5] Green, F. M. (2008). *Constitutional Development in the South Atlantic States, 1776 – 1860: A Study in the Evolution of Democracy:* The Lawbook Exchange, Ltd. NJ.

[6] Richardson, J. D. (1897). *A Compilation of the Messages and Papers of the Presidents*, 1789 – 1897.

[7] Sokolow, A. D. (1998). The changing property tax and state – local relations. *Publius: The Journal of Federalism*, 28 (1).

[8] Sturm, A. L. (1954). *Methods of state constitutional reform* (Vol. 28): University of Michigan Press.

[9] Sylla, R., Legler, J. B., & Wallis, J. J. (1987). Banks and state public finance in the new republic: The United States, 1790 – 1860. *The Journal of Economic History*, 47 (2).

[10] Wallis, J. J. (2000). American government finance in the long run: 1790 to 1990. *The Journal of Economic Perspectives*, 14 (1).

[11] Wallis, J. J. (2001). A history of the property tax in America. *Property Taxation and municipal Government Finance: Essays in Honor of C. Lowell Harris*, ed. Wallace E. Oates, Cambridge: Lincoln Institute of Land Policy.

[12] Wallis, J. J., Sylla, R. E., & Legler, J. B. (1994). The interaction of taxation andregulation in nineteenth – century US banking *The Regulated Economy: A Historical Approach to Political Economy* (pp. 121 – 144) IL. University of Chicago Press.

第三章　美国地方政府的不同类型、收支结构与地方治理

本章基于美国地方政府的碎片化叠加的结构，解析各种不同类型地方政府的收入和支出结构，在此基础上探讨房地产税在不同地方政府之间的作用与联系。通过各种类型的地方政府之间的关系阐述为什么房地产税作为一种财政治理工具可以起到改善地方治理的重要作用，以期帮助我们理解房地产税作为一个税种，为何可以成为美国地方财政制度中的关键一环。

美国具有多种类型和"碎片化"的地方政府[1]甚至同一种类型的地方政府在政府结构和政治行政过程中也会有所不同[2]。那么不同类型的地方政府的重要性如何，它们分别扮演着什么样的角色？本章从收入和支出的角度来分析不同类型地方政府的重要性，以及其收入和支出结构，在此基础上探讨为什么房地产税在美国地方政府治理中具备相当的重要性。

一　美国的地方政府类型

我们一般将美国看作一个具有3级政府的国家（1个联邦政府Federal，50个州State，若干地方政府Local）。其中，美国的地方政府这一级包含了各种不同的类型，互相之间又有交叉重叠，甚至被称为碎片化

---

[1] 罗思东：《美国地方政府体制的"碎片化"评析》，《经济社会体制比较》2005年第4期。
[2] 王玉龙：《美国乡镇建制及运作》，华中师范大学博士学位论文，2004年。

(fragmented) 的地方政府。在近几十年内不同地方政府类型有着不断变迁的过程，本节从不同类型的地方政府及其变迁过程介绍美国的地方政府结构。

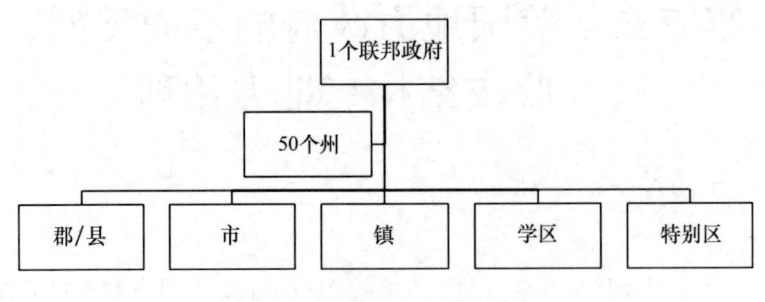

图 3.1 美国的政府结构示意

如图 3.1 所示，美国的地方政府主要分为 5 种类型，郡/县（counties）、市（municipalities/Cities）、镇（townships）、学区（school districts）和特别区（special districts）。[①] 另外还有一些规模较小的村落（village），在统计时也划归于市（Municipalities）这一类，因此本书中所指的关于市的相关统计均包含了这些村落。美国不同州的地方政府的大小和数量差异较大，例如，面积较大的德克萨斯州（Texas）的郡数量最多，有 254 个；而特拉华州（Delaware）仅有 3 个郡。这几种类型的地方政府之间的关系远不如中国清晰直接。这些地方政府之间互相重叠交错，尽管有大有小，重要性各异，但并没有行政上的隶属关系。以美国的佐治亚州（Georgia）为例。如图 4.3 所示，佐治亚州有 159 个郡（county），每个郡互不重叠，所有的郡组成了整个州。这一特征与学区类似，所有的学区也组成了整个州。即美国或每个州的任何一地均归属于某个郡，且归属于某个学区。而其他三类地方政府（市、镇和特别区）则不具备这一特征，即这几类地方政府并不一定彼此相邻，而是呈现散点式分布。佐治亚州共有 159 个郡学区和 20 个市学区，其

---

① 有些学者将 county 根据直接的英文含义译为"县"，由于中国的地方政府呈现市县乡由上到下的关系，我们会在潜意识中认为"市"高于"县"，将 county 翻译为"县"有时会造成理解上的偏差。实际上，美国的 county 有些类似于中国地级市的概念，但其他的市、镇和学区等政府与 county 并不是上下级关系。为减少理解上的难度，本书中统一将 county 翻译为"郡"。

第三章　美国地方政府的不同类型、收支结构与地方治理

中的159个郡学区的边界与郡的边界重合。但在一些其他州，如下文提到的纽约州，学区边界和郡的边界没有直接关系，学区可以跨越郡的边界，郡也可以跨越学区的边界。图3.2中佐治亚州的克拉克郡（Clarke County）中，有两个市政府，雅典市（Athens City）和温特维尔市（Winterville City）。这两个市政府的面积覆盖了整个克拉克郡。而与克拉克郡相邻的奥康尼郡（Oconee County）中则有沃特金斯维尔（Watkinsville）、博加特（Bogart）两个市政府（city）和毕晓普（Bishop）、北高浅滩（North High Shoals）两个镇（township）政府分布于奥康尼郡的不同区域。但这4个政府的面积都很小，只占奥康尼郡很小的部分。图中的白色区域则仅属于奥康尼郡和奥康尼学区，而不属于其他类型政府的区域。需要说明的是，图中的克拉克郡和奥康尼郡的不同区域均包含了数量较多的特别区（special districts）。

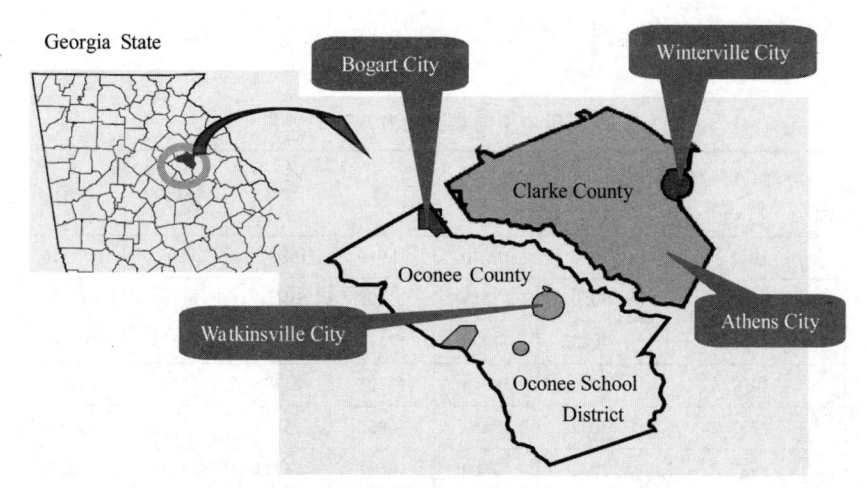

图3.2　美国不同类型地方政府之间的关系

我们所熟知的一些美国大城市，如亚特兰大、波士顿等，它们作为一个市，其行政区划一般坐落于某个郡或跨越郡的边界，由几个郡的全部或部分组成。如亚特兰大市的大部分坐落于富尔顿郡（Fulton County），亦有一小部分坐落于旁边的迪卡尔布郡（DeKalb County）。而我们通常所称的大都市区，则包括了这些城市本身及其周边的一些郡。例如，一般认为，亚特兰大都市区（1950年首次进行定义）包括了富尔

41

顿郡、迪卡尔布郡、格威内特郡、科布郡和克莱顿郡（Fulton, DeKalb, Gwinnett, Cobb and Clayton counties）5个郡。此后在1970年、1980年、1990年的数据普查中又依次有10多个郡被计算到亚特兰大的大都市区域中。①

从地方政府的数量来看（表3.1），在2012年，美国总计有近9万个地方政府，其中包括约3000个郡，近2万个市，镇和学区各1万多个，特别区3万多个。从时间的维度看，从20世纪40年代至今，郡、市和镇等地方政府的数量基本保持稳定，地方政府的总数量自20世纪50年代末至今也变化不大。地方政府数量的主要变化来自学区和特别区，其中学区数量从1942年的10多万个急剧下降到1957年的5万多个，之后逐步下降至2012年的12000多个。与此同时，特别区政府的数量则从1942年的8000多个逐步上升至2012年的37000多个。有不少文献专门探讨了这半个多世纪以来学区政府数量减少和特别区政府数量增多的原因及其结果等影响。

表3.1　　　　美国历年不同类型地方政府的数量

年份 \ 地方政府类型	郡/县	市	镇	学区	特别区	总计
1942	3050	16220	18919	108579	8299	155116
1957	3050	17215	17198	50454	14424	102392
1962	3043	17997	17144	34678	18323	91185
1967	3049	18048	17105	21782	21264	81299
1977	3042	18862	16822	15174	25962	79913
1987	3042	19200	16691	14721	29532	83237
1992	3043	19279	16656	14422	31555	84955
1997	3043	19372	16629	13726	34683	87454
2007	3033	19492	16519	13051	37381	89476
2012	3031	19522	16364	12884	37203	89004

资料来源：美国统计局（U.S. Census）。

---

① 资料来源：https://en.wikipedia.org/wiki/Atlanta_metropolitan_area。

由此可以看出，美国的地方政府数量众多，且具有非常明显的碎片化特征。但我们所观察到的美国地方政府治理并没有因此显得杂乱无章，却反而显得井井有条。美国的房地产税制度在其中起着极其重要的作用。不同类型的地方政府，互相之间没有行政归属关系且均具有独立的征税权，房地产税在这些地方政府中均是重要的收入来源。因此，每户居民的房产需要根据所在地归属政府的情况纳税。如上文所说，每处房产均同时属于某个郡和某个学区的管辖范围，却不一定属于某个市、镇或特别区。但这些市、镇或特别区征收房地产税的同时也会利用这些收入提供相应的公共服务。这些额外公共服务的供给也是成立不同类型地方政府叠加到已有的郡和学区之上的原因。因此，居民可以根据自身对公共服务的偏好选择不同的居住地点购买相应的房产。郡和学区的房地产税税率也有高有低，居民可以选择房地产税较低的地区（例如只需缴纳郡和一般学区的房地产税）同时只获得一般的公共产品和服务，也可以选择房地产税较高的区域（需要缴纳郡和较好学区的房地产税，如果存在额外的市、镇或特别区等政府，也就还需缴纳额外的房地产税）同时享受高质量的公共产品和服务，例如更好的学区、交通设施和社区环境等。美国地方政府的实际情况也正是这样，不同地区之间房地产税税率差异很大（有效税率的差距可以达到十倍之多），同时公共服务水平的地区差异也相当大。[①]

二 不同类型地方政府的收入重要性

财政作为国家治理的基础，一个政府的财政能力是其重要性的关键体现之一。图3.3展示了美国地方总收入（包括转移支付）在不同类型地方政府中的分布。可以看出，在不同类型的地方政府中，市政府和学区政府的收入是主体，各占30%左右。郡政府的收入约为25%，镇政府（约3%）和特别区政府（约10%）的收入相对较少，但特别区的收入比重处于上升趋势中。从自有收入的比重来看（图3.4），市政

---

① 当然，这在一定程度上加剧了富人和穷人的居住隔离等问题，在下文中会对房地产税作为地方税导致的相关问题进行专门讨论。

府的收入占据着绝对优势，约占地方总收入的 40%，郡政府约为 25%，学区政府约为 20%。美国地方政府自有收入中的税收收入和非税收收入约各占一半，从税收收入在不同地方政府中的占比来看（图 3.5），市政府和学区政府各占约 35%，郡政府占 25%，镇政府和特别区政府各占约 5%。

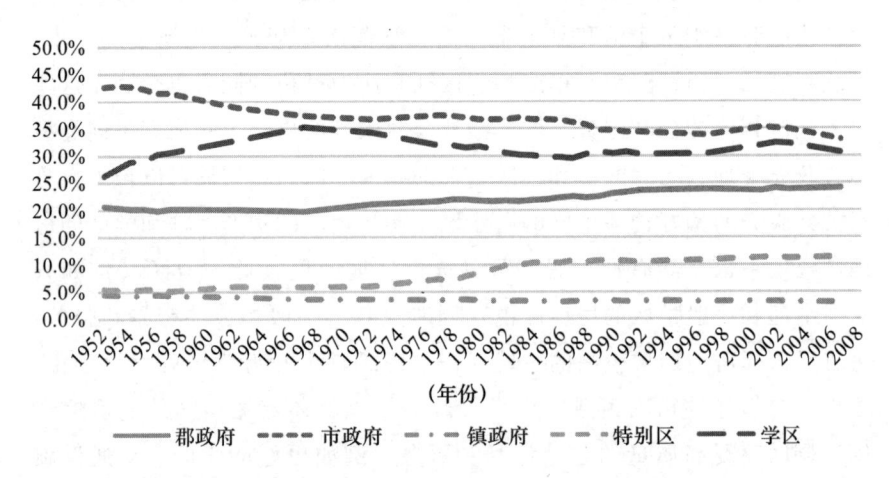

图 3.3 美国地方总收入（包括转移支付）在不同类型地方政府中的分布（1952—2008）

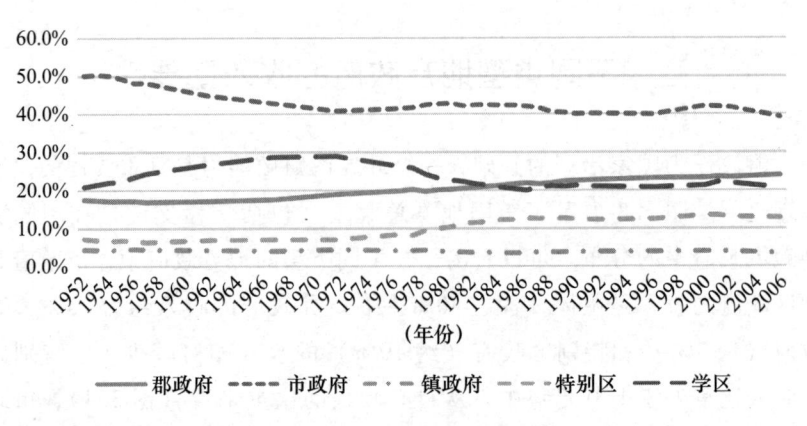

图 3.4 美国地方自有收入在不同类型地方政府中的分布（1952—2007）

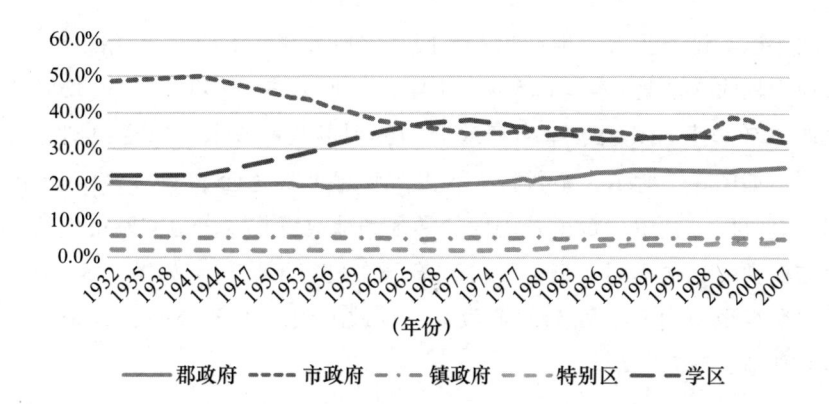

图 3.5 美国地方税收收入在不同类型地方政府中的分布（1932—2007）

因此，从地方政府收入尤其是自有财力的分布来看，在不同类型的地方政府中，市政府的收入比重最高，其次为郡政府和学区政府，镇政府和特别区政府仅仅扮演着补充的角色。市政府、郡政府主要提供综合性公共服务，学区政府主要提供公共教育。镇政府和特别区政府则主要对某些特定公共服务提供加强和补充的作用。尽管从政府数量来看，特别区政府的数量最多，但其收入比重仅占地方总收入的 10% 左右。但特别区政府在提供公共服务方面的重要性也不容忽视。在财力有限的基础上，特别区政府往往将这些收入聚集用于某一两种公共服务（例如消防等），因此往往可以在很大程度上显著改善这一两种公共服务的质量。也正是基于这一特征，特别区的建立和取消往往取决于当地居民的实际需求，可以很好地反映居民的真实偏好。下文我们也会看到，特别区的收入主要来源于房地产税和转移支付，居民特别看重某一项公共服务时，也可以通过迁移的方式居住到相应的特别区，从而通过额外缴纳房地产税的方式满足自身的公共服务偏好。

三 地方自主税收来源与转移支付

由于美国地方政府的碎片化特征，不同类型的地方政府的收入结构又大相径庭。根据上一章中地方政府的收入和支出结构状况可知（图 2.15），地方政府的收入来源中 70% 为自有收入，其中税收收入主要为房地产税。进一步看房地产税在不同类型地方政府中的去向（图3.6），房地产税收入的近一半（45%）由学区政府收取，郡政府和市政府各收取20%以上，其余少量由镇政府和特别区政府收取。销售税则完全不同，如图3.7所示，销售税主要由市政府收取（近60%），约30%由郡政府收取，其中少量由特别区、学区和镇政府收取。地方所得税的情况与此类似，在不同类型的地方政府分布也很不均匀。如图3.8所示，地方所得税中约80%由市政府收取，郡政府收取15%左右，其余少量由其他地方政府收取。

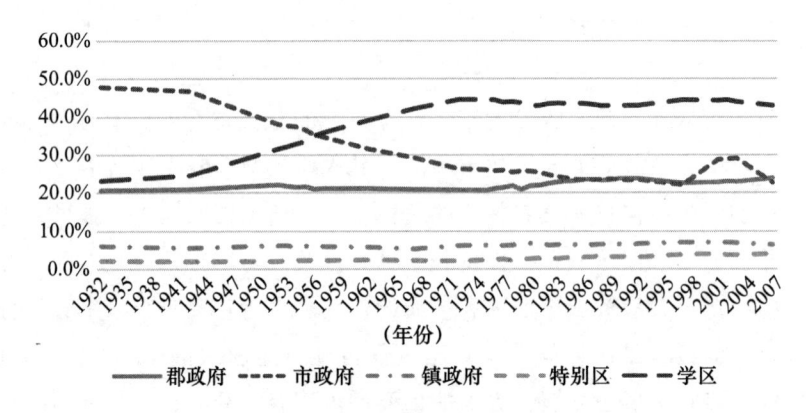

图3.6 美国房地产税在不同类型地方政府中的分布（1932—2007）

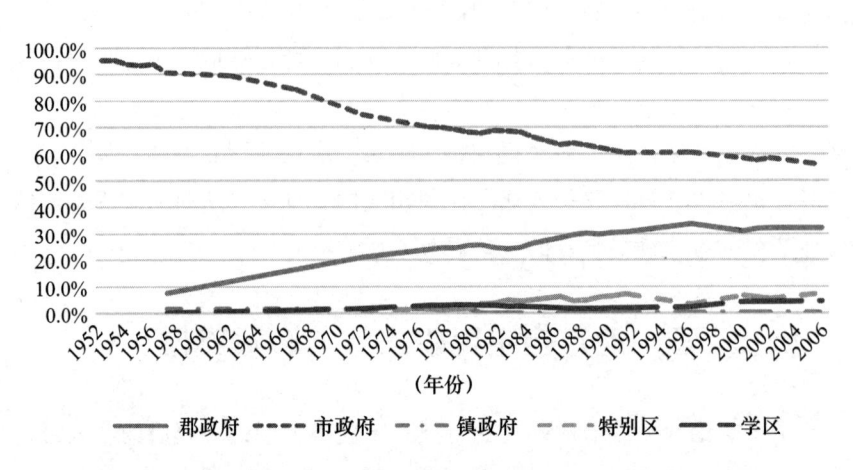

图3.7 美国销售税在不同类型地方政府中的分布（1952—2006）

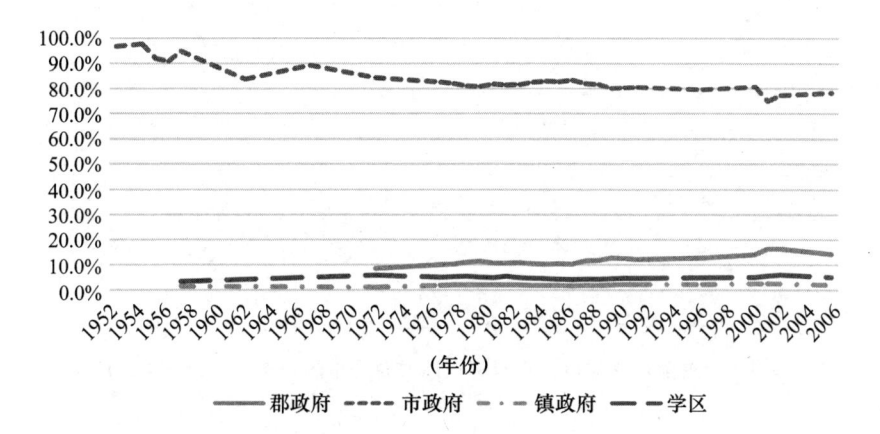

第三章　美国地方政府的不同类型、收支结构与地方治理

图 3.8　美国地方所得税在不同类型地方政府中的分布
（1952—2006）

除了自有收入之外，转移支付是地方政府最重要的收入来源，由图3.9可以看出，地方政府获得的转移支付收入中，学区政府获得了其中的一半，郡政府获得了25%，市政府获得了20%。根据前文可知，地方政府转移支付收入中的绝大多数来源于州政府（图2.16），地方政府从州政府获得的转移支付收入在不同类型政府中的分布与转移支付总收入的分布基本一致（图3.10）。在州政府转移支付中，学区政府获得了50%以上，郡政府和市政府各获得约20%。但联邦政府的转移支付的去向则是另一番情景（图3.11）。市政府和特别区各获得了联邦政府的转移支付的三分之一。联邦政府的转移支付中仅有不到10%分配给了学区政府，郡政府获得了不到20%。这进一步凸显了美国的教育主要由州政府管理的特点。当然，这只是当前的情形，在20世纪50年代，学区政府也获得了超过50%的联邦政府转移支付，特别区政府仅获得不到10%。在这过程中，联邦政府转移支付对学区的支持逐步减少，而对特别区的支持则逐渐增加，这也体现了美国地方政府特别区的作用在缓慢增强的趋势。

47

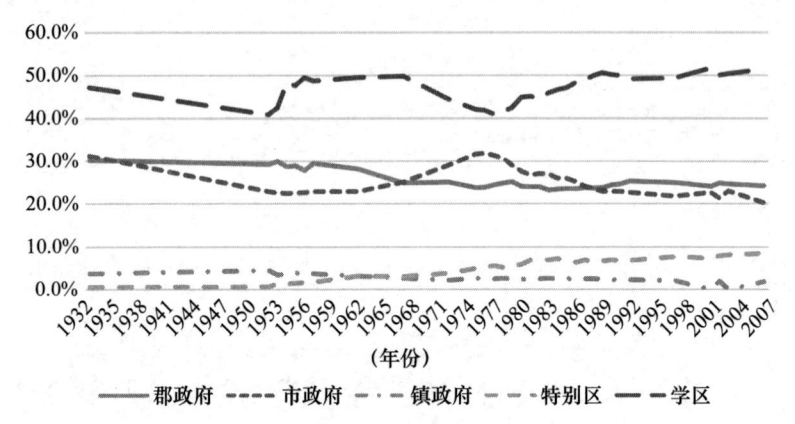

图 3.9　美国转移支付在不同类型地方政府中的分布（1932—2007）

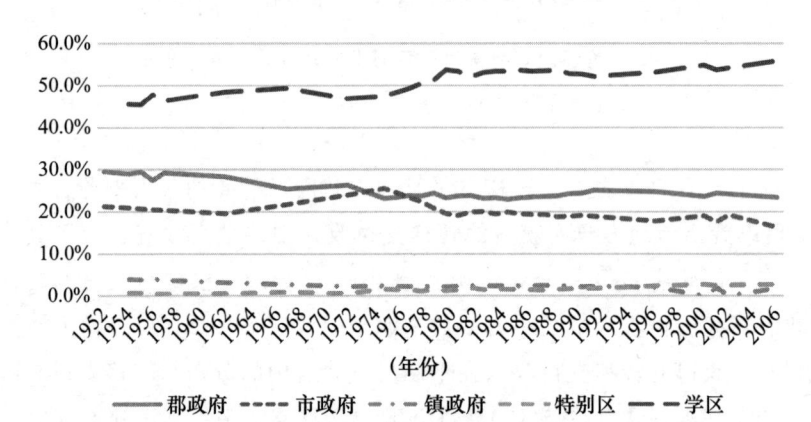

图 3.10　美国州政府转移支付在不同类型地方政府中的分布（1952—2007）

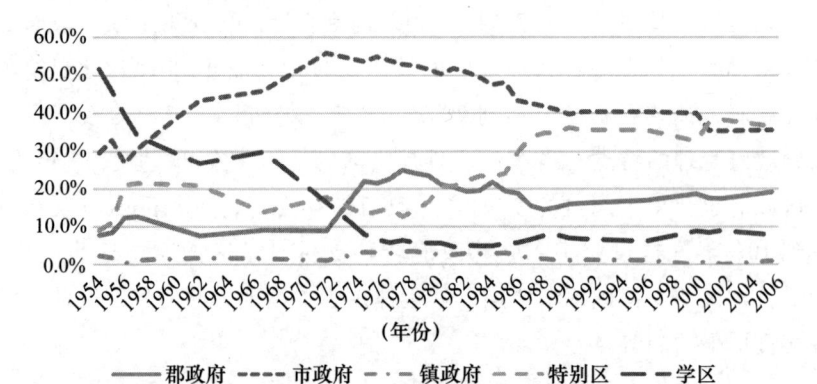

图 3.11　美国联邦政府转移支付在不同类型地方政府中的分布
（1954—2006）

四 碎片化地方政府与财政收支结构

美国碎片化地方政府的特色明显,不同的地方政府类型在功能定位方面也有着自身的特点。例如,区域的常规管理和服务主要由郡政府承担,市政府会提供一些具有城市特征的公共服务,学区的基本支出全部用于教育,特别区一般专注于提供一种本地区需要的公共服务。这样,不同类型的地方政府分工明确,除了转移支付之外,重要的收入来源大多是房地产税,充分体现了房地产税在地方治理中的作用。下面我们逐一探讨这些不同类型地方政府的收入和支出结构的状况。

1. 郡政府(county)

首先看郡政府的收入结构,从图3.12可以看出,美国郡政府约有三分之二的收入为自有收入,其中税收收入和非税收入各占约一半,税收收入略高于非税收入。图3.13为美国郡政府税收收入的结构与比重,税收收入中房地产税收入占70%以上,销售税收入超过20%,其余少量为地方所得税收入。图3.14则显示,郡政府获得的转移支付中,绝大多数来源于州政府。例如,在2007年,在占总收入33%的转移支付中,州政府为28.3%,联邦政府仅为3.0%,其他地方政府为1.7%。

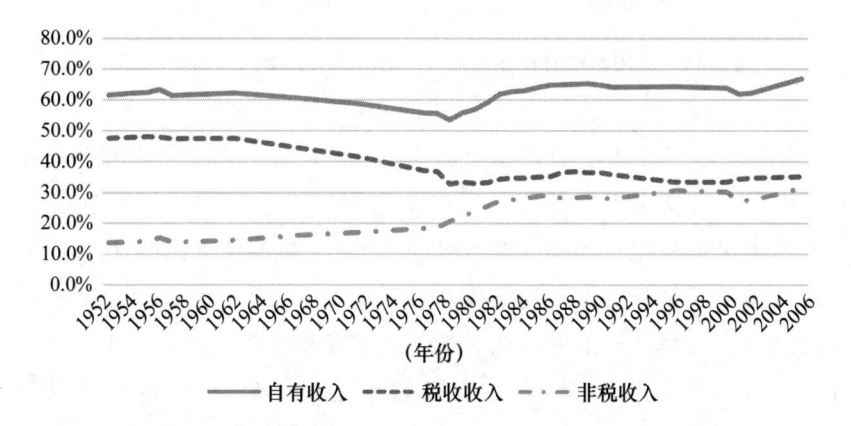

图3.12 美国郡政府自有收入的结构与比重(1952—2006)

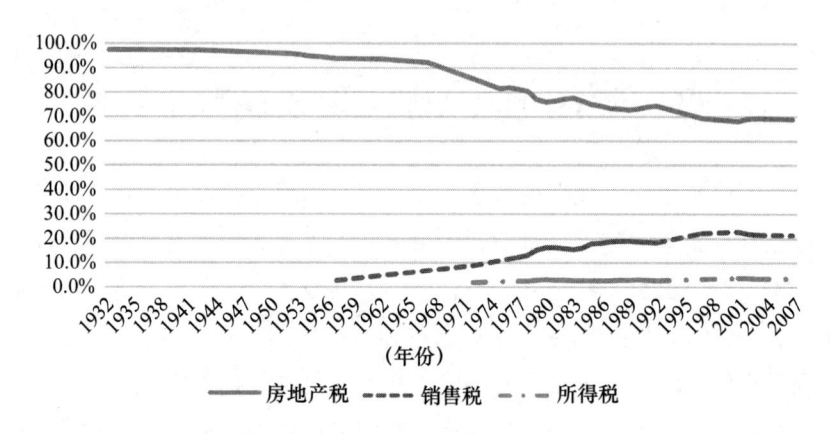

图 3.13　美国郡政府税收收入的结构与比重（1932—2007）

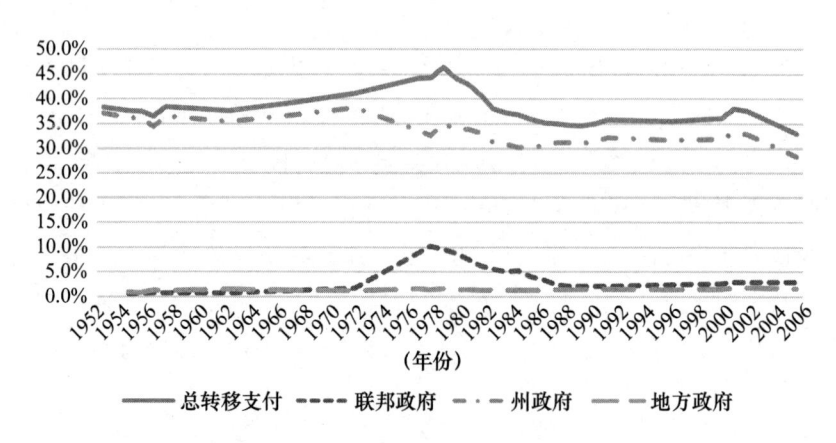

图 3.14　美国郡政府转移支付收入的结构与比重（1952—2007）

从郡政府的支出结构来看（图 3.15），在过去的半个世纪里，郡政府的资本性支出逐步下降，当前支出保持上升趋势。在最近的 20 年里基本保持稳定，当前支出比重为 90%，资本性支出为 10%，资本性支出中近三分之二为建设支出，其余三分之一为其他资本支出。郡政府的公共服务支出中（图 3.16），教育和医疗卫生为支出的主要部分，占总支出的比重均为 12% 至 18% 之间，在 20 世纪 70 年代中期医疗卫生支出开始超过教育支出成为郡政府最重要的支出项目。近年来，公共安全支出的比重也呈现上升势头，至 2007 年已上升至

8.2%，成为继医疗卫生和教育支出之后的第三大支出项目。公园和娱乐设施支出的比重一直维持在2%左右。

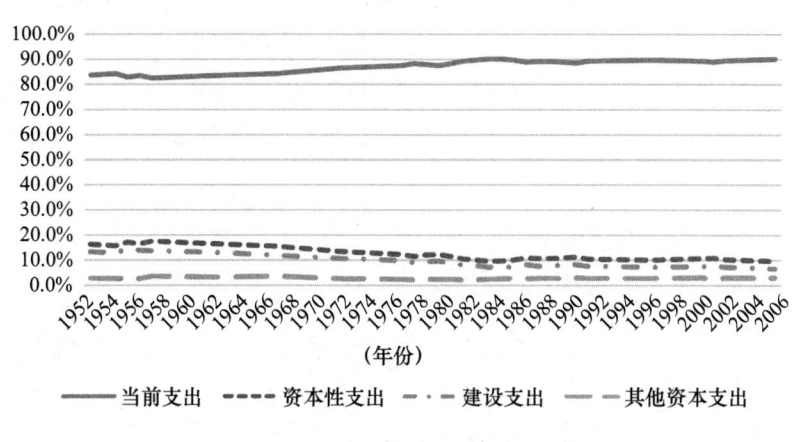

图 3.15 美国郡政府支出的结构与比重（1952—2006）

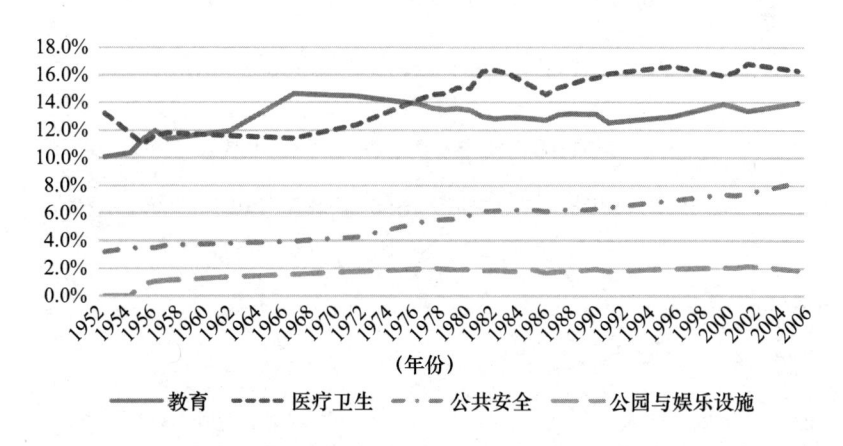

图 3.16 美国郡政府不同公共服务支出占总支出的比重（1952—2006）

2. 市政府（municipality）

从市政府的收入结构来看，如图 3.17 所示，美国市政府的自有收入比重比郡政府要高，为 80% 左右。其中，税收收入和非税收入也各占一半左右。在 20 世纪 50 年代初至 70 年代末，税收收入高于非税收入；在 20 世纪 80 年代初至 21 世纪初，非税收入高于税收收入。近年来，非税收入又有所上升，呈现高于税收收入的势头。在税收收入中

现代房地产税：美国经验与中国探索

（图 3.18），20 世纪 30 年代初期，房地产税占税收收入的比重几乎为 100%，之后到 80 年代中期逐步下降至 50% 左右，这一比重基本维持至今。近年来，销售税比重约占税收收入的 30%，地方所得税约占 15%。在占市政府收入 20% 左右的转移支付收入中（图 3.19），与郡政府类似，其中大部分来自州政府。在 2007 年，州政府、联邦政府和其他地方政府的转移支付占市政府收入的比重分别为 14.3%、4.0% 和 1.8%。

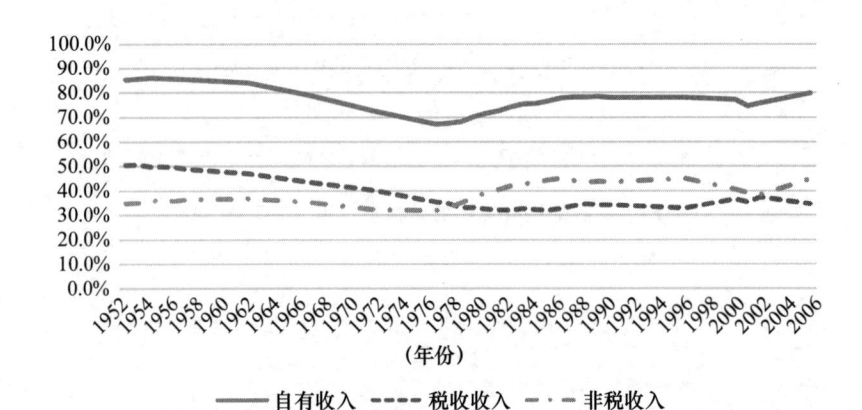

图 3.17　美国市政府自有收入的结构与比重（1952—2006）

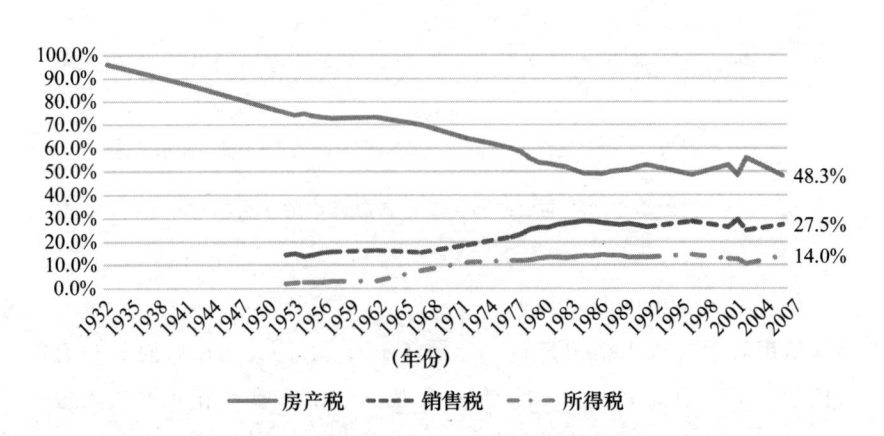

图 3.18　美国市政府税收收入的结构与比重（1932—2007）

52

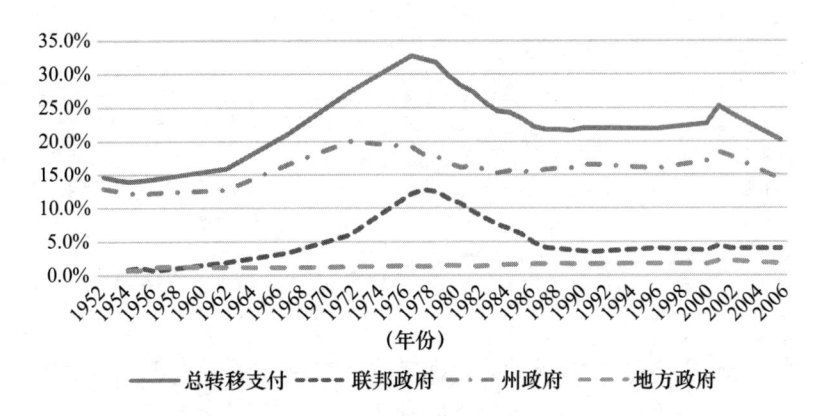

图 3.19 美国市政府转移支付收入的结构与比重（1952—2006）

在市政府的支出结构中（图 3.20），当前支出基本保持在 80% 以上，资本性支出接近 20%，其中绝大多数为建设支出。在公共服务支出中，如图 3.21 所示，与郡政府不同的是，市政府的公共安全支出一直占据着公共服务支出中最大的比重，占总支出的比重维持在 15% 左右。教育支出近几十年来为总支出的 8% 至 10%，医疗卫生和公园与娱乐设施各占总支出的 4% 左右。从上文图 3.3 中总收入在不同政府类型中的分布来看，市政府与郡政府是美国不同地方政府类型中最重要的两类政府，其支出结构的差异充分体现了这两种不同类型政府扮演相互补

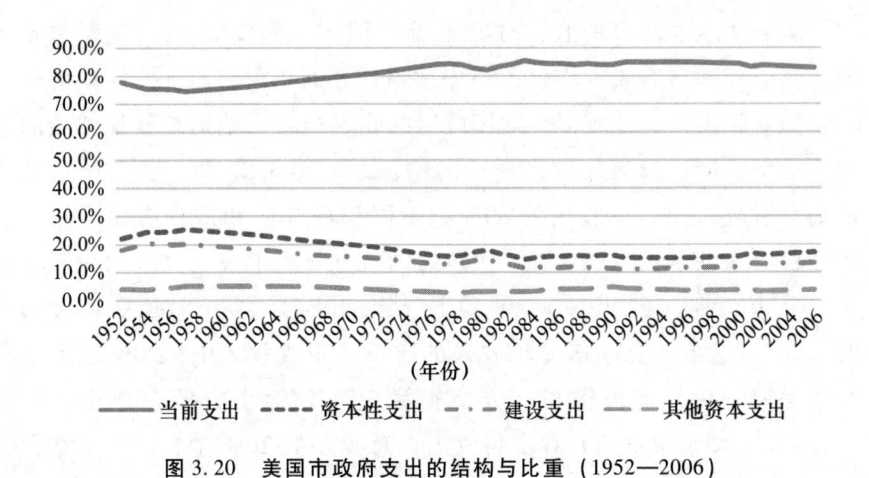

图 3.20 美国市政府支出的结构与比重（1952—2006）

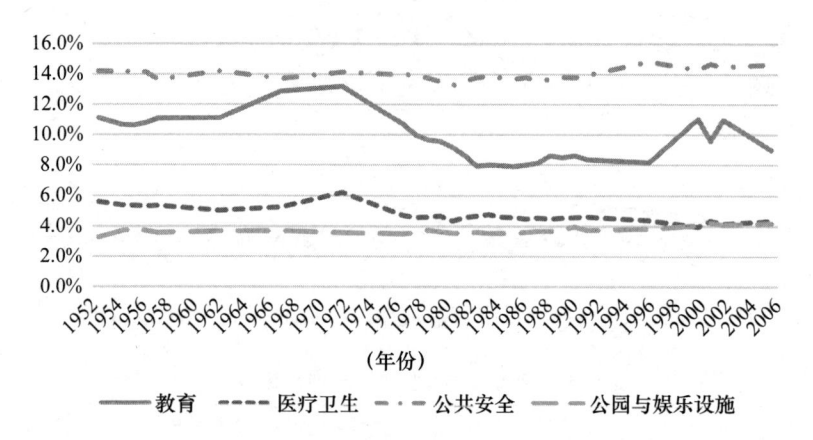

图3.21 美国市政府不同公共服务支出占总支出的比重（1952—2006）

充的角色。郡政府主导整个地区的运营管理，提供相对完整的公共产品和公共服务体系，市政府则对城市区域特别需要的一些公共服务如公共安全等进行相应的补充。如此，一个郡的城市化较高区域和农村地区就会形成差异化，居民可以根据自身的需求和偏好选择居住区域。当然，城市化程度较高地区更高水平的公共服务也以更高的房地产税负担为代价。

3. 镇政府（township）

从上文地方政府的收入分布来看（图3.3和图3.4），美国镇政府的总收入和自有收入均仅占地方政府的不足5%。其重要性相对较小，但麻雀虽小，五脏俱全。镇政府的收入和支出结构与其他类型的政府类似，同样具有比较多样化的特征。如图3.22所示，美国镇政府的自有收入约占总收入的80%，不同于郡政府和市政府税收收入和非税收入基本相当的状况，镇政府的自有收入中税收收入约为四分之三（占总收入的60%），非税收入约为四分之一（占总收入的20%），税收收入远高于非税收入的比重。税收收入中，90%以上来源于房地产税，销售税和地方所得税仅起着很小的补充作用（图3.23）。美国镇政府的转移支付收入占总收入的20%左右，其中绝大多数来源于州政府（图3.24）。

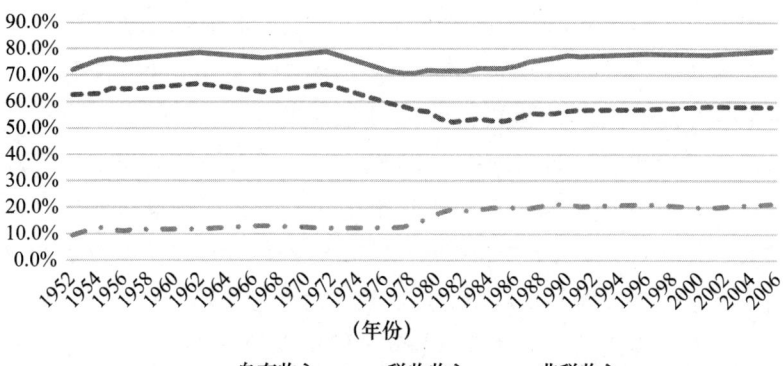

第三章 美国地方政府的不同类型、收支结构与地方治理

图 3.22 美国镇政府自有收入的结构与比重（1952—2006）

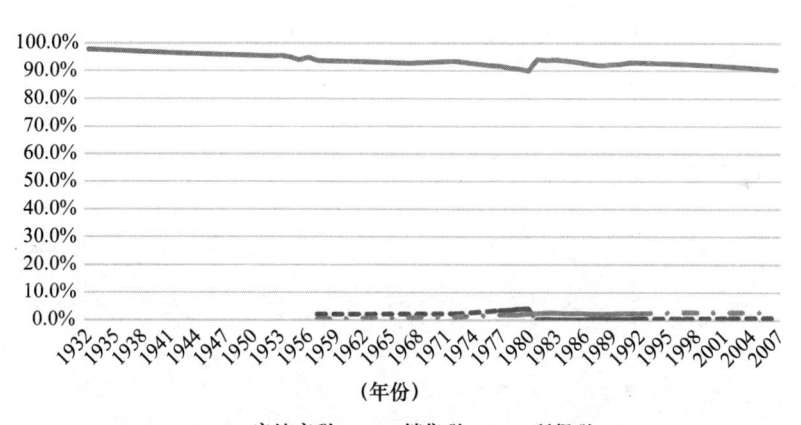

图 3.23 美国镇政府税收收入的结构与比重（1932—2007）

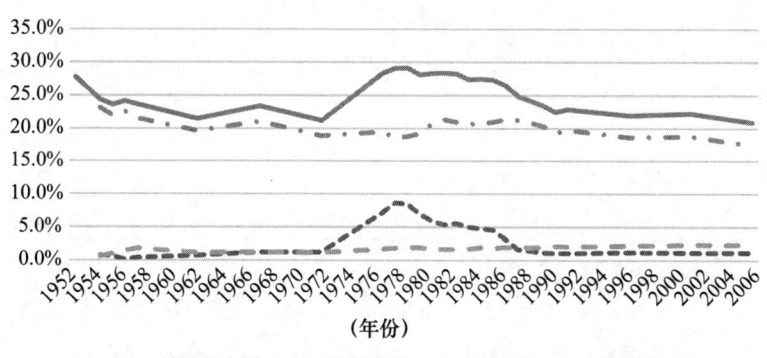

图 3.24 美国镇政府转移支付收入的结构与比重（1952—2006）

美国镇政府的支出结构也有一定的特点，如图 3.25 所示，近几十年来，镇政府的支出中近 90% 为当前支出，资本性支出仅占 10%，其中多数也为建设支出。而在不同的公共服务支出中（图 3.26），教育支出占总支出的比重最高，维持在 25% 左右。其次为公共安全，占总支出的比重在 10% 至 15% 之间。医疗卫生和公园与娱乐设施支出所占比重都很低，均在 5% 以下。根据这一支出结构可以看出，镇政府的支出结构特点介于郡政府和市政府之间。镇政府教育支出是其中最重要的支出，公共安全支出其次，镇政府的支出结构为对公共服务的需求偏好介于郡政府和市政府之间的居民提供了更多的选择空间。

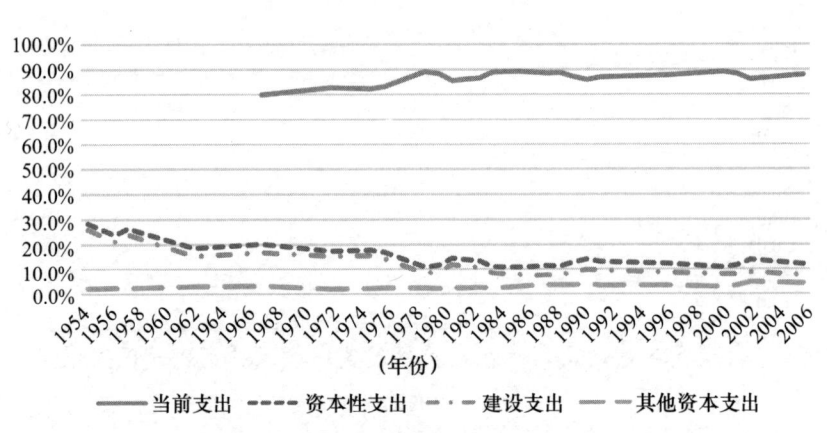

图 3.25 美国镇政府支出的结构与比重（1954—2006）

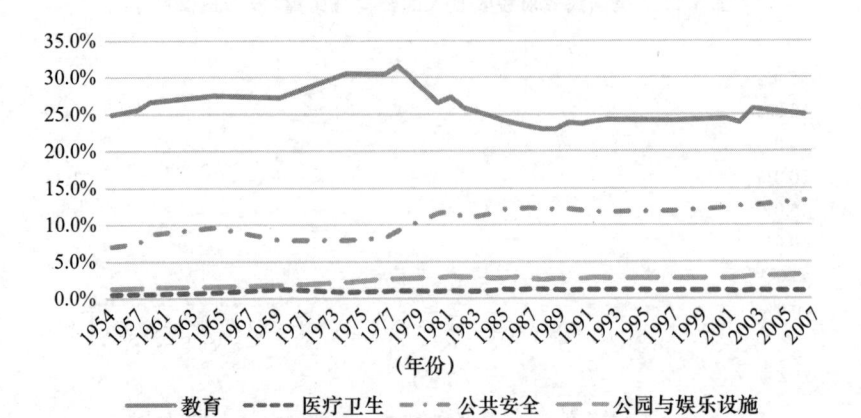

图 3.26 美国镇政府不同公共服务支出占总支出的比重（1954—2007）

4. 学区政府（school district）

相比于前面的三种地方政府类型（郡政府、市政府和镇政府），美国的学区政府的功能定位相对更加明确和单一。从收入结构来看，如图3.27所示，学区政府近几十年来的自有收入一直低于50%，也就是说超过一半的学区收入来源于转移支付。学区政府的转移支付收入所占的比重在美国所有地方政府类型中是最高的，这是源于教育支出具有明确的正外部性，因此从理论上讲也应该获得更多的上级政府的转移支出投入。学区政府自有收入中大部分为税收收入，约占总收入的35%，非税收入占总收入的10%左右。进一步看税收收入的构成，从图3.28可以看出，学区政府的税收收入中基本上全部为房地产税收入，销售税和地方所得税收入微乎其微。同样，图3.29为学区政府转移支付收入的结构与比重，转移支付收入也基本上全部来自州政府，来自联邦政府和其他地方政府的转移支付比重极小，几乎可以忽略不计。这与上文中所提到的教育支出的职能基本上由州政府和地方政府承担，教育支出中联邦政府所占的比重很低相一致。

图3.30是美国学区政府的支出结构和比重，可以看出，学区政府的当前支出基本在90%左右，资本性支出约为10%，其中主要为建设支出。而在公共服务中，学区政府的教育支出一直在95%以上

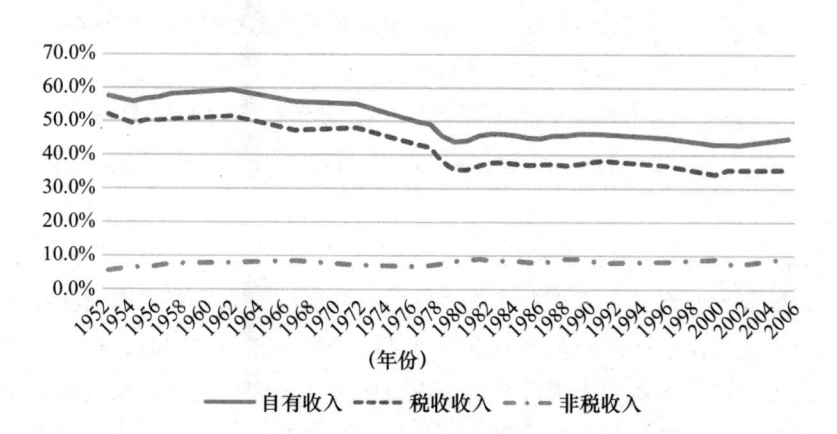

图3.27 美国学区政府自有收入的结构与比重（1952—2006）

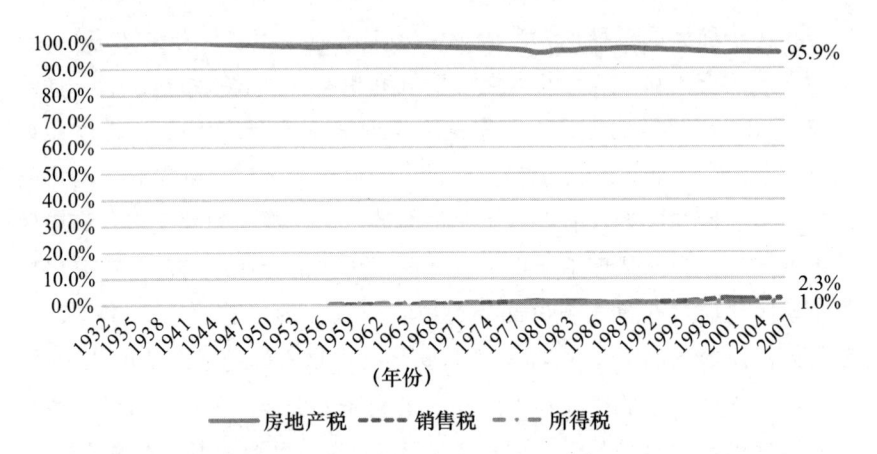

图 3.28　美国学区政府税收收入的结构与比重（1932—2007）

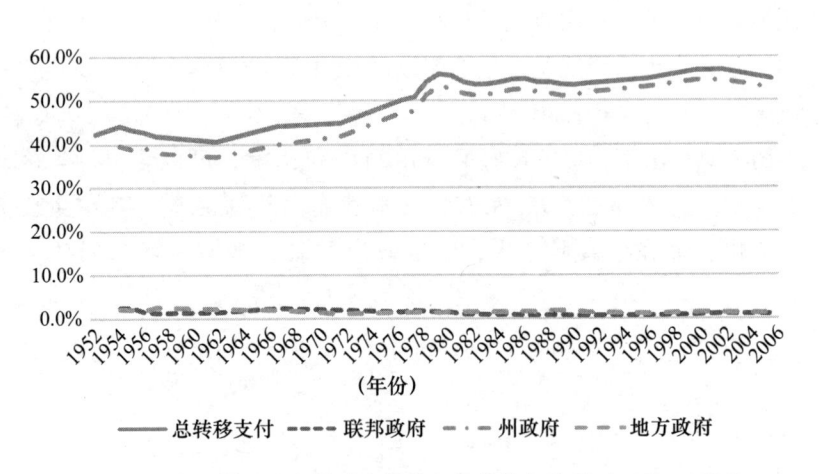

图 3.29　美国学区政府转移支付收入的结构与比重（1952—2006）

（图 3.31）。其他类型的地方政府在医疗卫生、公共安全和公园与娱乐设施等方面都或多或少有相应支出，但学区政府在这些方面的支出为零，也就是说学区政府基本所有支出都用于教育方面。同时，房地产税收入中的近一半被归于学区政府，也说明了在美国房地产税与教育支出之间重要的联系。可以说，房地产税与公共服务支出之间的联系在美国最重要的体现就是教育支出。

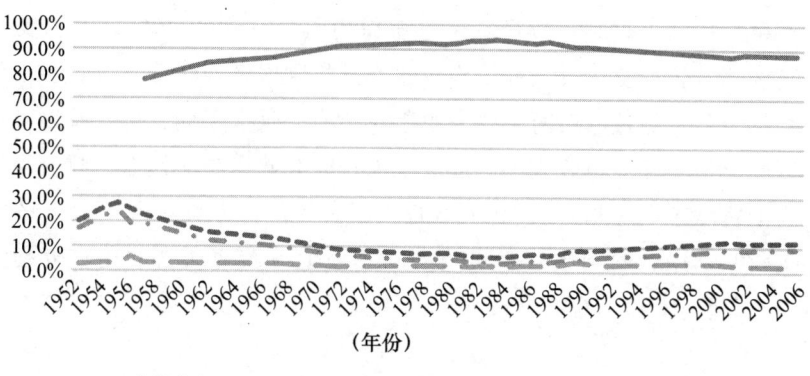

图 3.30　美国学区政府支出的结构与比重（1952—2006）

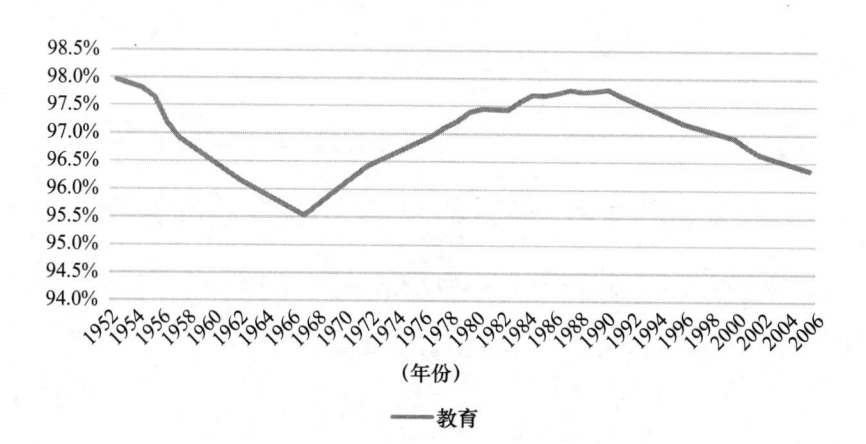

图 3.31　美国学区政府教育支出占总支出的比重（1952—2006）

5. 特别区政府（special district）

美国的特别区政府，顾名思义，其名称也就隐含着与其他地方政府类型的不同之处。每个特别区政府一般根据当地居民需要，只提供一两种其他类型地方政府没有提供或者提供不足的基本公共服务，实际上很多特别区政府正是由当地居民根据需求发起而成立。从收入结构来看，如图3.32所示，自有收入约为总收入的80%，但特别区政府与其他地方政府类型不同的是，自有收入中绝大多数来源于非税收入。例如，在2007年占总收入75.6%的自有收入中，仅有13.1%为税收收入，其余的62.5%为非税收入。税收收入中也以房地产税为主，其余为少量的销售税，特别区政府一般没有地方所得税（图3.33）。图3.34为美国特别区政府转移支付收入的结构与比重。特别区政府转移支付收入来源的结构也与其他地方政府主要来源于州政府有很大不同，可以看出，特别区政府的转移支付收入中，近一半来自联邦政府，其他地方政府和州政府的贡献基本相当。从2007年的数据来看，在占总收入24.4%的转移支付收入中，联邦政府、州政府和其他地方政府所占的比重分别为12.1%、6.8%和5.6%。

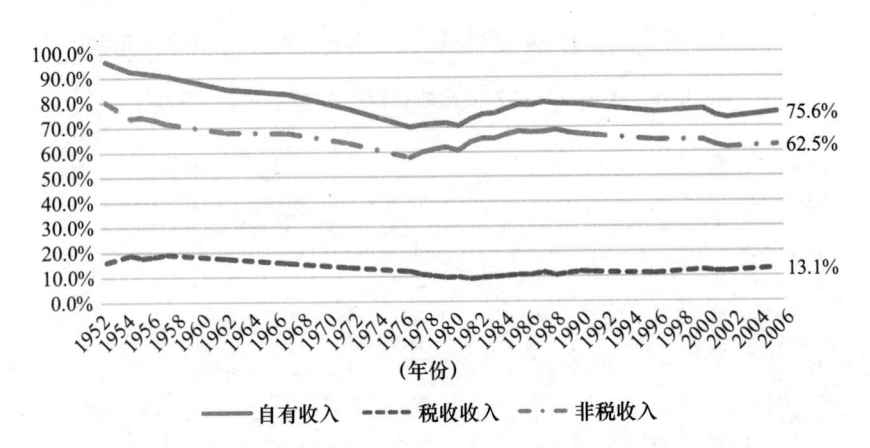

图3.32 美国特别区政府自有收入的结构与比重（1952—2006）

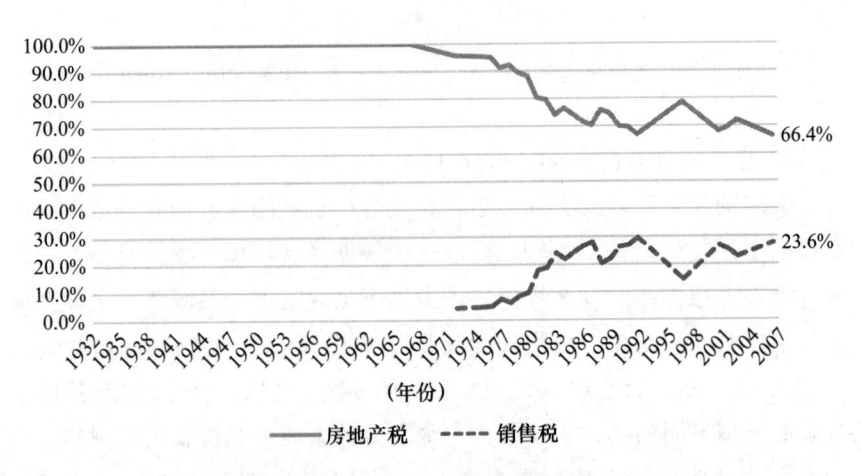

图3.33 美国特别区政府税收收入的结构与比重（1932—2007）

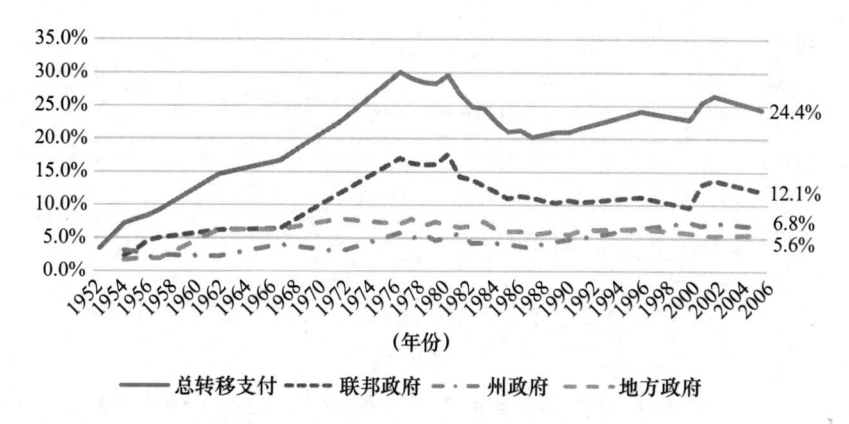

第三章 美国地方政府的不同类型、收支结构与地方治理

图 3.34 美国特别区政府转移支付收入的结构与比重（1952—2006）

特别区政府的支出结构也与其他类型的地方政府有所差异。从当前支出与资本性支出的分布来看，如图 3.35 所示，当前支出约为 80%，资本性支出约为 20%，其中主要为建设支出。这一结构与其他类型的地方政府基本一致。但从图 3.36 美国特别区政府不同公共服务支出占总支出的比重来看，特别区的特点就非常明显。在不同的公共服务支出中，医疗卫生支出的比重最高，占总支出的 15% 左右，且呈现上升趋势，2007 年已上升至近 18%。公共安全和公园与娱乐设施支出仅为

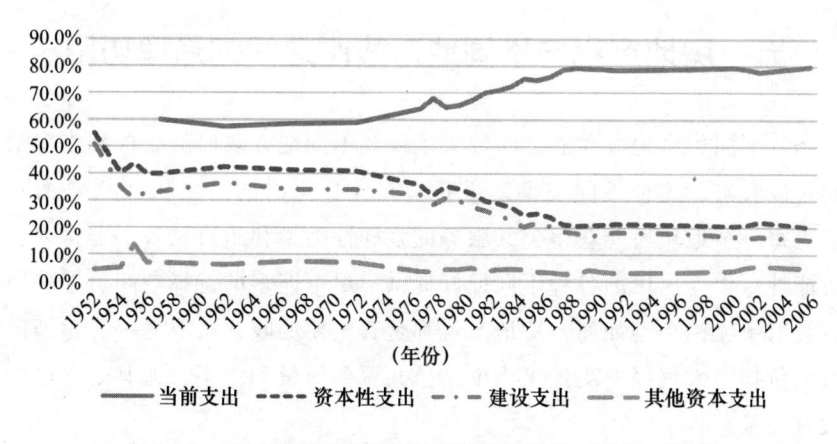

图 3.35 美国特别区政府支出的结构与比重（1952—2006）

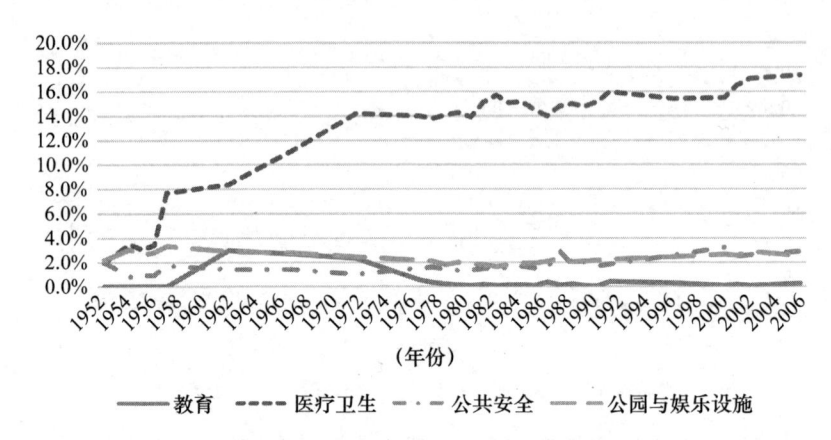

图 3.36　美国特别区政府不同公共服务支出占总支出的比重
（1952—2006）

3%左右，教育支出的比重则非常少，几乎可以忽略不计。由此可以看出，特别区政府在其他地方政府均有一定投入的教育方面基本没有支出，而是在居民的其他需求和偏好方面提供相应的服务。需要注意的是，这里的支出结构是美国全国的加总情况，而对于每一个特别区政府来说，只提供一种或两种的公共服务可以在很大程度上改善当地在这种公共服务上的质量和水平。

五　房地产税与不同地方政府之间的治理功用

从不同类型地方政府之间的关系以及不同地方政府的收入和支出结构可以看出，这种不同类型地方政府在碎片化的同时也相互"叠加"，使得每一个地块所能获得公共服务的多样性类型和组合具备了非常多的可能性，也为居民的各种不同偏好提供了尽可能多的选择空间。这些地方政府中无论类型如何，房地产税都是其主要的收入来源之一，房地产税的负担很大程度上决定了当地的公共服务质量和水平，尤其是学区的教育质量。

一般来说，同一个州的不同郡之间房地产税的税率尽管有一些差异，但州内不同郡之间的差异一般比不同州之间的差异要小。如果不同

第三章　美国地方政府的不同类型、收支结构与地方治理

郡之间的房地产税税率相近，提供的公共服务也相差不大，这样居民就无法找到很多的不同公共服务组合来满足自身的需求偏好。当可以选择的可能性非常少时，地方政府之间缺乏实际的竞争关系，居民"用脚投票"的效应也就无法真正体现。在这种情况下，不同类型地方政府所谓的碎片化以及这些地方政府之间的相互"叠加"就会使得同一州内、甚至同一个郡内的公共服务组合具备很大的多样性。

例如，本章第一节中提到的佐治亚州（Georgia）两个相邻的郡：克拉克郡（Clarke County）和奥康尼郡（Oconee County）。这两个郡中2015年来自不同政府类型的房地产税税率如表3.2所示，从这两个郡中即可以看出，每处房地产所需缴纳的房地产税均由几个部分组成，至少包括州、郡、学区这几个政府，对于有些地区如果"叠加"了市、镇或者特别区，其房地产税的税率就会进一步增加。例如，在奥康尼郡，如果住在图3.2中的白色区域，就只需要向州、郡和学区这3个政府缴纳房地产税，这些区域在房地产税税负相对较低的同时其公共服务也处于一般水平。因此，实际上，更多的人会选择住到沃特金斯维尔市，因为这一地区的城市化程度高，相应的基础设施和公共服务都更加完善，小区环境相比较而言也比其他区域要好。

由于雅典-克拉克郡是雅典市和克拉克郡合并后的联合政府，其房地产税税率也比临近单独的奥康尼郡要高（表3.2）。在州、郡、学区三个政府的加总税率上，克拉克郡也比奥康尼郡要高，但税率高并不意味着当地的公共服务水平一定就高。因为最终决定当地房地产税收入和公共服务水平的除了税率还有税基，实际上，由于奥康尼郡房地产市场的税基较高，在较低的税率下奥康尼郡的房地产税收入反而较高，居住在奥康尼郡的居民的房地产税负担也高。我们现实中就观察到不少在雅典城工作的家庭选择在奥康尼郡的沃特金斯维尔市居住，这就是非常明显的"用脚投票"行为。当在一个郡工作的人选择住到另一个郡时，往往会增加自己从居住地到工作单位的通勤成本，主动选择这样做一定有其内在的原因。在中国的大城市，我们也常常遇到不少选择离工作地点很远居住的家庭，这些家庭之所以愿意承受较高的通勤成本，往往是由于工作地的房价超出了自身的购买力，因此只能选择较便宜的地区购

置房产。① 上面的这个例子又是因为什么呢？这里的居民选择在奥康尼郡居住而在雅典城工作，并不是因为买不起雅典城的房产。恰恰相反，奥康尼郡沃特金斯维尔市的房价其实更高。当然，沃特金斯维尔市的房价比雅典城只是高出一些，相差并不是特别大，因此也在这些人群的承受范围内。他们愿意选择到沃特金斯维尔市居住，同时承担较高的房地产税负担，正是因为这里有更好的小区环境、更好的学区教育和更好的道路设施等。

表3.2 克拉克郡和奥康尼郡不同地方政府的房地产税税率

克拉克郡 （Clarke County）	法定税率	有效税率	奥康尼郡 （Oconee County）	法定税率	有效税率
佐治亚州（Georgia）	0.02%	0.008%	奥康尼（Oconee）	0.67%	0.27%
雅典-克拉克郡 （Athens-Clarke）	1.37%	0.55%	奥康尼学区（School）	1.65%	0.66%
克拉克学区（School）	2%	0.80%	沃特金斯维尔市 （Watkinsville）	0.29%	0.12%
温特维尔市 （Winterville）	0.29%	0.12%	博加特市（Bogart）	0.29%	0.12%
			毕晓普镇（Bishop）	0.22%	0.09%
			北高浅滩镇 （North High Shoals）	0.12%	0.05%

注：由于佐治亚州的评估率为40%，即在计算房地产税税额时只用房地产市场价值的40%乘以法定税率来计算，因此，表中的有效税率根据评估率进行调整，有效税率或者实际税率仅为法定税率的40%。雅典市和克拉克郡在1990年进行了合并（资料来源：http://www.athensclarkecounty.com/113/Unification-of-Athens-Clarke-County），因此，雅典-克拉克郡的官方名称应为雅典-克拉克郡联合政府（Athens-Clarke County United Government）。

一个常见的问题是，美国民众为什么乐意多交房地产税？② 事实

---

① 美国也有不少这样的现象。例如，我们看到有不少人工作在亚特兰大市却选择在雅典城居住，两个城市相隔100多千米，通勤时间为1个小时左右。除了工作学习本身的原因外，这里有些人就是因为考虑到亚特兰大的房价和租金相对较高。

② 资料来源：《美国民众为什么乐意多交房地产税？》（http://finance.qq.com/a/20151130/019313.htm）；《为什么美国人认为交房地产税天经地义？》（http://www.hmin-vestment.com/Question-view-8559.html）。

上，没有人会"乐意"主动地缴纳更多的房地产税，居民是基于房地产税与公共服务的这种直接联系，而"愿意"选择具有更高房地产税的地区居住，从而享受到更好的公共服务。这是由于地方政府充分发挥了房地产税作为受益税的特征，将房地产税负担与公共服务之间的联系很好地建立了起来。因此，实际上缴纳的房地产税多少反映的是家庭对相关公共服务的偏好。如果要享受高品质的公共服务和良好的环境，在选择这些公共服务的同时，也就隐含着相应的房地产税负担。因此，甚至有人略带夸张地说："在美国，要想了解一个地方的公立学校教学质量如何，只要看看那里房地产税的税率就可以了。"

如前文所提到的，不同地方政府之间的差异是房地产税与公共服务收支相连能够产生作用的前提。如此一来，居民才能在不影响基本生活的情况下获得更多的选择空间，例如可以在通勤时间不是很长的范围内有不同的公共服务组合进行选择。图 3.37 为美国不同郡的房地产税占房产价值的比重分布在 2007 至 2011 年的 5 年平均值，这一比重即为房地产税的平均有效税率。可以看出，美国不同郡之间的房地产税有效税率有

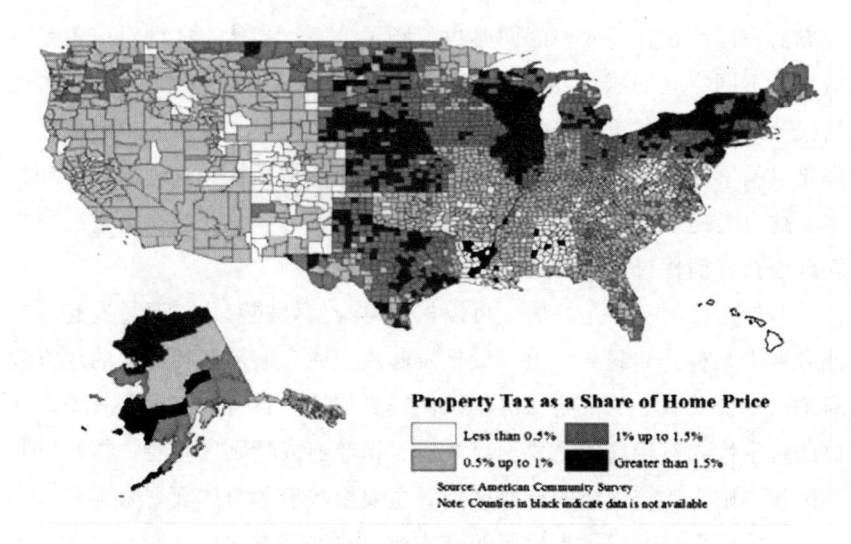

图 3.37 美国不同郡的房地产税占房产价值的比重分布①

---

① 资料来源：美国税收基金会（The Tax Foundation）；税收政策中心（Tax Policy Center），http://money.cnn.com/interactive/real-estate/property-tax/。

相当大的差异。当然，这些差异主要来自不同州的郡之间，同一个州内部的郡之间的税率差异相对较小。而当相邻郡的税率差异较小时，这些不同类型地方政府的叠加就显得尤为重要，这些叠加的政府类型使得在相邻郡甚至同一个郡内不同地区的公共服务也具有明显的差异。在佐治亚州的例子中，学区与郡的边界基本重合，而在有些州，一个郡可以有很多不同的学区，有时候学区甚至会跨越郡的边界，这样就在地方治理中产生了更大的多样性。当然，由于多种类型的地方政府均在教育支出上有相当的投入，即使在同一个学区，不同的市或镇的学校质量也会有一定的差异。总之，这几类不同地方政府的互相叠加，尽管一定程度上造成了碎片化的印象，但对创造公共服务的多样化产生了巨大的作用。

房地产税在不同类型地方政府之间的分配也基本与公共服务一致。这样，房地产税与公共服务支出以及与地方治理之间的联系就真正建立了起来，且在可选择的房地产税和公共服务组合众多的前提下，这样的治理体系在匹配居民需求偏好方面可以发挥实际的作用，提高了公共服务供给的效率。由于房地产税相当于公共服务的税收成本，获得高水平的公共服务就需要承担相应的房地产税负担，以房地产税为重要纽带的地方治理体系在提高效率的同时也兼顾了公平。当然，这种对应关系也造成了不同家庭的居住隔离（residential segregation），不同收入群体的居民分别聚居于城市不同的区域，造成了一些美国大城市的中心地区空心化以及不同社会群体之间的对立等问题，增加了社会管理的难度和成本。这也是房地产税在治理实践中存在的问题之一，我们在下文的征收实践中会专门探讨这一问题。

另外重要的一点是，居民可以根据自身偏好的变化，通过发起增加或者减少某种公共服务支出，或是发起成立或者取消某种类型的地方政府来改变公共服务的供给状况，以使得更加适应自身的需求。其中，居民的自主性相对较高的主要为村政府、镇政府或特别区政府。郡政府和学区政府则为比较固定的行政区划，主要由政府的总体规划来确定。当然，居民也可以通过用脚投票的方式获得自己满意的公共服务组合。无论如何，具备不同类型和特点的地方政府的"叠加"，居民的自由迁徙，甚至居民自身发起成立或取消某些类型的地方政府，这些不同的选项均为地方政府的治理以及不同类型地方政府之间的互动，为最终提高政府提供公共服务的效率和地方政府治理水平发挥了重要的作用。

六 结语

美国的地方政府具有类型多和"碎片化"的特征，在我们所熟悉的中央、省、地级市、区县和乡镇这样整齐划一的政府结构背景下，美国的地方治理体系看起来会有些杂乱和复杂。美国除了联邦政府和州政府外，地方政府就有郡、市、镇、学区和特别区等，且这些地方政府之间并没有上下级从属关系，这在一定程度上增加了地方政府治理的难度和复杂性。但是，不同类型地方政府互相"叠加"这一结构的存在使得公共服务供给组合的多样化迅速增加，从而可以高效率地提供公共服务满足不同的居民偏好。

在只存在一级政府的基础上，要使公共服务供给符合消费者多样化的需求，必须将区域划分得很小，在小区域里提供差别化的公共服务以满足居民的不同偏好。但这样做的结果会很大程度上削弱公共服务供给的规模效应。因此，公共服务的多样化和公共服务供给的规模经济是地方政府提供公共服务的两个重要方面。这两者在地方政府区域大小的选择上则是一对矛盾。如果地方政府区域很大，可以获得很好的规模经济效应，但势必导致内部的多样性降低。如果地方政府区域很小，可以很大程度上增加居民可选择的公共服务组合的多样性，但这样也会导致缺乏规模经济而降低效率。通过不同类型地方政府的互相叠加而不是无限切割，可以较好地将这两个矛盾体结合到一起。多种类型地方政府叠加，同时对不同类型的公共服务进行适当的分工和重叠。对于单个地方政府来说，具备了规模经济；对于地方政府内部来说，由于多个其他地方政府的叠加使得公共服务具备了充分的多样性。除了对已有政府的支出结构进行影响之外，当地居民甚至可以通过发起成立或者取消某种类型的地方政府，来改变地方政府叠加后当地的公共服务组合，从而更好地满足自身的消费偏好。

因此，根据公共选择理论，美国"碎片化"的地方政府很好地成了公共经济领域中表达消费者偏好的制度工具。不同类型地方政府的互相"叠加"使得地方政府供给公共服务具有规模经济的同时提供了足够的多样化组合供居民选择,最终提高了地方政府治理的效率和水平。

参考文献

［1］罗思东:《美国地方政府体制的"碎片化"评析》,《经济社会体制比较》2005年第4期。

［2］王玉龙:《美国乡镇建制及运作》,华中师范大学博士学位论文,2004年。

［3］张光:《中国政府间财政关系的演变（1949—2009）》,《公共行政评论》2009年第6期。

第四章 美国房地产税的征收实践

本章从美国房地产税的实践出发，首先介绍房地产税的税率确定过程、税收使用、评估及征收管理、减免规定等税制要素设计总体情况。随后以美国佐治亚州克拉克郡及克拉克郡学区的房地产税为例，介绍该税在美国的税基评估、税率和使用等方面的具体情况。最后总结美国房地产税实践中存在的一些问题。从房地产税实践的角度看，应扩大房地产税在我国的覆盖面，使之成为基层政府的重要财政收入；同时，提升房地产税征收的公开和透明程度极其重要。

美国是联邦制国家，州政府（state）和地方政府（local）在立法层面拥有较大的自主权。房地产税方面的相关立法主要由州政府制定一个总的框架，地方政府在此框架下依然有较大的自主权（或立法权）来规定具体的税率和减免额度。美国50个州（以及华盛顿特区）每个州对房地产税的立法都融入了本州的一些具体特征，对每个阶段都有比较细致的规定，但其本质及执行的过程都是相通的。[①]

一　美国房地产税治理的实践经验

1. 税率确定过程

房地产税的税率由地方政府用以支定收的方式确定（在某些州，

---

① 例如，纽约州对房产税的相关立法规定见如下链接：http://public.leginfo.state.ny.us/LAWSSEAF.cgi?QUERYTYPE=LAWS+&QUERYDATA=@LLRPT+&LIST=LAW+&BROWSER=BROWSER+&TOKEN=06698633+&TARGET=VIEW。

州政府会规定一个总税率的上限）。地方政府制订每个财政年度的预算时，首先确定本年度需要的预算支出，用该预算支出减去除房地产税以外的其他收入，得出本财政年度需要的房地产税收入。再用此项需要征收的房地产税收入除以区域内的房地产评估总价值，即得到该财政年度的房地产税税率。计算公式可表示为：税率 =（总支出 – 非房地产税收入）/总评估价值。一般情况下，每个州都会有一个评估比率（如纽约州大多为100%，佐治亚州为40%）[1]，对于评估率不是100%的州，名义税率（税额/评估价值）和实际税率（税额/实际价值）就会有所不同。州政府会对评估制定一些指导性规定文件。[2] 房地产税税率确定的过程决定了每个财政年度的税率会有所变化。但在具体实施中，实际上，地方政府并没有使房地产税税率每年都有变化，只有在房产价值发生很大变化时才会对税率进行一些调整。例如，2007 年末开始的经济危机导致房产价值大幅下降，为了达到预算要求，地方政府提高了房地产税税率，但提高的幅度远低于房产价值下降的幅度。具体原因包括尽可能平滑经济波动的影响，使居民的房地产税账单不至于每年产生很大的变化等。也有一些学者在研究这一现象。对于每年税率的确定，地方政府确定本年度预算需要的税率后，若税率有所变化，需要由本地居民投票通过才能执行。由于碎片化地方政府的存在，美国即使同一个州不同地区间的房地产税税率也有所差别，居民可以通过"以脚投票"的方式，选择搬到税率较低或较高的地区。

2. "取之于民，用之于民"

美国房地产税收入是地方政府最主要的收入来源，根据美国统计局（US. Census）的数据，2008 年，房地产税收入占地方政府总税收收入的 75%，占地方政府自有收入的 45%，占总收入（包括转移支付）的 30%。房地产税收入主要用于当地的公共服务和产品。其中，房地产税收入中近一半被用于基础教育（图 4.1）。这与美国地方政府的设置有

---

[1] 为了更加体现公平，纽约州对一些特定地区会用不同的评估率，称为公平比率。例如，http：//orpts. tax. ny. gov/cfapps/MuniPro/muni_theme/county/currequa. cfm? swis = 31&prefix = Onondaga%20%20%20%20%20%20%20%20%20%20%20%20%20%20%20%20%20%20%20%20%20%20%26nbsp%3B%20County。

[2] 如纽约州的规定文件如下：http：//www. tax. ny. gov/pdf/publications/orpts/cert. pdf。

第四章　美国房地产税的征收实践

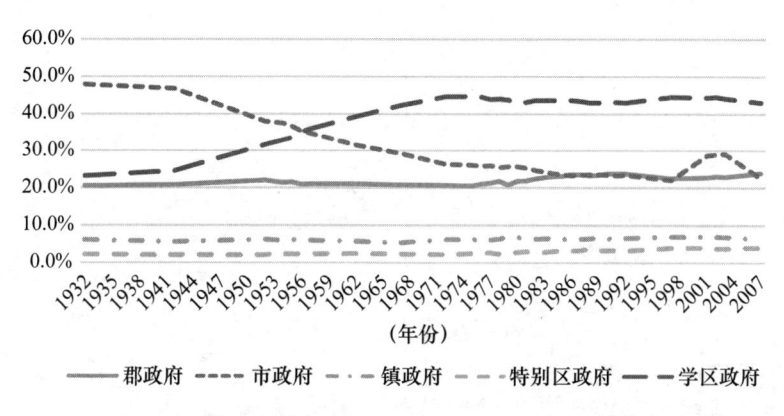

图4.1　美国房地产税收入在不同类型地方政府中的分布
（1932—2007）

关，美国任何一处房产都会被划入某一个学区，学区独立于郡政府，有独立的地方政府特征，单独设定相应的房地产税税率。对于房地产税，一般情况下是由郡政府统一征收，然后划转到相应的政府部门（如学区政府或市政府）。

第三章中介绍了美国的地方政府结构，其中，郡/县（county）覆盖美国全境，学区（school district）也覆盖美国全境。而市（municipality）和其他政府类型只在部分地区存在，进一步与以上两种政府类型交叉重叠。这里以西拉丘斯市（City of Syracuse）所在的奥内达加郡（Onondaga County）为例进行阐述（图4.2），该郡的每一块区域都被划入了某一个学区，但并不是每一块区域都属于某个市；一般情况下，不属于任何一个市的区域多为农村地区。学区的界限与市的界限有时重叠，有时则完全不同。如西拉丘斯市和西拉丘斯学区完全重叠，而其他学区则不尽然。不同的州差别较大，例如纽约州的学区相对较小较多（65个郡，583个学区），而佐治亚州一共有159个郡，每个郡同时是一个学区，另外有20个市学区，这样一共有179个学区。房地产税设计和运作过程中的公开和透明是与美国整个预算过程的公开透明紧密联系的。在确定房地产税税率时，就要进行投票，这一过程也是居民了解房地产税具体去向的过程。郡政府和学区政府都会有独立的年度预算，居民可以随时查阅或网上浏览。

市	学区

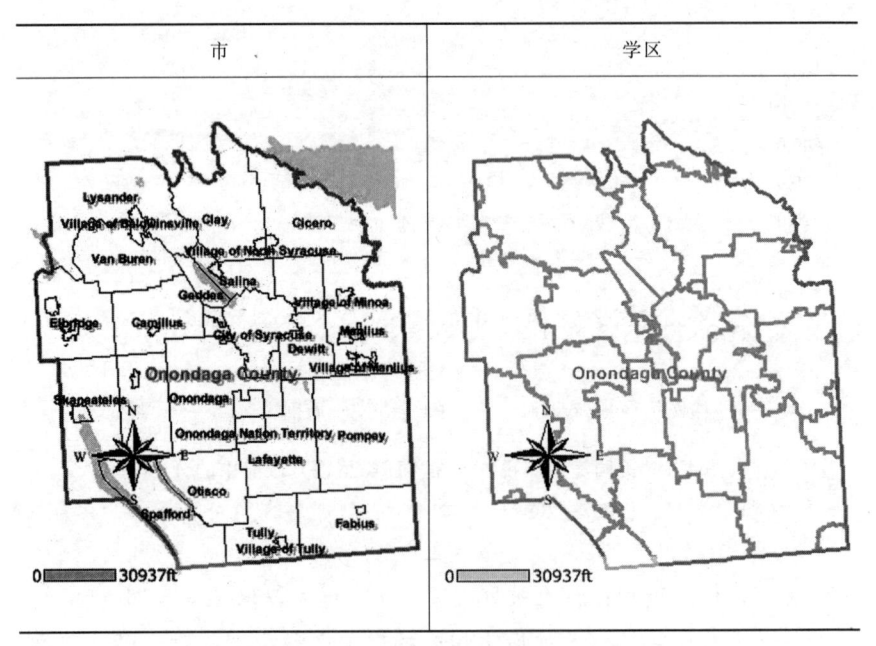

图 4.2　奥内达加郡的市政府和学区政府示意①

3. 评估与征收管理

一般情况下，地方税务部门会设立两个平行的机构，即税务评估办公室（Tax Assessor's Office）和税务专员办公室（Tax Commissioner's Office）。税务评估办公室主要负责每一块房产的评估，将评估结果交至税务专员办公室；税务专员办公室则根据房产评估价值和减免条款测算每一块房产的应征税额，向居民邮寄应纳税额账单，征收税款。这样设置的目的之一，是分离评估部门和征税部门，以帮助保证评估的公正性。

4. 信息公开

地方政府一般都会提供相应的网站以供查询，这也是居民判断自己的房地产税是否公平合理的信息来源。② 表 4.1 是美国纽约州奥内达加郡网站关于某房产的详细公开信息。其中包含了该房产各方面的详细

---

① 资料来源：http：//www.maphost.com/syracuse - onondaga/main.asp。
② 例如，在西拉丘斯市所在的奥内达加郡，我们可以通过以下网站查询每一处房产的信息：http：//www.ongov.net/rpts/propertyTaxInfo.html。

信息，包括房产地址、所属学区、房产类型、大小、评估价值等。表4.2和表4.3分别为郡政府和市/学区政府对该房产征收房地产税和使用情况的公开信息。从这些信息可以看出，该处房产2016年的市场价值为86957美元，年度房地产税总额为3157.71（1265.24+1892.47）美元，实际税率约为3.63%（3157.71/86957）（纽约州被认为是美国房地产税有效税率最高的州之一）。与2013年相比，实际税率有所上升，该处房产2013年的市场价值为85366美元，年度房地产税总额为2625.98（1187.64+1438.32）美元，实际税率约为3.08%（2625.98/85366）。从税收账单的分解图也可以看到，房地产税额被清楚地划分为郡政府（county）和市/学区政府（city/school）的部分，同时粗略列出了具体的用途。另外，该市房地产税按季度缴纳。

表4.1　美国政府网站关于奥内达加郡某房产的详细公开信息

状态	有效	所在组	应纳税
地址	*		
房产类别	210-1 家庭居住	场所房产类别	210-1 家庭居住
所有权编号			
场所	居住地1号	是否在农业地区	否
规划限制	002-	建筑类型	旧式
社区	15270-	学区	西拉丘斯
法定房产描述	Lot P1 Bl B Tr Hopper Amd 42x244. l16x92 Wh		
总面积	42×244.01	均衡率	—
土地估值	2016-$11,400	总评估价值	2016-$70,000
总市场价值	2016-$86,957		
房产证号	4996	房产证页	927
东网格线	*	西网格线	*

说明：*为避免触及私人信息，特意隐去。

表 4.2　某处房产郡政府房地产税征收和使用情况的公开信息

（1）该房产的郡政府房地产税分季度应纳税额状况

郡	第一季度	第二季度	第三季度	第四季度	全年总计
应纳税额	$316.31	$316.31	$316.31	$316.31	$1265.24
利息	$0.00	$0.00	$0.00	$0.00	$0.00
欠额	$0.00	$0.00	$0.00	$316.31	$316.31

（2）房地产税税额分解与缴纳情况

全年税额分解（郡）		郡税缴纳情况				
税收种类	税额	日期	季度	税额	费用	总支付
郡税	$847.04	1/29/2016	1	$316.31	$0.00	$316.31
水务特别区税	$2.96	4/29/2016	2	$316.31	$0.00	$316.31
卫生特别区税	$415.24	7/28/2016	3	$316.31	$0.00	$316.31
总额	$1,265.24					

表 4.3　某处房产市政府和学区政府房地产税征收和使用情况的公开信息

（1）该房产的市政府和学区政府房地产税分季度应纳税额状况

市/学区	第一季度	第二季度	第三季度	第四季度	全年总计
应纳税额	$473.14	$473.11	$473.11	$473.11	$1892.47
利息	$0.00	$0.00	$0.00	$0.00	$0.00
欠额	$0.00	$473.11	$473.11	$473.11	$1419.33

（2）房地产税税额分解与缴纳情况

全年税额分解（市/学区）		市税缴纳情况				
税收种类	税额	日期	季度	税额	费用	总支付
市	$648.52	7/28/2016	1	$473.14	$0.00	$473.14
学区	$1214.55					
垃圾清除	$29.40					
总额	$1892.47					

5. 减免规定

对于某些房产，如宗教组织和政府的房产和土地，是完全免除房地产税的。另外，由于房地产税是一种存量税，为了减小低收入者的负担，房地产税对一些特定群体也有税收豁免。如在纽约州，主要的豁免有学区税豁免（School Tax Relief, STAR）、老年人减免（Senior citizens exemption）、退伍军人减免（Veterans' exemption）、残疾人减免（Exemption for persons with disabilities）和农业房产减免（Exemptions for agricultural properties）。其中学区税豁免是对特定人群免除部分属于学区的房地产税，属于郡政府或其他地方政府的房地产税则不变；该豁免对老年人（65岁以上）有更大的豁免额。[①] 对于需要缴纳房地产税的纳税人，其缴纳的房地产税有时可以在所得税中获得抵免。在纽约州，要获得这项减免，纳税人需要符合一定的前提条件。如家庭总收入需低于18000美元，居住在该房产中6个月以上等。[②] 总的来说，美国房地产税的减免规定非常繁杂，这里只是通过一个地区列举一些情形，其他地区则可能会有很大的差异。因此，不可认为上述情况在美国就一定会获得相应减免。

6. 税收负担

在2010年，美国房地产税负担平均约为一般家庭年收入的3.25%。2010年该比率最高的一个郡在新泽西州，约为9.52%。在该比率最高的前10个郡中，新泽西州和纽约州各占5个。[③] 而从房地产税占房产价值的比重（有效税率）来看，美国2010年平均约为1.14%。最高的前10个郡中，纽约有8个，最高的郡（在纽约州）平均为3.02%。[④]

总体来说，美国房地产税作为地方政府的主体税种，有效地降低了税收的政治成本和管理成本，减少对经济行为的扭曲，提高经济效益（Wallis, 2001）。房地产税作为美国地方政府的主要财源，实施效果相对较好。从财权事权匹配和收支相连的角度来看，房地产税作为受益税可以很好地将居民需求和政府治理联系起来，从而提高地方政府治理的能力和效率。房地产税作为连接地方政府税收和公共服务的纽带，在稳定地方政府财源和促进基层治理等方面起到了非常重要的作用。

---

① 资料来源：http://www.tax.ny.gov/pit/property/exemption/index.htm。
② 资料来源：http://www.tax.ny.gov/pit/credits/real_property_tax_credit.htm。
③ 资料来源：The Tax Foundation, http://interactive.taxfoundation.org/propertytax/。
④ 资料来源：The Tax Foundation, http://taxfoundation.org/article_ns/median-effective-property-tax-rates-county-ranked-taxes-percentage-home-value-1-year-average-2010。

二 以佐治亚州克拉克郡及克拉克郡学区为例[①]

房地产税是发达国家地方政府的重要财源。该税为地方政府基础教育、辖区道路、公共安全和环境保护等公共服务提供了重要的财力支持。本节以美国佐治亚州（Georgia）克拉克郡（Clarke County）和克拉克郡学区（Clarke County School District）的房地产税为例，介绍该税在美国的税基评估、税率和使用等方面的实践，兼谈其征收管理实践及对我国的借鉴。

（一）克拉克郡和克拉克郡学区概况及房地产税简介

1. 克拉克郡和克拉克郡学区概况

首先我们看一下克拉克郡和克拉克郡学区在美国政府层级结构中的地位。美国政府共有3个级别，分别是联邦政府、州政府和地方政府；地方政府又有郡（county）、市（city）和学区（school district）等。克拉克郡和克拉克郡学区是处在同一区域的两个政府（图4.3）。二者相互独立，没有隶属关系。关于克拉克郡学区作为一个政府的理解，需要特殊说明。美国对地方政府的定义是：具有独立自主确定税率、使用税收收入并提供公共服务的实体。按照美国政府对学区赋予的权力，学区是一种特定类型的政府。管理学区的机构叫作郡教育委员会（Board of Education），按照我国的思维去理解的话，有点类似于县或区的教育局。但是，与我国不同的是，郡教育委员会非常独立，它可以独立决定本学区融资和教育支出等事项。学区的行政边界和郡的行政边界可能是一致的。当然，也有例外，比如，由于相邻另一个郡的学生人数太少，为了提高管理效率，居民可以决定将本郡的教育事务交由隔壁的郡教育委员会代管。克拉克郡教育委员会所管辖学区共有16所小学、4所中学和2所高中。[②]

---

① 本小节的主要内容原载于《涉外税务》2013年第1期［张平、任强、蒋震《美国房地产税的征收实践——以佐治亚州克拉克县为例》，《国际税收》2013年第1期，第40—44页］。

② 学区之内划分为若干个片（Attendance Zone），学生本着就地入学的原则。这样会方便校车接送学生等事宜。

第四章　美国房地产税的征收实践

图 4.3　克拉克郡和克拉克郡学区在佐治亚州的位置①

2. 克拉克郡和克拉克郡学区房地产税基本情况

克拉克郡和克拉克郡学区最重要的财政收入是房地产税，该税约占克拉克郡税收收入和克拉克郡学区财政收入的一半左右②。该区域房地产税的税基规定、评估和征收均由克拉克郡来进行。税款征收之后，再确定税收收入在克拉克郡和克拉克郡学区的归属。每年郡政府会对行政区域内所有的房地产价值加以评估，并且会按照市场价值的 40% 确定该房地产的计税价值，然后，按照克拉克郡和克拉克郡学区各自确定的房地产税税率之和征收房地产税③。2012 年，税率为 3.39%。

举例来说，如果该郡一处房地产和土地的市场价值合计为 10 万美元，那么，该房地产的计税价值则为 10 万美元的 40%，即 4 万美元。再用 4 万美元的计税价值乘以税率 3.39%，就得到了 1356 美元的税额。如果用 1356 美元除以房地产的市场价 10 万美元，那么，实际税率约为 1.36%。也就是说，该房地产的市场价值只够缴纳约 74 年的房地产税。

---

①　资料来源：维基百科，http://en.wikipedia.org/wiki/List_of_counties_in_Georgia_(U.S._state)。

②　资料来源：克拉克郡 2011 财年预算报告，http://www.athensclarkecounty.com/DocumentCenter/Home/View/4830。

③　实际上，州政府也会征收很小比例的房地产税。

考虑到居民不同的情况,为减轻部分居民的房地产税负担,每个地方政府都会有一些对部分房地产价值减免房地产税的政策。一种比较常见的减免是自住减免（Homestead Exemption）,即对居民自住的住房进行的一项减免政策（区别于用于出租的住房）。在克拉克郡,减免额为1万美元。需要特别注意的是,在这项政策执行时,是在市场价值乘以评估率（40%）之后的基础上减去免除额,而不是直接从房地产市场价值的基础上减免。这其实是放大了减免的额度。另外,对老弱病残以及低收入者都有不同程度的减免,这也在一定程度上体现了房地产税的灵活性[①]。地方政府可以利用房地产税的减免设计来达到不同的政策效果。

如此看来,相比我国不开征房地产税而言,该区域的房地产税似乎比较重。但是,需要注意的是,尽管该区域的房地产税看似比较重,该区域其他的税可能比较轻。我国和美国的宏观税负差得不多,但税种结构不一样。我国的税收收入主要仰仗于增值税、营业税和所得税,美国则主要仰仗于个人所得税、销售税和房地产税。

美国房地产税另外一个特点是该税不仅仅是一种税,更是连接基层政府财源和公共服务提供的纽带。居住在该区域的居民以缴纳房地产税为代价获取一定质量的公共服务。如果该区域居民缴纳的房地产税多了,但是该区域政府提供的公共服务（如警察、道路、基础教育）不到位,那么居民会有两个选择:第一,通过投票把管理者换掉;第二,居民搬到临近的区域。管理者及其执政团队为了获得较高的选票,同时,为了促使本区域更加繁荣,其唯一需要做的事情就是征最少的税,办更多的事,提高效率。

（二）克拉克郡和克拉克郡学区房地产税的征管流程

克拉克郡和克拉克郡学区房地产税的征管大致包含以下几个流程,即房地产价值评估、确定房地产税税率、税款征收及拖欠处理、公布房地产税缴纳状况。

---

① 资料来源:克拉克郡政府网站,http://www.athensclarkecounty.com/index.aspx? NID = 1687。

第四章　美国房地产税的征收实践

1. 房地产价值评估

征收房地产税，首先需要确定房地产的价值。从每年 1 月起，克拉克郡房地产税评估办公室（Tax Assessor Office）工作人员就开始对一些房地产进行价值评估。房地产评估周期一般为 3 至 5 年。克拉克郡的该办公室仅有办公人员 13 人。他们需要对全郡很多套房地产进行评估。尽管工作人员较少，全郡房地产较多，我们并未见到办公人员非常忙碌。这也因为前期的工作基础和现代化的信息管理系统为房地产的评估节约了大量的时间和精力。

美国地方政府一般将所属区域根据社会经济条件等划分为多个地块（parcel），每个地块都有独立的编号，大小不一，可含有很多住户。对每一个房产和所处地块，在缴税账单上会分别列出土地和房产的价值。评估人员也会对这两项价值分别评估。评估时，首先根据土地所处位置以及相邻土地的价值确定该房产所处土地的市场价值。市场价值的确定秉承市场交易价值优先的原则：即如果相邻土地或房产近期有过交易，就会根据市场交易价格来判断该土地或房产的价值。评估房地产的价值时，另一项重要的因素是房产的各项情况，如房屋年龄、房屋设施等。需要说明的是，对土地上的树木则免征房地产税，这也可算是鼓励保留植被的一种手段。

得到土地和房产的市场价值后，克拉克郡规定该价值的 40% 为房地产税的税基。该税基乘以相应的税率即可得到每个家庭应当缴纳的房地产税。免征房地产税的树木价值在出售或砍伐时则会以 100% 的市场价值作为税基进行征税。另外，若居民对所得到的评估价值有异议，可以通过相应的仲裁程序进行申诉，对相应的申诉程序郡政府均有明确的规定。比如，如果居民对申诉结果不服，可再向上级法院上诉，但即使上诉仍在进行中，在房地产税的规定缴纳日期时居民必须先全额缴清房地产税。

2. 确定房地产税税率

佐治亚州房地产税的归属主要有三个方向，即州政府、县政府和学区。纳税人缴税通知书上会注明总房地产税中归州、郡和学区的额度和税率。根据每个郡不同的情况，房地产税的去向会有不同，但绝大多数份额都是归于地方政府，州政府只占极少的份额。

从郡政府和学区政府的角度看，它们有权确定本行政区域范围内的房地产税税率。它们根据各自的支出需求确定税率，并分开使用。克拉克郡政府和教育委员会每年规定的房地产税税率都会有所变化，但变化一般都在很小的范围内（见表4.4）。以郡政府为例，每年的房地产税税率的确定过程如下。郡政府在制订每个财政年度的预算时，首先确定本年度需要的预算支出，用该预算支出减去除房地产税以外的其他收入，得出本财政年度需要的房地产税收入。再用此项需要征收的房地产税收入除以区域内的房地产评估总价值，即得到该财政年度的房地产税税率。郡教育委员会确定的房地产税税率的过程也是如此。这样，郡政府房地产税税率、学区房地产税税率和州政府的房地产税税率三者之和即为克拉克郡居民所应缴纳房地产税的税率。表4.4即列示了克拉克郡房地产税从2001年至2010年的缴纳情况。可以看出，房地产税原则上由郡政府、学区和州政府各自的份额构成。

表4.4　　房地产税率在不同政府间的划分2001—2010（‰）

年份	郡税率	学区税率	州税率	总税率
2001	13.70	18.75	0.25	32.70
2002	13.70	18.75	0.25	32.70
2003	13.70	19.25	0.25	33.20
2004	13.40	19.50	0.25	33.15
2005	12.80	20.00	0.25	33.05
2006	12.80	20.00	0.25	33.05
2007	12.80	20.00	0.25	33.05
2008	12.95	20.00	0.25	33.20
2009	13.20	20.00	0.25	33.45
2010	13.70	20.00	0.25	33.95

资料来源：克拉克郡税务专员办公室（Tax Commissioner's Office）.http：//www.athens-clarkecounty.com/index.aspx? NID=215。

房地产税收入主要用于郡政府运行和公共教育以及当地各项公共设施的建设和维护。从表4.5也可以看出，房地产税一直是克拉克郡政府税收收入的重要部分，且近年来比重有所增加。现在房地产税是克拉克郡政府最主要的税收来源，收入基本稳定在占整个税收收入比重的40%以上。

表4.5　　　　　各项税收在总税收收入中的比重①

年份 税种	2002	2003	2004	2005	2006	2007	2008	2009	2010	2011
房地产税	35%	36%	37%	37%	37%	38%	39%	43%	44%	45%
销售税	44%	42%	42%	41%	41%	41%	40%	36%	38%	36%
消费税	14%	14%	14%	14%	14%	13%	13%	13%	12%	13%
营业税	6%	7%	7%	7%	7%	7%	7%	7%	7%	7%
欠税罚金与利息	1%	1%	1%	1%	1%	1%	1%	—	—	

3. 税款征收及拖欠处理

税率一旦确定后，就由郡税务专员办公室（Tax Commissioner's Office）进行税款征收。征收之后再由其将税款划拨给郡财政、学区财政和州财政。在克拉克郡，8月20日为每年房地产税的征收起始日，整个征收期为8月20日至10月20日。从10月21日开始即为拖欠起始日。从该日起，征收部门即开始对拖欠的房地产税计算利息。若拖欠90天以上，应付税款的10%会作为罚金加入该年的房地产税中②。

当房地产税的拖欠达到一定程度，政府会强制扣押留置房地产。在每月的第一个周二，政府会进行"欠税不动产的拍卖"（Tax Sales），将这些房地产进行拍卖销售，同时对拍卖的房地产和销售价格进行定期公示③。被扣押的房地产被拍卖后的收入用来偿还累积拖欠的房地产税。

房地产被拍卖后，原先的房主在被出售后的12个月内依然具有赎回权（Right of Redemption）。赎回时除了需要缴清房地产销售价值和所

---

① 资料来源：克拉克郡政府网站，FY11 Comprehensive Annual Financial Report, p. 160. http://www.athensclarkecounty.com/DocumentCenter/Home/View/4830

② 资料来源：克拉克郡政府网站，http://www.athensclarkecounty.com/index.aspx?NID=1704#Penalty。

③ 资料来源：克拉克郡政府网站，http://www.athensclarkecounty.com/index.aspx?NID=1719。

有税款外，根据不同的情况，还需缴纳不菲的额外费用。①

4. 房地产税的公开状况

克拉克郡征收房地产税非常透明，这也是整个美国房地产税征收实践的一个缩影。只要给出房地产地址、业主姓名，任何人都可以在网上查询该郡任何一处房地产的信息（图4.4）。表4.6即是我们查询到的一处房地产的信息。

图4.4　佐治亚州克拉克郡赛伍德路155号房地产原型

通过网站Qpublic.net和该郡房地产税征收网站，可以查询到以下信息：②

表4.6　　　　　　　**赛伍德路155号房地产信息**

业主和地块信息			
业主姓名	*	查询时间	2012年9月15日
邮寄地址	克拉克郡赛伍德路155号	所在地块索引号	283C4 A005
是否享受自住减免	是	征税区域	温特维尔市—第5税区

---

① 资料来源：克拉克郡政府网站，http://www.athensclarkecounty.com/index.aspx? NID=1717。

② 资料来源：克拉克郡政府网站，http://www.athensclarkecounty.com/index.aspx? NID=215。

续表

业主和地块信息			
房地产所在位置	克拉克郡赛伍德路155号	2011年房地产税税率	3.395%
土地价值	45000美元	房产价值	188740美元
房地产市场价值	235748美元	2011年应纳房地产税	2841美元

注：2012年应纳房地产税除了按照房地产市场价值乘以40%再乘以3.395%的计算方法外，还要考虑一些税收减免，如房主是否65岁以上、该房地产是否自住等因素。本表中"2011年应纳房地产税"是考虑到税收减免之后的应纳税额。另，2011年8月20日至10月20日缴纳的房地产税所属期间为2011年1月1日至2011年12月31日。

三 美国房地产税实践中存在的问题

当然，美国的房地产税也存在不少问题而备受争议。例如，房地产税是一次性缴纳比较大的数额，以及税负归宿方面的累退特征被强调公平性的学者所诟病，房地产税还会导致低收入人群或无收入的老年人无法承担。另外，房地产税作为地方主体税种也在一定程度上造成了区域间差距的扩大。由此，美国历史上发生过多次针对房地产税的抗税行动，包括以著名的加州第13号提案为代表的几次大的削减或限制征收房地产税的法案。这些法案对房产的评估值（税基）增长进行限制又进一步对市场造成大量行为扭曲和效率损失。而对政府、公立学校和教堂等"公共"用地和房产免征房地产税也造成了一系列资源浪费、效率损失以及社会争议的问题。已有一些学者关注了美国房地产税存在的一些问题，例如，高昂的征管成本、无法克服的横向不公平、明显的纵向不公平、税负与当期收入不匹配等（王智波，2009）。美国民众认为"房地产税是最糟糕的税收"，房地产税因为加重居民税负和抑制创业与经济发展而背负着较重的社会压力（王德祥和袁建国，2010）。下面我们从税负归宿、州内区域间差距扩大、普遍的抗税情绪以及有争议的减免等方面来细致探讨房地产税实践中存在的问题。

(一) 税负归宿 (关于公平性的争议)

正如本书第一章第三部分所介绍,税负归宿的公平包括横向公平和纵向公平两个维度。很多学者致力于分析房地产税不公平的各种类型以及可能的原因 (Sunderman, Birch, & Hamilton 1990; Allen & Dare, 2002),或是致力于完善房地产税不公平程度的测量 (Sunderman, Birch, Cannaday & Hamilton, 1990; Clapp, 1990; Sirmans, Diskin & Friday, 1995)。

由于房地产税的税基是评估值,因此其公平性与评估准确性息息相关,不同房产的评估值与市场价值的偏离程度会很大程度上影响这些房产所需缴纳的房地产税的公平性。如果市场价值相当的房产评估不当导致价值差异就会引起横向不公平,而市场价值大小不同的房产如果评估值与市场价值的比率不一致则会引起纵向不公平。[①] 因此,房产评估的标准通常根据评估值与市场价值的比率是否在所有房产中相一致来判断。基于佛罗里达州 (Florida) 棕榈滩郡 (Palm Beach County) 的例子,Allen 和 Dare (2002) 发现地块大小、居住面积、房产使用年限,以及社区少数族裔的比重会提高评估的难度 (由评估价值与交易价格比率的变异程度衡量),而市场活跃程度、居民收入水平、房产是否为居民常住地,以及房产是否有游泳池等因素则会降低评估的难度。

文献中的实证结果以及我们的实地调查均表明,房产的价值评估环节是一项极其繁杂的工作,由于房产本身的复杂多样,很难做到绝对的公平。当然,在信息技术飞速发展的基础上,大批量评估和精细化过程均已广泛采用,也很大程度上提高了评估的效率。例如,我们所调查的克拉克郡人口近 10 万,郡政府中的房地产税评估部门 (Tax Assessor's Office) 仅有 13 个工作人员。之所以能够做到这一些就是因为他们基于

[①] 这里需要说明的是,有些州并不是根据市场价值的全额征税,而是有一个比率,叫作评估率 (assessment ratio),例如,佐治亚州对居住房产的评估率为 40%。注意这里的评估率与评估值的准确性没有任何关系。评估时是尽可能得出相对准确的市场价值,而评估率是对不同类型房产采用不同实际税率的一种手段。这样,在法定税率一致的情况下,采用不同的评估率就相当于对不同的房产采用了差异化的税率。佐治亚州就是对居住、商用和工业房地产分别采用不同的评估率。

长期以来的积累，具备较为完善的评估模型，同时采取了大批量评估的技术。多数房产的评估值均根据直接计算得出，工作人员仅实地走访极少数房产，同时处理一些对评估值有疑问的相关申诉。在佐治亚州，房产价值统一由郡政府评估，其他类型地方政府的房地产税也是基于这一评估值。实际上，该州所有不同地方政府的房地产税均由郡政府统一征收，再将不同的税额分别划拨给相应的市、镇、学区和特别区等地方政府。

这些是美国房地产税评估体系的一个缩影。在此基础上，其实大量的研究发现房产评估值与市场价值的比率会随着价值的增加而减小，而从绝对公平的角度来说，这一比率应该对所有房产都是一致的。因此，不像其他税种的税基有着相对稳定准确的测量标准，房地产税的税基与评估过程的规范有很大关系，其税负归宿的公平性也广受诟病。当然，居民若对评估值有异议可以通过仲裁程序提出申诉，这一程序在一定程度上可以避免过度不平等。

（二）地区间差距扩大

房地产税作为地方税在很大程度上有助于提高地方政府的财政自主性。但地方的财政自主性有其两面性，一方面可以增加公共服务供给的效率，另一方面也很大程度上导致了地区间差异的扩大。由于房地产税的税基是房产的评估值，而评估值与市场价值基本挂钩，因此房地产税与各地的房地产市场状况息息相关。与中国类似，美国不同地区的房价水平差异很大。在纽约、波士顿等高度发达的城市，普通工薪族对于购买一套房产也常常感到压力很大甚至望尘莫及；而有些地区的居民用3至5年的收入就可以购置一套房产。在房地产税方面，这种差异直接体现的就是各地房地产市场价值也就是税基的不同，因此房地产税税额也就差异巨大。

房地产税的税基差异带来地区财力差异，从而导致地区间差异进一步扩大的原因主要体现在两个方面。一是发达地区由于经济活跃，人口流动程度高，本来税源就更充足，可以获得更多的销售税和地方所得税。而相对不发达地区恰恰相反，即使在不考虑房地产税的情况下，其财力也远远不及发达地区。因此，基于房地产市场的房地产税进一步增大了地区差异。二是公共服务的供给具有规模效应，发达地区的人口密度大，人口总数也往往更多，提供公共服务由于存在规模效应其经济效率比欠发达地区更高。那么，提供同样质量的公共服务，如果这些服务由房地产税收入提供，发达地区需要的人均房地产税税额反而更低。如此一来，房地产税作为地方税，发达地区房地产税税额更多，公共服务供给效率也更高，这进一步加剧了地区差异。

当然，地区间的差异不一定体现在人均房地产税税额方面。有时候，当某个地区拥有的房地产税税基较大时，采纳更低的房地产税税率即可获得可观的收入，提供高质量的公共服务。下面我们从房地产税税额和税率两个方面进一步探讨地区间的差异。从人均房地产税税额来看，表4.7为2010年美国各州的州和地方政府人均房地产税税额。由于联邦政府基本没有房地产税，一般认为州和地方政府征收的房地产税代表了美国全国总的房地产税税额。数据表明，不同州的房地产税税额多少不一，有相当大的差异。如人均税额最高的新泽西州人均缴纳房地产税2819美元，而人均最低的亚拉巴马州仅需缴纳539元。由于房地产税与当地的基本服务直接相关；人均房地产税税额的差异基本代表了某些公共服务人均支出水平的差异。因此，地区间房地产税的差异直接导致了地区间公共服务的差异。很多时候，甚至同一个城市的不同地区房地产税也有较大差异，从而形成公共服务质量的分化，导致居民的居住隔离。

表4.7　2010年美国各州的州和地方政府征收的人均房地产税税额

州名	缩写	州名汉译	人均房地产税税额	排名
Alabama	AL	阿拉巴马	$539	50
Alaska	AK	阿拉斯加	$1865	9
Arizona	AZ	亚利桑那	$1147	30
Arkansas	AR	阿肯色	$598	49
California	CA	加利福尼亚	$1450	19
Colorado	CO	科罗拉多	$1601	13
Connecticut	CT	康涅狄格	$2522	3
Delaware	DE	特拉华	$742	45

续表

州名	缩写	州名汉译	人均房地产税税额	排名
Florida	FL	佛罗里达	$1507	15
Georgia	GA	佐治亚	$1096	33
Hawaii	HI	夏威夷	$1028	34
Idaho	ID	爱达荷	$837	40
Illinois	IL	伊利诺斯	$1827	10
Indiana	IN	印第安纳	$1182	29
Iowa	IA	爱荷华	$1367	23
Kansas	KS	堪萨斯	$1381	22
Kentucky	KY	肯塔基	$684	46
Louisiana	LA	路易斯安那	$748	43
Maine	ME	缅因	$1786	11
Maryland	MD	马里兰	$1467	17
Massachusetts	MA	马萨诸塞	$1986	8
Michigan	MI	密歇根	$1453	18
Minnesota	MN	明尼苏达	$1412	20
Mississippi	MS	密西西比	$853	39
Missouri	MO	密苏里	$960	37
Montana	MT	蒙大拿	$1296	25
Nebraska	NE	内布拉斯加	$1487	16
Nevada	NV	内华达	$1297	24
New Hampshire	NH	新罕布什尔	$2463	4
New Jersey	NJ	新泽西	$2819	1
New Mexico	NM	新墨西哥	$633	48
New York	NY	纽约	$2280	5
North Carolina	NC	北卡罗来纳	$902	38
North Dakota	ND	北达科他	$1027	35
Ohio	OH	俄亥俄	$1130	32
Oklahoma	OK	俄克拉荷马	$642	47
Oregon	OR	俄勒冈	$1292	26
Pennsylvania	PA	宾夕法尼亚	$1261	27
Rhode Island	RI	罗德岛	$2083	7

续表

州名	缩写	州名汉译	人均房地产税税额	排名
South Carolina	SC	南卡罗来纳	$1022	36
South Dakota	SD	南达科他	$1142	31
Tennessee	TN	田纳西	$795	42
Texas	TX	得克萨斯	$1562	14
Utah	UT	犹他	$837	41
Vermont	VT	佛蒙特	$2166	6
Virginia	VA	弗吉尼亚	$1410	21
Washington	WA	华盛顿	$1257	28
West Virginia	WV	西弗吉尼亚	$745	44
Wisconsin	WI	威斯康星	$1698	12
Wyoming	WY	怀俄明	$2633	2
全美国平均			$1434	

资料来源：美国统计局（U.S. Census）和税收基金会（Tax Foundation），http://taxfoundation.org/article/state-and-local-property-tax-collections-capita-state-2006-2010。美国各州州名和简称的详细信息可见该网站：http://114.xixik.com/usa-stats/。

一般来说，人均房地产税税额较高的地区，其实际税率（房地产税/房产价值）也相对较高。但也并不是一定如此，因此在"以支定收"的基础上房地产税的税率与税基即房地产市场的价值以及政府的支出责任直接相关。从税率的角度看，如图4.5所示，房地产税在各州的平均实际税率也有很大的差异。排名第一的新泽西州平均实际税率为2.11%，而排名第50的夏威夷州平均实际税率仅为0.28%，相差极大，其差距甚至超过了人均房地产税税额的差距。那么，是什么原因导致了房地产税实际税率的差异？前文提到，除了人均税额之外，税率还与房产的市场价值和政府的支出责任息息相关。

在房地产税作为最重要的地方税的背景下，人均房地产税税额代表一个地方政府的财政能力，而税率则由财政能力和财政压力同时决定。这里首先简要阐述一下财政能力与财政压力的关系。这两者是两个不同维度的测量，财政能力高并不代表财政压力一定会低。财政能力一般代表收入的维度，财政能力强代表一个地区能够获得较多的收入，人均缴

第四章　美国房地产税的征收实践

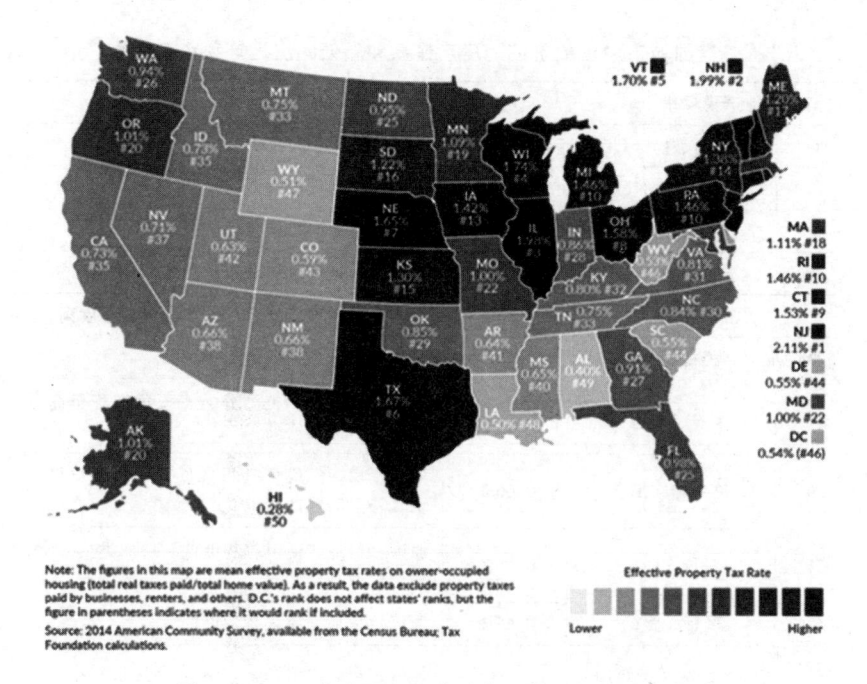

图 4.5　2014 年美国各州房地产税的平均实际税率

资料来源：美国社区调查（American Community Survey），http://taxfoundation.org/blog/how–high–are–property–taxes–your–state–2016。

纳税额相对较多。而财政压力是指相对于现有的财政能力，完成其支出责任面临的资金压力。如果一个地区政府有很多的支出责任，此时即便财政能力较强也可能会财政压力很大。因此，税率的大小是诸多因素共同作用的结果。表 4.8 中是关于美国城市中位数价值的房产最高和最低的房地产税税率及其原因，这很好地说明了这一点。从房地产税税率最高和最低的城市来看，税率高的原因主要是地方政府对房地产税的依赖程度高和房产价值过低等。而房地产税税率低的原因主要为地方政府通过房产类型分类将税负转移至商业地产、房地产税依赖程度低、房产价值高以及地方政府支出小等原因。这些原因导致了不同城市之间的平均有效税率差异更大，最高的布里奇波特税率高达 3.88%，而最低的檀香山仅为 0.30%。这些差异导致不同地区的居民能够获得的公共服务水平和质量迥异，房地产税造成的财力差异对经济发展的反向影响甚至可能会进一步扩大地区间的经济社会状况差异。

表4.8　美国城市中位数价值的房产最高和最低的房地产税税率

最高的房地产税税率			
1	布里奇波特（CT）	3.88%	原因：房地产税依赖程度高
2	底特律（MI）	3.81%	原因：房产价值过低
3	奥罗拉（IL）	3.72%	原因：房地产税依赖程度高
4	纽瓦克（NJ）	3.05%	原因：房地产税依赖程度高
5	密尔沃基（WI）	2.68%	原因：房产价值低，房地产税依赖程度高
最低的房地产税税率			
49	波士顿（MA）	0.67%	原因：通过房产类型分类将税负转移至商业地产，房产价值高
50	伯明翰（AL）	0.66%	原因：房地产税依赖程度低，通过分类将税负转移至商业地产
51	丹佛（CO）	0.66%	原因：房地产税依赖程度低，房产类型分类，房产价值高
52	夏延（WY）	0.65%	原因：房地产税依赖程度低
53	火奴鲁鲁（檀香山）（HI）	0.30%	原因：房产价值高，地方政府支出较小，房产类型分类

注：城市后面括号中的两位字母代表该城市所属州的简称。

资料来源：林肯土地政策研究院（Lincoln Institute of Land Policy）关于美国50个州房地产税的比较研究报告（p. 2），https：//www.lincolninst.edu/pubs/dl/3674_3026_50-State-Property-Tax-2015.pdf。

（三）普遍的抗税情绪

在税收缴纳的方式上，房地产税与其他税收也有着很大的不同。一般来说，所得税的缴纳采用的是从工资中预先扣除的方式。中国直接根据每个月的工资计算应纳所得税额并进行扣缴；美国则是首先对每个月工资的一部分进行扣留（withhold），最终根据当年总收入的应纳所得税额多退少补。这些征缴方式的好处是使得纳税人不用主动缴税，而是被动地扣税，税负的隐蔽程度高，痛苦指数低。销售税也是在购买每件产品的同时卖家先代收，也可算是一种被动缴税的方式。而房地产税则完全不同，一般是政府将税单寄到居民家中或通过其他方式告知，居民再"主动"寄回支票或通过电子支付的方式纳税。为了减少大额税收对居民生活的影响冲击，有些地区使用按季度缴纳的方式征收。无论征收的频率如何，房地产税都使得居民需要直接面对税单，从自身的税后收入中再拿出一部分钱来缴纳。正因如此，房地产税的税负显性化程度高，房地产税相对于其他税种来说，抗税情绪就更加明显。有些地区的征收率仅仅略高于90%，对于税收的征管来说，90%的征收率属于相对低的。

除了拒绝或拖延缴纳房地产税等行为外，房地产税的抗税（tax revolt）包括了很多种不同的形式，例如居民的单独申诉（appeal），居民通过投票对房产的评估值（税基）的增长进行限制（使得评估值的增长慢于市场价值的变化），以及通过投票以法规的方式确定当地的税收和支出限制（tax and expenditure limitation，TEL），等等。税收和支出限制在不同地区也有几种不同的表现形式。评估值（税基）限制会对市场造成大量的行为扭曲和效率损失，而税收和支出限制则会不同程度地影响政府的财政决策行为。

美国历史上发生过几次大的削减或限制征收房地产税的法案（如著名的加州第13号提案）。学者也从多个角度对房地产税的抗税进行了研究。Preston 和 Ichniowski（1991）分析了50个州的市政府房地产税在1976至1986年间受到的房地产税抗税运动的影响，他们发现税收和支出限制使得人均房地产税的税额减少了40%之多。Anderson 和 Pape（2011）通过分析20世纪70年代的房地产税抗税运动发现，州政府法律要求房产的评估值与市场价值要保持一致，这使得房地产税税额的不确定性增大，因此居民希望房地产税税额减少以降低不确定性。测算结果得出20世纪70年代转向市场价值再评估，使得课税限制（tax limit）出现的概率增加了30%。而当房价下降时，以申诉的形式体现的房地产税抗税会显著增加，主要原因是房产的市场价值下降，居民认为评估值并没有完全将市场价值的变化反映出来，因此高估了房地产税税额。[①]

具体到每一户家庭，到底谁在抗税以及抗税的结果是什么呢？相关研究表明，如果用提交抗税表格（file a formal protest）作为抗税的衡量指标，市值差异、房产类型、评估委员会对市场价值评估的准确程度都

---

① 资料来源：美国当地媒体报道，http：//www.fourwinds10.net/siterun_ data/government/banking_ and_ taxation_ irs_ and_ insurance/social_ security/news.php? q = 1239303231。

会影响抗税率，而在同一个地区抗税的概率随着时间基本不变化（Hissong 和 Hawley，2012）。Cabral 和 Hoxby（2012）认为是房地产税的高度显性化导致了房地产税的不受欢迎以及抗税的普遍发生。他们利用税收托管（tax escrow）的差异来衡量不同地区房地产税显性化的程度。税收托管是指一些纳税人将每年的房地产税按月份分为等额加入房产的银行贷款月供中。在使用税收托管的纳税人中，大约46%的居民授权直接从银行账户自动扣款，这样就使得房地产税一定程度上变为了"被动"缴税，显性化程度降低。研究结果确实发现在房地产税显性化程度低的地区，房地产税税额更高，房地产税抗税行为也更少发生。

关于房地产税的抗税产生的结果也有不少的研究。其直接的结果即是使得税收收入减少，相应的公共服务投入下降。例如地方税收和支出限制会使得生均教育投入减少，学生教师的比率上升，但州政府的转移支付增加会在一定程度上抵消这一不利影响（Shadbegian，2003）。Fischel（1998）则认为当地方政府在教育财政中的支出比重下降时，虽然州政府比重增加，但由于地方政府的财政自主性下降，房价与地方政府支出之间的联系弱化，因此仍然会使得教育质量下降。基于加利福尼亚州和新泽西州的研究则表明，房地产税抗税的再分配效应增加了房地产税的累进程度（progressivity），这在一定程度上是源于全国房地产税平均税率下降的背景（Tray & Fernandez，1986）。由于政府倾向于保持低收入群体的基本公共服务，税收减少导致的服务下降对低收入者相对有利（Eatmon 和 Kiefer，1984）。

Waldo（1988）发现由于抗税运动的影响，房地产税收入在1977至1981年之间出现快速下降，之后稳步上升，但房地产税占州和地方政府收入的比重一直在下降。地方政府对房地产税的依赖度在下降，而对非房地产税的税收收入以及使用费（user charge）的依赖度在上升。Mccabe（2000）则认为20世纪70年代的抗税运动仅仅是一个政治象征事件，不会持续很久。税收政策最终仍然会由意识形态、自身利益、税收水平和需求来决定，市政府对房地产税依赖程度的变化也多数可以用这些因素来解释。Plummer（2013）的总体结论认为房产评估值的申诉会提高评估一致性，调整的价值也适中。但房产评估值的调整申诉对评估一致性的影响在不同群体和不同年份有所差异。对于影响申诉的可能因素，与申诉调整大小相关的因素，以及申诉对评估一致性的效应也还需要进一步研究。

（四）有争议的减免

如前文所述，房地产税存在着各种不同程度的减免。除了对老人、低收入家庭等纳税能力较弱的群体有减免政策外，房地产税也同时作为一种政策工具，对政府、学校、医院和教堂等非营利组织的房产也往往免于征收房地产税。这些减免的政策往往有着较好的初衷，或是照顾弱势群体，或是为了鼓励非营利组织的发展。亦有一些对房地产税的减免是基于土地的使用类型，例如对农用地或是森林等地产的减免（Klemperer, 1982）。然而，随着时间的推移，人们越来越认识到房地产税减免的后果最终总是会被其他群体承担，这些减免中存在着不公平和低效率等各种弊端，学者从多个角度分析了现行的美国房地产税减免政策造成的各种问题。

一些学者对房地产税的减免问题进行了细致的分析，不少学者发现有些减免存在着不合理之处，但一些减免的存在确实有助于一些政策目标的实现。由于美国爱达荷州博伊西（Boise）的地方卫生中心（St. Luke's Regional Medical Center）获得了1800万美元的利润，埃达郡（Ada County）政府取消了该机构作为非营利组织的房地产税减免，并开出了340万美元房地产税应纳额账单。Merz和Stitzel（1999）描述了该医疗机构如何通过向爱达荷州税务上诉委员会申诉从而成功捍卫了其免税权利，同时表明了立法如何可以帮助爱达荷州非营利医院降低税收的不确定性。Pfister（1976）对房地产税的减免的传统理由进行了系统性地再评估。他通过详细考察减免对地方政府的效应，发现房地产税减免的大多数传统论证都已经不再合理，公平和效率的考量则强烈要求取消减免。但是如果取消对地方政府（以及一些私人机构）的房地产税减免会导致严重的问题。因此，文中建议对相应减免进行选择性取消：地方政府房产的房地产税减免应该继续保留，联邦和州政府的房产则应该缴纳房地产税。理论论证还建议应该取消慈善机构、兄弟会和宗教机构的房地产税减免，但又认为现实中的广泛支持可能也证明了这些减免应该被保留。Siegel（1997）认为，尽管不完美，房地产税减免和当前的使用准则是鼓励和支持土地使用于公共福利的公平方法，应该继续保持。即使慷慨的减免会带来市政府财政压力，对使用于社会的土地减免税收的价值却更大。因此，应该进一步细化完善减免的法令，同时减轻房地产税减免政策对未减免业主的影响（Siegel，1997）。Talarchek 和 Agnew（1979）认为通过财政差异理解美国老的中心城市财政问题时往往忽视了房地产税减免的作用。基于纽约州的奥内达加郡（Onondaga County）和西拉丘斯市（Syracuse）的财政状况，他们分析了房地产税减免、城市年龄和区域中心之间的联系。结果发现，分析中心城市的财政问题时，这些城市应该被看成与其他大都市区政治中心类似的等价物，一些财政问题并不是因为减免政策所致，而往往是由于它们特有的历史发展过程所决定。

也有不少学者强调房地产税减免存在的模糊规定以及种种弊端，从不同的角度提出了改进思路和实施方案。例如，在20世纪90年代，俄亥俄州关于房地产税的规定已经过时并且显得模糊不清，这些规定对于房地产税减免实施过程中出现的问题并没有提供答案。行政官员对法律的错误解释也导致了理解上的不一致（Coriell，1992）。房地产税减免对地方财政压力的影响也清晰可辨（Mullen，1990）。通过考察慈善机构的房地产税减免的法律结构，Gallagher（2003）发现对慈善机构的税收减免有审查变得更加严格的趋势。因此，长期来看，对慈善组织的房地产税减免可能会被取消或对额度加以限制。根据对伊利诺伊州的研究，Colombo（2006）认为，法院用什么样的规定来治理对医院和其他医疗服务提供商的房地产税减免，比大众媒体引导我们所理解的以及法院所认识到的要复杂得多。因此，这需要立法机关的严重关切，而不是只有当报纸头条报道时的零碎注意力以及随后一阵子的立法行动。Rokoff（1973）讨论了大学的房地产税减免对地方政府造成的财政压力，继而分析了可能的应对方法。他认为对于通过房地产税减免对私立大学的补贴应该由州政府向相应的地方政府提供直接的转移支付来弥补。文章讨论了评估州政府应该支付数额的难度，提出了实施这一计划的可行方案。最后也指出，在某些情况下，大学的溢出效应会大于财政支持，表明应该补充对大学的投入；而有些情况下这些减免可能导致对大学的过度支持，表明减免机制本身需要变化。如果是后者的话，对某些数据的评估则会动摇当前的减免制度。当地方政府的房地产税减免由州政府的补助代替时，相应的公共服务对当地居民的实际税收定价会降低，也因此会降低居民监督政府效率的动力。通过研究纽约州1999年大规模开始的州政府补贴的房地产税减免项目（school tax relief program，STAR），学者发现，减免较多的区域效率降低，但效率降低的影响随着居民逐步习惯于减免会渐渐减小（Eom & Rubenstein，2006）。

人们对于税收支出（tax expenditure，税收减免是税收支出的一种形式）和直接支出（direct expenditure）差异化理解的悖论在一定程度上解释了为什么房地产税的减免被广泛采用。尽管人们越来越认识到税收支出和直接支出从本质上和程序上都是等价的，这一认识并没有对政策产生影响，因此税收支出仍然持续增多。例如，越来越被广泛采纳的消防队员志愿者的房地产税减免也可以帮助我们探讨税收支出分析的悖论。对社会大众中的相当一部分人来说，标签（税收减免还是直接支出）是重要的。对于这些人来说，被标记为直接支出的政策是不可接受的，尽管这与税收减免的政策从程序上和实质上都是等价的。事实上，标签使得不同标记下的政策原本的可比性模糊化了（Zelinsky，2004）。

关于非营利组织的房地产税减免，Ginsberg（1980）认为应该从这些组织为社会提供的福利以及它们所服务的那部分社会的性质和范围，来看待这些减免。尽管减免的标准在不同的州以及不同的时间点都有所不同，但它们并不神秘，也不会比其他的法律领域有更大的应用难度。非营利组织的税收减免代表了对可以增加社会多样性和深度的活动不征税的决定。在一个利他主义不盛行的时代，这是对利他主义的认可，也是对为大众服务的机构的认可。对这些机构来说，如果也一样缴税，它们可能就无法生存或者无法维持它们现有的服务水平（Ginsberg，1980）。基于印第安纳波利斯（Indianapolis）非营利组织的案例研究发现，由于捐赠政策导致的对非营利组织认定的变化，可能会导致很多的非营利组织和行业团体失去房地产税的减免。因此，作者呼吁非营利组织管理者和学者对非营利组织的房地产税减免给予更多的关注（Grimm，1999）。而对于慈善机构的房地产税减免，当今的法律问题更多的是关于谁决定什么是免税的（who determines what is exempted），以及受影响的各方是否需要和如何协商其中的部分税款（Brody，2016）。

　　房地产税是市政府的主要收入来源，与其他税收不同，房地产税往往直接关系到地方政府为房产提供的公共服务（如水务、警察和消防保护等）。大学和医院等非营利组织在一个城市往往占据一大片土地，但并不是所有的非营利组织都服务于当地社区。由于这些特性，被征税的房产所有者可以看作是在为非营利组织的服务提供补贴。由于越来越大的地方预算压力，一些市政府已经开始考虑对州法律指定的非营利组织的房地产税减免进行重新审核（Brody，Marquez & Toran，2012）。Brody（2007）认为，从房地产税减免的设计来看，州政府的减免更多的是反映的一种交换条件原理（quid-pro-quo），即某个组织获得减免是由于它作出了贡献。许多案例围绕四个基本问题：①证明是不同于私人企业的慈善机构或其他非营利机构；②在州宪法下满足州最高法院的多项条件测试；③与政府融资和捐赠相关；④与收费和跟营利性机构的竞争相关。州最高法院最近的许多决定，尤其是涉及医院、住房和专业护理设施，以及日托（day care），都证明了房地产税减免的重要性（Brody，2007）。

　　关于房地产税减免的争议和讨论，随着经济社会结构的变迁还将继续下去。这些思考对于中国房地产税的设计意义明显。中国对居民房地产税的设计与实施相关方面的经验非常稀缺，但优势同样明显，主要体现是政策空间很大。由于居民房地产税在中国是一个新税种，在设计之初可以充分吸收借鉴发达国家的经验教训。而很多时候，教训才是最宝贵的经验。从减免的设计来看，中国的公共部门、非营利组织以及慈善组织等，这些部门的房产是否需要对房地产税进行减免，从利弊分析的角度看是什么结果，对效率和公平会有什么影响？这需要学者和实践部门的共同努力，经过细致思考后审慎形成决策。

四　主要结论及政策建议

　　尽管近年来随着政府间转移支付的增加，地方政府转移支付收入在逐年递增，但房地产税仍是美国地方政府的主要收入来源[①]。在地方政府自有收入中，房地产税收入仍然占到了大部分。在我们所观察的克拉克郡，2011年，房地产税收入占郡政府预算的56%，占学区预算的56%[②]。房地产税在提高公共服务供给效率和改善地方治理的同时，也存在一些重要的问题。在应用房地产税的过程中，如何充分发挥房地产税作为地方治理工具的同时，避免或减少这些问题的后果需要我们审慎考虑。

结合对美国现代房地产税征收实践的考察，对于中国的房地产税改革方向我们这里初步谈论如下3点设想：

①通过建立房地产税和地方政府公共服务的关联，完善地方政府官员对辖区居民负责的机制。房地产税是一种直接税，辖区居民在缴纳房地产税的过程中，会直接感受到因缴税而产生的损失。为获取缴税而产生回报，辖区居民会增加要求细化公开预算和参与预算决策等活动的动力，从而迫使地方政府官员提高服务效率。

②扩大房地产税的征收范围，使之成为基层政府的重要财政收入；为保持居民税负不变，适当降低流转税税负。只有增加房地产税在地方财政收入的比重，房地产税和地方政府公共服务之间的互动机制才能增强，从而为地方政府提高运行效率提供基础。同时，房地产税的扩围不能以增加宏观税负为代价，这就要求未来若干年内税制改革的原则之一应是"扩大房产税覆盖面，降低流转税税负"。

③增加房地产税的公开和透明程度。房地产税征管的前提是确定房地产产权的归属。在确定房地产产权归属的基础上将其予以公开透明，对在当前情况下抑制腐败和增强廉洁会产生重要的促进作用。

参考文献

[1] 国会预算办公室：《地方政府面临的财政困难》，http://www.cbo.gov/publication/21966。

---

① 在20世纪初以前，州政府的主要收入来源也是房地产税。自1913年美国开征所得税之后，所得税和销售税逐渐成为州政府的主要税收来源。

② 资料来源：克拉克郡2011财年预算报告，http://www.athensclarkecounty.com/DocumentCenter/Home/View/4830。

［2］克拉克郡：《克拉克郡 2011 财年预算报告》，http：//www.athensclarkecounty.com/DocumentCenter/Home/View/4830。

［3］王德祥、袁建国：《美国财产税制度变革及其启示》，《世界经济研究》2010 年第 5 期。

［4］王智波：《美国财产税制度的演化：进程、原因与启示》，《广东社会科学》2009 年第 5 期。

［5］Allen, M. T., & Dare, W. H. (2002). Identifying determinants of horizontal property tax inequity: evidence from florida. *Journal of Real Estate Research*, 24 (Sep/Oct).

［6］Anderson, N., & Pape, A. (2011). A model of constitutional constraints on benevolent governments and a reassessment of the 1970s property tax revolt. *Ssrn Electronic Journal*.

［7］Brody, E. (2007). The states' growing use of a quid-pro-quo rationale for the charity property tax exemption. *Exempt Organization Tax Review*, 56 (3).

［8］Brody, E. (2016). The 21st century fight over who sets the terms of the charity property tax exemption. *The Exempt Organization Tax Review*, 77 (4).

［9］Brody, E., Marquez, M., & Toran, K. (2012). The charitable property-tax exemption and pilots. *Urban Institute*.

［10］Cabral, M. I., & Caroline M. Hoxby. (2012). The hated property tax: salience, tax rates, and tax revolts. *Nber Working Papers*.

［11］Clapp, J. M. (1990). A new test for equitable real estate tax assessment. *Journal of Real Estate Finance & Economics*, 3 (3).

［12］Colombo, J. D. (2006). Hospital property tax exemption in illinois: exploring the policy gaps. *Loy. u. chi. l. j* (3).

［13］Coriell, K. B. (1992). Chaos, contradiction and confusion: Ohio's real property tax exemptions. *Ohio State University College of Law*.

［14］Eatmon, N., & Kiefer, D. (1984). Distributive consequences of a property tax revolt. *Economic Inquiry*, 22 (4).

［15］Eom, T. H., & Rubenstein, R. (2006). Do state-funded property tax exemptions increase local government inefficiency? An analysis of New York State's star program. *Public Budgeting & Finance*, 26 (1).

［16］Fischel, W. A. (1998). School finance litigation and property tax revolts: how undermining local control turns voters away from public education. *Institute for Land Policy Working Paper*.

［17］Ginsberg, W. R. (1980). Real property tax exemption of nonprofit organizations: a perspective, the. *Temp. l. q.*

［18］Grimm, R. T. (1999). Reforming property tax exemption policy in the nonprofit sector: commercialism, collective goods, and the donative theory. *Nonprofit Management & Leadership*, 9 (3).

［19］Hissong, R. V., & Hawley, R. F. (2012). Analyzing the residential property appraisal and outcomes to determine if a property tax revolt is imminent. *Social Science Quarterly*, 93 (1).

［20］Janne Gallagher. (2003). The legal structure of property tax exemption. *Social Science Electronic Publishing.*

［21］Klemperer, W. D. (1982). An analysis of selected property tax exemptions for timber. *Land Economics*, 58 (3).

［22］Mccabe, B. C. (2000). State institutions and city property taxes: revisiting the effects of the tax revolt. *Journal of Public Budgeting Accounting & Financial Management*, 12 (2).

［23］Merz, C. M., & Stitzel, T. E. (1999). How much profit can a not-for-profit hospital make? a defense of the property tax exemption. *Journal of Health Care Finance*, 25 (4).

［24］Mikesell, J. L. (2011). *Fiscal administration: analysis and applications for the public sector* (8th ed.). Australia; Boston, MA: Wadsworth Cengage Learning. ［约翰·米克赛尔《财政管理：公共部门分析与应用》（第8版），沃兹沃思出版社，2011年版］。

［25］Mullen, J. K. (1990). Property tax exemptions and local fiscal stress. *National Tax Journal*, 43 (4).

［26］Pfister, R. L. (1976). A reevaluation of the justifications for property tax exemption. *Public Finance Review*, 4 (4).

［27］Plummer, E. (2013). The effects of property tax protests on the assessment uniformity of residential properties. *Real Estate Economics*, 42 (4).

［28］Preston, A. E., & Ichniowski, C. (1991). A national perspective on the nature and effects of the local property tax revolt, 1976–1986. *National Tax Journal*, 44 (2).

［29］Rokoff, G. (1973). Alternatives to the university property tax exemption. *Yale Law Journal*, 83 (1).

［30］Shadbegian, R. J. (2003). Did the property tax revolt affect local public education? evidence from panel data. *Public Finance Review*, 31 (1).

[31] Siegel, K. G. (1997). Weighing the costs and benefits of property tax exemption: nonprofit organization land conservation. *Maine Law Review* 49.

[32] Sirmans, G. S., & Friday, H. S. (1995). Vertical inequity in the axation of real property. *National Tax Journal*, 48 (1).

[33] Sunderman, M. A., Birch, J. W., & Hamilton, T. W. (1990). Components of the Coefficient of Dispersion. *Property Tax Journal*, 9 (2).

[34] Sunderman, M. A., Birch, J. W., Cannaday, R. E., & Hamilton, T. W. (1990). Testing for vertical inequity in property tax systems. *Journal of Real Estate Research*, 5 (3).

[35] Talarchek, G. M., & Agnew, J. A. (1979). The pattern of property – tax exemptions in a metropolitan fiscal setting. *Professional Geographer*, 31 (3).

[36] Tray, D. D., & Fernandez, J. (1986). Distributional impacts of the property tax revolt. *National Tax Journal*, 37 (11).

[37] Waldo, A. D. (1988). Speaking of Taxes: Who Won the Property Tax Revolt? St. Paul, MN: University of Minnesota Extension Service. Retrieved from the University of Minnesota Digital Conservancy, http://hdl.handle.net/11299/178556.

[38] Zelinsky, E. A. (2004). Do tax expenditures create framing effects – volunteer firefighters, property tax exemptions, and the paradox of tax expenditure analysis. *Va. tax Rev.*

第五章　房地产税在美国的州际差异[*]

房地产税在美国的州际差异很大。本章选取纽约州（俗称帝国之州，The Empire State）、东南部的佐治亚州（南部帝国之州，Empire State of the South）和西部的加利福尼亚州（俗称黄金之州，The Golden State，简称加州，是美国人口最多的州，经济总量约为美国的十分之一）为样本代表，从税制要素的各个方面介绍美国房地产税在不同州的政策差异，分析这些差异产生的原因和导致的结果，最后从公共财政和地方治理的角度阐述这些差异存在的优势及其合理性以及州际差异带来的一些潜在问题。

现有文献对世界上不同国家房地产税的征收和管理实践的介绍已经较多，这对我们对世界上其他国家房地产税现状的了解很有帮助。但这些介绍一般是将各个国家作为一个整体进行总体的印象式概括。而房地产税作为地方税种，在多数国家都存在地区间差异，地区间差异之大有时甚至不亚于国家之间的差异。因此总体概括性的介绍难免挂一漏万，忽视了地区间的差异，也就不能对房地产税设计的制度细节和理论基础进行透彻分析。

对于美国来说，州际差异尤其明显，因此很多介绍美国房地产税的文献均选择聚焦于某一个州进行相对详尽的分析。张彦英（2015）较为详细地介绍了《加州宪法》第13条修正案的背景，并阐述了现行房地产税的纳税人与征税对象，税率和计税依据，以及税收优惠和征收管

---

[*] 本章的部分素材来源于作者指导学生所完成的复旦大学毕业论文《房地产税政策在美国的州际差异：成因与效果分析》（学生：马姚超，2016年6月）。

理。除此以外，他还说明了加州不同区域房地产税也存在差异，并比较了加州地区内相似的两栋房产所需要缴纳的房地产税数额。研究发现，加州房地产税给纳税人的负担在第13条修正案之后有大幅度减轻，并且房地产税具有较强的稳定性以及体现了谁纳税谁受益的原则，但与此同时也扭曲了房产资源的配置。余英（2006）在介绍印第安纳州（Indiana）房地产税如何一步步地演化至今的同时，讨论了房地产税在评估方式、评估周期以及横向公平上所存在的问题。除此以外，王萍（2014）简要地介绍了纽约州与加州各自的房地产税征收状况，张立彦（2011）介绍了密歇根州（Michigan）的房地产税征收的详细方法，金维生、张超、刘刚（2008）则是较为详细地对马里兰州（Maryland）的相关情况做了概述。

对美国州际差异的比较研究多是直接比较房地产税政策在各个州之间的税制要素设计。张斌（2013）介绍了美国房地产税在以下三个方面的州际差异：①在税权划分方面，房地产税征收和管理权基本都下放到了地方政府，而立法权则各州存在差异；②在税制基本要素方面，各州在房地产税的纳税人和对象的规定上差别不大，但在房地产税的税率确定上差别比较大，并且每年都在变动，但又都规定了税率的上限；③在计税依据、评估机构和周期方面，各州基本以评估价值或者市场价值为基础然后进行调整，并且有自己的专门评估部门，而评估周期在各州也并不相同。任强（2015）、柳德荣和柳琪（2011）就房地产税税率、房地产税差异化征收以及房产评估价值增长限制等方面介绍了政策的州际差异。其余的一些涉及地区差异的研究则多只提及了税率方面的差异。

尽管有些研究介绍了不同州之间的相关差异，但对于我们从本质上深层次理解房地产税在不同地区的制度差异，以及回答为什么会存在这些差异，这些差异又导致了什么结果，等等相关问题，这些研究还显得不够。因此，我们选取美国几个典型的州，对这些州的房地产税政策进行全方位比较分析，结合各州的经济社会的特征差异，分析房地产税政策异同产生的原因及其结果，从本质上透彻理解房地产税在美国的州际差异。

一 州样本选取

美国不同州之间的房地产税税制要素的设计存在很大差异,甚至在同一州的不同地方政府之间也存在诸多不同。本章挑选了美国3个具有代表性的州,专注于其中的一个郡,对房地产税税制要素结构和征管使用等方面进行深入透彻的分析:美国东北部的纽约州,东南部的佐治亚州和西部的加利福尼亚州。当然,尽管力求具备代表性,这三个州依然不能代表美国的全部。我们以期能够以小见大,在此基础上对房地产税制度设计差异的成因和结果进行理论化的总结和提升。

就经济总量而言,加利福尼亚州、纽约州的GDP总量分列美国第一和第三位,佐治亚州则位列第十处于中上水准;从人均GDP的角度看,加州与纽约州处于中上水准,而佐治亚州处于中下的位置[1];就贫富差距而言,纽约州较之加利福尼亚州与佐治亚州差距显得更大;就政治倾向而言,一般来说,佐治亚州多数支持共和党,而加州和纽约州多数支持民主党。尤其是加利福尼亚州,加州第13条宪法修正案是加利福尼亚州现行的房地产税的基础,并且加州房地产税对其他州征收房地产税有着先导和示范作用,因此加利福尼亚州更是具有一定的代表性。

在人均收入方面,佐治亚州最低,为37834美元,纽约州最高,为54337美元,差异较为明显[2];在房产价值方面,我们则比较了不同州房价中位数的大小,佐治亚州同样最低为149300美元,最高的则是加利福尼亚州为358800美元;而在缴纳的房地产税税额方面,佐治亚州人均仅1004美元,而纽约州则人均须缴纳2493美元的税收[3]。这些数据也表明选取加利福尼亚州、佐治亚州和纽约州具备对比的意义与价值。

---

[1] 资料来源:美国经济分析局(Bureau of Economic Analysis),http://www.bea.gov/iTable/iTableHTML.cfm? reqID = 70。

[2] 资料来源:美国人口普查局(United States Census Bureau),http://www.census.gov/govs/school/的Population, Enrollment, and Personal Income by State: Fiscal Years 2012 and 2013。

[3] 资料来源:美国人口普查局(United States Census Bureau),http://www.census.gov/govs/local/与http://www.census.gov/govs/school/的Population, Enrollment, and Personal Income by State: Fiscal Years 2012 and 2013。

二 房地产税政策差异

房地产税的税制要素涉及多个方面，本节从征税对象、计税依据、税率设计、税权划分、征收管理和优惠措施等几个方面逐一比较分析房地产税政策在美国上述几个典型州的相同和不同之处。

(一) 征税对象

关于房地产税的征税对象，各州都会制定财产种类目录进行区分，不同的州课征的对象也会有所差别，但总体而言，加利福尼亚州、佐治亚州以及纽约州的房地产税课税对象的差别较小。加利福尼亚州的征税对象是除了州立法或联邦立法另有规定外的所有其他的应税房产[①]，这里的房产即私人所拥有的土地以及土地之上的建筑物[②]。佐治亚州则规定，除非法律另行规定，不动产（real estate）需要在所在地的政府纳税，个人财产（personal property）则在业主的永久居住地课税[③]。在纽约州，则是对除了法律规定外的所有房地产征税[④]，这里的房地产概念就是土地及其上的永久附着物[⑤]。

美国各州的纳税人群体基本上是房产所有者，但是也有细微的差异。譬如加利福尼亚州的纳税人群体是房产的所有者与出租者，而承租人则不被包括在内。

[①] 资料来源：加州公平委员会〔State Board of Equalization (California)〕，http：//www.boe.ca.gov/lawguides/property/current/ptlg/ccp/XIII-1.html。

[②] 资料来源：加州公平委员会〔State Board of Equalization (California)〕，http：//www.boe.ca.gov/lawguides/property/current/ptlg/rt/103.html 和 http：//www.boe.ca.gov/lawguides/property/current/ptlg/rt/104.html。

[③] 资料来源：佐治亚州官方指导手册，本章以下涉及佐治亚州税收政策不作特殊说明即参考自本指导手册，http：//dor.georgia.gov/sites/dor.georgia.gov/files/related_files/document/LGS/Property%20Tax%20Facts/Property%20Tax%20Guide%20for%20Georgia%20Citizens.pdf。

[④] 资料来源：纽约州政府税务和财政部门〔Department of Taxation and Finance (New York State)〕，http：//public.leginfo.state.ny.us/lawssrch.cgi？NVLWO：的 RPP 与 RPT 部分。

[⑤] 资料来源：纽约州政府税务和财政部门〔Department of Taxation and Finance (New York State)〕，https：//www.tax.ny.gov/pit/property/learn/asmts.htm。

（二）计税依据

美国的房地产税计税依据一般以房产的评估值或市场价值作为基础。对房产价值的评估主要有三种方式：①对住宅一般使用市场法，即比较最近出售的类似住宅价格，这种方法的使用最为广泛；②对工业或特殊用途的房产则采用成本法，计算劳动力和材料价格，减去折旧再加上土地市场价值；③除此以外如公寓楼等，会采用收益法，即综合营业、保险、维修方面的成本与预期收益评估房产价值。① 这些评估手段通常都是利用信息技术批量操作，即利用所谓的大批量评估技术。

在房地产价值的评估周期和评估程序方面，各州差异很大。

在加利福尼亚州，房产价值评估分为需要重新评估和不需要重新评估两种情况。如果遇到房产交易或是新建房产等需要评估的情况，那就需要在房产交易的时间节点重新评估房产价值；除去这些情况，房产价值就在去年的评估值基础上，取 2% 和加利福尼亚州 CPI 涨幅中较低的一个来作为房产价值的涨幅。②

佐治亚州的评估周期则并不固定，除了法律另有规定以外，房地产价值都是以公平市场价值（fair market value）的 40% 作为评估值。并且佐治亚州以自住房产（homestead）估价冻结来控制评估价值。而所谓的估价冻结即是指即便房价上涨，自住房产估价也依然按照的是基准年的估价（在部分郡，基准年估价上涨幅度被限制在了 1% 以内）。佐治亚州的房产由郡级的税收评审委员会进行评估，并由州的税收专员确保不同的郡的财产被平等地评估。对于某些特定的财产会使用特别的评估程序，这些财产包括：受优惠的农业土地、保护利用的财产、对环境敏感的财产、林地、棕地、过渡性质的住宅等。值得一提的是，州、郡和学区，以及部分市的税收也都是由郡的税务专员来收取，再将属于其

---

① 资料来源：纽约州政府税务和财政部门 [Department of Taxation and Finance (New York State)]，https://www.tax.ny.gov/pit/property/learn/howassess.htm 以及约翰·L. 米克塞尔《公共财政管理：分析与运用》第六版，白彦锋、马蔡琛译，中国人民大学出版社 2005 年版。

② 资料来源：加州公平委员会 [State Board of Equalization (California)]，http://www.boe.ca.gov/proptaxes/prop-tax-rules.htm 的 3、4、6 部分。

他类型政府的税收部分划拨给相应部门,以通过一次性收取的方式降低征收成本。

在评估的频率方面,纽约州规定最少四年完全重新评估一次,并且至少每六年列一次收集到的房产信息的清单[①]。佐治亚州的州政府没有对重新评估的频率进行具体规定,而是由郡政府每年将评估值与销售价格进行对比,如果判定评估值偏离了销售价格过低或过高,就会将评估值进行更新。[②]

(三) 税率设计

房地产税税率基本上每年确定一次,需要能够为地方政府带来足够的财政收入来支持经常性预算支出以及当期的债务成本(米克塞尔,2005)。因此,税率通过以支定收的方式确定,其计算公式为:

$$税率 = \frac{支出总额 - 非房地产税的其他收入}{辖区内房地产税估税净价值}$$

也就是说房地产税税率确定首先需要由郡、学区、市、特别区等做出预算,然后再确定除了房地产税之外的其他收入,接着将这些资金从预算中扣除,得到房地产税的计划收入总额,并确定辖区内应税财产总额即应税的税基,最后根据这些数据计算出税率。需要注意的是,这里所计算的税率是名义税率(nominal rate),而要比较实际税率(effective rate),还需要乘上一个评估比率,评估比率即应税财产的评估值与市场价值的比率。

事实上,税率的确定还与各州的税率限制政策有关。对房地产税的限制主要有四种:对法定房地产税的税率进行限制、对房地产税的税率进行冻结、对房地产税收收入进行限制以及对地方政府的支出进行限制。前两种限制容易带来评估价值的提高,使得税收控制的效果并不明

---

① 资料来源:纽约州政府税务和财政部门〔Department of Taxation and Finance (New York State)〕, https://www.tax.ny.gov/research/property/assess/state_aid/cyclical_guidelines.pdf。

② 资料来源:佐治亚州税务局(Department of Revenue), https://etax.dor.ga.gov/ptd/adm/faq/real.aspx。

显，因此就实际控制而言，后两者的限制显然更为有效（米克塞尔，2005）。

加利福尼亚州的税率设计由三部分构成，一是普通税负，按照加州第 13 条宪法修正案的相关规定，最高为 1%；二是用以偿还债券等负债的税率，包括 1978 年 7 月 1 日前选民所批准的负债、1978 年 7 月 1 日后经过 2/3 选民批准的负债，以及 2001 年 1 月 1 日起生效的由 55% 选民所通过的用于改善学校设施的负债；三是经过公投表决，用于特殊市政建设的固定收费与特别征收税。① 佐治亚州的房地产税的税权则主要在地方政府，虽然州政府也有权课税，但是不能超过 0.025%。对于学区政府，课税不得超过州宪法规定的最高房地产税率 2%，其他则由地方政府自行决定。而根据最新的规定，2016 年 1 月 1 日起州政府将不再征收房地产税。纽约州在税收限制方面也有规定，五大城市之外的学区和多数地方政府征收的房地产税的年增长均不得超过 2% 和通货膨胀率两者中的较低者。②

可以看到，就房地产税限制而言，纽约州显然限制得更为严格，加利福尼亚州在房地产评估过程中也有对其估价的限制条款（下文中提及，加州房产评估价值涨幅在不重新评定情况下不得超过 2%），因此事实上加州也是对房地产税收入总额有所限制。相对来说，佐治亚州的限制条款则较为宽松。

（四）税权划分

在税权划分方面，各州规定也不尽相同。加州税权主要在郡、市、学区和特区政府的范围内进行划分，各郡划分都不相同。总体而言，占

---

① 资料来源：加利福尼亚立法信息（California Legislative Information），http://www.leginfo.ca.gov/.const/.article_13 和加州公平委员会 [State Board of Equalization (California)]，http://www.boe.ca.gov/lawguides/property/current/ptlg/ccp/XIII - A - 1.html。

② 资料来源：纽约州政府税务和财政部门 [Department of Taxation and Finance (New York State)]，https://www.tax.ny.gov/pdf/publications/orpts/capguidelines.pdf 的第 1 页。具体描述为 "The cap applies to all independent school districts outside of the Big Five Cities (i. e. dependent school districts) and to all local governments including counties, cities, towns, villages and special districts (except those special districts noted below). The cap does not apply to New York City"。

比分别为17%、10%、54%和19%①，同时州政府也收取少量的房地产税。佐治亚州的房地产税同样由郡、市、学区和特区政府分享，但是原先州政府收取的少量房地产税在2016年之后将不再征收。纽约州的税权也在郡、市、学区和特区政府之间划分②，同时纽约州还使用均衡率来平衡地区间评估值的差异③，在跨郡的学区征收房地产税时，就通过均衡率来调整税基，公平地分摊税负④。

需要说明的是，美国房地产税是差异化征收的，个人居住的房产与工商业房产所征收的实际税率就并不相等。而要实现这种差异化征收，途径主要有两条：通过不同类型的房产适应不同的评估比例来调整税基，以及直接对不同类型的房产征收差异化的税率。加州、佐治亚州和纽约州都属于前者，使用后者的仅有马萨诸塞州（Massachusetts）、明尼苏达州（Minnesota）、西弗吉尼亚州（West Virginia）与哥伦比亚特区（Washington D. C.）（米克塞尔，2005）。

（五）征收管理

加州目前的房地产税征管一般由郡政府计算征收，少数情况下市政府、学区和特区政府自己来计算征收。征税部门每年分两次寄出税单，第一次在当年11月1日，第二次在次年的2月1日，税单会通知纳税的金额、时间限制、相关程序等。房地产税逾期未缴纳将产生滞纳金，超过三年未缴纳则房产将被没收拍卖，扣除税款和滞纳金之后的余额返还给房产所有者。而对房产评估价值存有异议的，可以在指定时间向郡公平委员会申诉⑤。

---

① 资料来源：加州公平委员会［State Board of Equalization（California）］，http://www.boe.ca.gov/legdiv/pdf/AppendixTablesGuide.pdf 中的 Table 15.

② 资料来源：纽约州政府税务和财政部门［Department of Taxation and Finance（New York State）］，https://www.tax.ny.gov/pit/property/learn/proptaxcalc.htm。

③ 资料来源：纽约州政府税务和财政部门［Department of Taxation and Finance（New York State）］，https://www.tax.ny.gov/pit/property/learn/eqrates.htm。

④ 资料来源：林肯土地政策研究院（Lincoln Institute of Land Policy），http://www.lincolninst.edu/subcenters/significant-features-property-tax/Report_Property_Tax_Rates.aspx，通过此入口可以查询到纽约各郡、各学区纳税情况以及均衡率等。

⑤ 资料来源：加州公平委员会［State Board of Equalization（California）］，http://www.boe.ca.gov/lawguides/property/current/ptlg/rt/part5.html。

佐治亚州的房地产税的缴纳则是一年一次，纳税申报时间为1月1日到4月1日，税收则由郡政府部门、学区董事会以及市政府管理部门进行征收。

纽约州大部分地区的房地产税缴纳时间与加州一样也是一年两次，郡、市的房地产税在1月上旬征收，而学区房地产税则是在9月上旬征收[①]。也有一些地区，如上一章提到的奥内达加郡（Onondaga County），是每年4次分季度缴纳房地产税。

（六）优惠措施

美国不同州的房地产税优惠和减免措施基本上有这样几种：对特定人员机构或者特定种类财产给予免税额、"断路器"式（circuit breaker）的税收抵免，以及延期纳税。其中"断路器"式的税收抵免是指根据收入状况给予优惠，而延期纳税则是将财产纳税期限推迟以减轻纳税人负担。

加州的优惠措施主要由三个部分构成。一是税基方面的优惠，房产所有者的自住房产每年可以免除7000美元的评估值，而退伍军人也有一定金额的评估值免除。二是对应纳税额的优惠，年龄在55岁以上的房产所有者如果出售自住房并在2年内购置自住新房，那么在新房购入价不超过旧房卖出价的基础上，可以有一次用旧房税额来交房地产税的权利（由于第13条宪法修正案的原因，旧房的评估值往往低得多）。残疾人以及年龄超过62岁的低收入者也可以申请房地产税的减免。三是延期付税的优惠，残疾人以及年龄超过62岁的低收入者可以用房产抵押申请延期付税。

佐治亚州房地产税减免主要包括自住房产评估价值豁免和估价冻结这两种。自住房产的评估价值减免主要包括：每个家庭实际居住房产可以享有2000美元的评估价值豁免（下同）；个人65岁以上，可以享有最多10英亩的州房地产税的评估价值减免；个人65岁以上，和

---

① 资料来源：纽约州政府税务和财政部门［Department of Taxation and Finance (New York State)］，https://www.tax.ny.gov/pdf/publications/orpts/rptcal.pdf?_ga=1.119093258.2019433619.1461092477 和 https://www.tax.ny.gov/pdf/publications/orpts/pt_factsheet_new_local_officials.pdf。

配偶的年收入不超过 10000 美元的减免额将达到 4000 美元；个人 62 岁以上，和配偶的年收入不超过 10000 美元的可以申请额外的用于教育的房地产税的减免；个人 62 岁以上的可以获得一个浮动的通货膨胀的证明，在房产居住者总收入低于 30000 美元而评估值增加了超过 10000 美元时可以享受这项豁免；残疾退伍军人及其配偶可以享有 60000 美元的豁免；牺牲的军人的未再婚配偶可以享有额外的 60000 美元豁免；牺牲的警官或是消防官兵的未再婚配偶可以享有一套自住房产的免税。

纽约州的优惠常见的有学区税减免、老年人税收减免、退伍军人税收减免、残疾人税收减免以及农业性质土地的税收减免这五种[1]。其中学区税减免主要是一个 STAR 项目（School Tax Relief Program，STAR），在拥有住房并且是主要住房情况下，分为两档进行学区房地产税的减免[2]。老年人税收减免对象是满足收入限制以及一些其他要求的 65 岁以上老人[3]。退伍军人税收减免则是适用于郡、市的税收，不适用于特别区，它同样存在三种可选，并需要符合一定的限制[4]。对于残疾人的税收减免则是针对能够满足收入限制并且能够证明残疾的对象[5]。

三 差异产生的原因与结果分析

亚当·斯密在《国富论》中提出了对一项税收进行评估的四个经典标准：一、国民在可能范围内比照自身受益程度缴纳赋税维持政府；二、赋税不应当随意变动，并且应该清晰地为纳税人所知晓；三、税收

---

[1] 资料来源：纽约州政府税务和财政部门［Department of Taxation and Finance (New York State)］, https: //www.tax.ny.gov/pit/property/exemption/index.htm。

[2] 资料来源：纽约州政府税务和财政部门［Department of Taxation and Finance (New York State)］, https: //www.tax.ny.gov/pit/property/star/eligibility.htm。

[3] 资料来源：纽约州政府税务和财政部门［Department of Taxation and Finance (New York State)］, https: //www.tax.ny.gov/pit/property/exemption/seniorexempt.htm。

[4] 资料来源：纽约州政府税务和财政部门［Department of Taxation and Finance (New York State)］, https: //www.tax.ny.gov/pit/property/exemption/vetexempt.htm。

[5] 资料来源：纽约州政府税务和财政部门［Department of Taxation and Finance (New York State)］, https: //www.tax.ny.gov/pit/property/exemption/disablexempt.htm。

征缴方法应当优化、合理;四,尽量减少课税的成本。后来虽然税收评估标准有所变化,但是重点仍然可以归结为公平、经济效率、课税成本、对财政收入的影响等。在这些标准的基础上,就可行性等因素综合考虑后,这里选取对地方财政影响、税负公平、税政实施这三个方面分析房地产税的政策差异。

(一) 地方财政结构

在美国,实行的是分级财政管理体制(fiscal federalism),划分为联邦—州—地方这三级,每一层级都有其各自的财政收入以及支出范围。美国联邦的税收主要是个人所得税、公司所得税和社会保险税等,承担诸如国防外交等全国性公共产品和服务的成本;州政府征收的主要是个人所得税、一般销售税和使用税、公司所得税等,承担州公共产品和服务,地方则主要征收的是房地产税,承担辖区内的公共产品和服务(董蕾,2013)。

房地产税曾经一度属于美国州和地方财政的共同税种,但是在经济大萧条时,由于房地产税难以课征以及房地产税的受益税特征等原因,美国州政府将财税来源转向了从商品和服务课税。这些税种不仅提供了大量的财政收入,税源也十分稳定,因此现在州政府所依赖的财税收入更多的来自房地产税之外(米克塞尔,2005)。而对于地方政府而言,它并没有独立的税收立法权与征税的权力,征收税收权力也是州政府所赋予的,而大部分的州政府赋予地方政府的只有房地产税(董蕾,2013)。因此,房地产税对于地方财政收入与保持地方财政独立有着重大的意义。

为了考量不同的州之间地方财政收入差异与房地产税政策的关系,我们将以2012—2013年为例,对其房地产税收入进行比较。考虑到地方房地产税收入的计算是由地方的预算扣去其他非房地产税的收入,因此下文我们探讨的也就是支出与收入这两块。

(1) 地方支出结构与房地产税关系

支出方面,地方政府的支出分为政府间财政支出(即转移支付支出)与地方政府的直接支出,其中地方政府的政府间支出的占比较小,加利福尼亚州与佐治亚州的占比都不足0.15%,纽约州的占比与另外两州相比相对较大，为5.65%，存在着一定的差异。如表5.1所示，就直接支出来看，地方政府的支出主要分为：教育、社会服务、交通、社会公共安全、环境与住房、政府行政、保险信托等项目。

表5.1　2012—2013年各州地方政府直接支出（单位：千美元）

支出类别	加利福尼亚州		佐治亚州		纽约州	
教育支出	76821970	28.26%	17256553	39.48%	60005577	32.86%
社会服务	43500245	16.00%	5127767	11.73%	24806053	13.58%
交通	15743542	5.79%	2092059	4.79%	8074304	4.42%
社会公共安全	28643485	10.54%	4147455	9.49%	15471213	8.47%
环境与住房	24952333	9.18%	3476060	7.95%	15081358	8.26%
政府行政支出	12677855	4.66%	2554136	5.84%	4994086	2.73%
一般债务利息	9458453	3.48%	831464	1.90%	7818112	4.28%
其他支出	11742523	4.32%	1440629	3.30%	17553607	9.61%
公共事业支出	37344195	13.74%	6129798	14.02%	17210109	9.42%
保险信托支出	10969600	4.04%	650581	1.49%	11588136	6.35%
总支出	271854201	100.00%	43706502	100.00%	182602555	100.00%

资料来源：美国统计局《州和地方财政2012—2013》（美国人口普查局，http://www.census.gov/govs/local/，下同）。

由于地方政府征收的房地产税很大一部分用于教育之上，且地方总支出中教育支出所占比重也不小，因此我们着重分析教育支出的情况。如表5.2所示，从地方政府的教育支出来看，它在各州的地方支出中占比都比较大，并且主要集中在中小学教育上。再观察公立中小学的收入（表5.3），我们会发现州政府的投入与地方房地产税是其收入的主要来源。而对于这三个州而言，州政府对学校补助的比例是不一样的，加州的补助力度最大，来自州政府的投入超过了半数；而纽约州的力度则最小，不足四成。

第五章 房地产税在美国的州际差异

表 5.2　2012—2013 年各州地方政府教育支出（单位：千美元）

支出项目	加利福尼亚州		佐治亚州		纽约州	
教育	75564770	98.36%	17085571	99.01%	58879561	98.12%
高等教育	9548389	12.43%	40599	0.24%	3115313	5.19%
小学及中学	66016381	85.93%	17044972	98.77%	55764248	92.93%
图书馆	1257200	1.64%	170982	0.99%	1126016	1.88%
地方政府教育支出	76821970	100.00%	17256553	100.00%	60005577	100.00%
教育占直接支出比重	27.80%	39.09%	32.24%			

资料来源：美国统计局《州和地方财政 2012—2013》。

表 5.3　2013 财年各州公立中小学收入来源（单位：千美元）

收入来源	加利福尼亚州		佐治亚州		纽约州	
联邦政府	7836263	11.79%	1805878	10.35%	3335657	5.62%
州政府	35141208	52.89%	7577585	43.43%	23632698	39.79%
地方政府	23468448	35.32%	8065837	46.22%	32430464	54.60%
公立中小学总收入	66445919	100.00%	17449300	100.00%	59398819	100.00%

资料来源：美国统计局《公立中小学教育财政数据 2013》，美国人口普查局（http://www.census.gov/govs/school/）中的 Summary of Public Elementary - Secondary School System Finances by State: Fiscal Year 2013。

造成差异的原因之一就在于加州作为 Serrano 案和 13 号提案的发生地，其房地产税限制更为严苛。房地产税收入不足所带来的就是加州的教育财政更依赖州政府的补助来进行平衡。Serrano 一案使得"几乎所有的公立学校的支出呈现均等化与集中化"（Fischel, 2005），而 13 号提案中对房地产税的税收限制则直接减少了房地产税，也就减少了地方对学校提供的资金。正如后文所展现的，纽约州的房地产税比重较之其他两州更多，因此在教育支出上对州政府的收入依赖相对就比较小。

（2）地方收入结构与房地产税的关系

在地方税收收入方面，由表 5.4 可以看出，房地产税占了较大的比重,但是不同的地方政府对房地产税政策依赖程度并不相同:加利福尼亚州对地方房地产税的依赖较高,而纽约州的依赖程度最低,这与其地方税收结构是存在一定关系的。在地方税收中,如表 5.5 所示,加利福尼亚州与佐治亚州的地方政府税收收入是房地产税与销售税,而纽约州地方政府的税源除了房地产税与销售税之外,额外还有地方个人所得税,因此房地产税的比重也相应有所摊薄。而且在下文中将提及,纽约州目前的人均房地产税税负已经比加州与佐治亚州高很多,因此也没有更多的上调空间。

表 5.4　　　　2012—2013 年房地产税占地方政府收入比重

比重	加利福尼亚州	佐治亚州	纽约州
房地产税/地方税收收入	70.60%	65.20%	57.89%
房地产税/地方总收入	18.19%	23.16%	25.41%

资料来源:美国统计局《州和地方财政 2012—2013》。

表 5.5　　　2012—2013 年各州地方政府税收收入 (单位:千美元)

收入来源	加利福尼亚州		佐治亚州		纽约州	
房地产税	50460484	70.60%	10038994	65.20%	49100972	57.89%
总销售税	15922642	22.28%	4967149	32.26%	15904633	18.75%
个人所得税	0	0.00%	0	0.00%	9983457	11.77%
企业所得税	0	0.00%	0	0.00%	6709842	7.91%
机动车许可税	65573	0.09%	0	0.00%	145102	0.17%
其他税收	5020438	7.02%	391250	2.54%	2980987	3.51%
地方政府总税收	71469137	100.00%	15397393	100.00%	84824993	100.00%

资料来源:美国统计局《州和地方财政 2012—2013》。

从地方总收入的角度看,房地产税占地方总收入的比重加利福尼亚州最低而纽约州最高(表 5.4),恰恰与房地产税在地方税收中的占比相反,这也与地方政府的收入结构相关。从表 5.6 地方政府的不同收入类型来看,加州地方政府对税收的依赖度要低于其他两州,收入中占比最大的是政府间转移支付，达到了三分之一以上，而收费及杂项收入、公共事业收入与保险信托收益也并不少。与此相对应的是，纽约州对税收收入的依赖较高，税收收入占到了总收入的四成以上，而其他各项收入则相对较少，尤其是在公共事业收入方面的占比远小于其他二州。这里的收入结构又与支出结构直接相关联，譬如加州的政府间转移支付比例高，是因为加州的学校融资很大程度上依赖的是州政府对于地方政府的补助，从而拉高了转移支付的金额。其他的收入如公共事业与保险信托等也与地方政府在这些项目上的支出存在着一定的关联。

表 5.6　　　　2012—2013 年各州地方政府收入（单位：千美元）

收入类型	加利福尼亚州		佐治亚州		纽约州	
税收收入	71469137	25.76%	15397393	35.53%	84824993	43.89%
收费及杂项收入	58145467	20.96%	10382652	23.96%	27310390	14.13%
政府间转移支付	98449062	35.48%	11789034	27.20%	57340435	29.67%
公共事业收入	26155404	9.43%	4745959	10.95%	6947961	3.60%
保险信托收益	23227622	8.37%	1023656	2.36%	16830761	8.71%
政府总收入	277446692	100.00%	43338694	100.00%	193254540	100.00%

资料来源：美国统计局《州和地方财政 2012—2013》。

另外，我们注意到由于房地产税本身被民众视为最糟糕的税收（罗森，2009），承受着民意的压力，因此各州对于房地产税的征收都制定了一系列限制条件。当经济出现问题时，民众由于经济不景气会对自己的收入前景态度悲观，而房地产税基于其稳定的税基，数额变化不大，因此民众对于房地产税的反抗也将会更加剧烈，地方政府征收房地产税的压力也更大。在压力之下，政府很可能会被迫削减对房地产税征收的计划，加上其他税收也会相对萎缩，因此在财税缺口出现时，地方政府财政也就可能更加依赖于州与联邦的转移支付，相应的地方财政独立性也会受到削弱。

因此，我们可以总结为，房地产税政策形成与地方政府的财政收支都有着很大的关联。支出方面，房地产税的多少直接影响着州政府向地方转移支付的教育等支出；收入方面，非房地产税的收入来源充足与否也很大程度上影响着房地产税的多少与征收压力。而且，由于房地产税是地方少有的由自己支配的税收收入，因此房地产税对地方政府非常重要，与地方财政独立性也有着重要的关联。

（二）税负公平

提及税负公平，一般而言有两项准则：受益原则与能力原则，前者侧重税负与税收的用途挂钩，后者则将税负与收入联系起来。就房地产税而言，一方面是基于受益原则，本地区的房地产税用于当地的教育及其他公共服务；而另外一方面，房地产税的征收与使用也兼顾能力原则，很多的优惠措施即是考虑到低收入群体的纳税能力问题。

（1）州际税负差异与解释

在分析税负公平之前，我们首先对州际之间税负差异进行比较。我们对加州、佐治亚州和纽约州在 2012—2013 年的人均房地产税进行了比较。如表 5.7 所示，我们可以发现，就房地产税的人均纳税金额而言，纽约州远远高于加州与佐治亚州，是加州的 1.9 倍，是佐治亚州的 2.5 倍。

表 5.7　　　　　　　2012—2013 年各州人均房地产税额

房地产税与人口	加利福尼亚州	佐治亚州	纽约州
房地产税总额（千美元）	50460484	10038994	49100972
人口（千人）	38431	9995	19696
人均房地产税（美元）	1313	1004	2493

资料来源：美国统计局《州和地方财政 2012—2013》《公立中小学教育财政数据 2013》①。

但是，纳税金额的差异并不完全是税收负担的差距，我们还需要考虑到各州的经济发展水平存在的差异，需要结合当地物价水平与经济发

---

① 资料来源：美国人口普查局（United States Census Bureau），http：//www.census.gov/govs/school/的 Population, Enrollment, and Personal Income by State：Fiscal Years 2012 and 2013。

展情况进行比较。因此我们选取人均收入作为参考指标，据此计算出人均的房地产税税负。根据计算的结果（表5.8），我们可以看出，即使将人均收入水平考虑进来，加利福尼亚州与佐治亚州的房地产税税负仍然较轻，房地产税收占人均收入2.7%左右，而纽约州的税负较高，占收入的比重达到了近4.6%。

表5.8　2012—2013年各州人均房地产税占人均收入比重（单位：美元）

房地产税和人均收入	加利福尼亚州	佐治亚州	纽约州
人均房地产税	1313	1004	2493
人均收入	48310	37834	54337
人均房地产税占人均收入比重	2.718%	2.655%	4.588%

资料来源：美国统计局《州和地方财政2012—2013》《公立中小学教育财政数据2013》[1]。

这里的税负差异与地方政府的支出结构也存在着一定的关系。纽约州的地方政府收入对税收的依赖程度很高，占税收比重较大的房地产税税率也就相对较高。在受益论的视角下，房地产税相当于是居民在为自身享受的公共服务付费，所以地区间的房地产税额本身就是与地区所提供的服务相挂钩的支出，不同的州之间存在差距也是正常的。如表5.9所示，纽约州的政府支出水平本身就要高于其他两州，因此房地产税负也就比加州与佐治亚州更高。至于支出水平高低的原因则是与多种经济社会的特征有关。如果以地区政治倾向来对支出进行解释，就会发现，加州与纽约州是民主党州，民主党倾向于以高税负谋求高福利，因而支出水平较高；而佐治亚州大多数选民支持的是共和党，共和党则倾向于通过减少福利来减少税收，因而支出水平较低。另外，这里加州的税负数据更接近于佐治亚州而不是纽约州则是由于受到更为严苛的税收限制的影响而减轻了税负。

---

[1] 资料来源：美国人口普查局（United States Census Bureau），http://www.census.gov/govs/school/的Population, Enrollment, and Personal Income by State: Fiscal Years 2012 and 2013。

表 5.9　人均房地产税与人均地方政府直接支出（单位：美元）

房地产税与政府支出	加利福尼亚州	佐治亚州	纽约州
人均房地产税	1313	1004	2493
人均房地产税占人均收入比重	2.718%	2.655%	4.588%
人均地方政府直接支出	7073.83	4372.84	9271.05
人均地方政府直接支出水平*	14.64	11.56	17.06

资料来源：美国统计局《州和地方财政 2012—2013》《公立中小学教育财政数据 2013》。

* 这里使用人均地方政府直接支出水平（$\frac{人均地方政府直接支出水平}{人均收入} \times 100$）来平衡经济发展对地方政府支出的影响。

（2）州际税收优惠政策差异与解释

除了人均税负之外，税收优惠政策也一样影响着居民的房地产税缴纳金额。事实上，只有部分的免税政策会减少房地产税的税收，而剩下的部分并不会减少税收，只是改变房地产税税额在居民中的分布。免税额的存在使得房地产税税收优惠向弱势群体倾斜，使得从房地产税额/房产价值来看呈现出累进的特点。当然，在部分的州也会有州政府对地方的住宅豁免项目进行一定的补偿（Duncombe 和 Yinger，2005）。为了研究房地产税对居民的影响，我们首先将对税收优惠政策中适应于一般人的条款进行比较。

表 5.10　**自住房房地产税税收优惠比较**

州	资格条件	税收优惠幅度
加利福尼亚州	自住房	7000 美元税基优惠
佐治亚州	家庭实际居住地	2000 美元税基优惠（按照 40% 的评估比例计算后扣除）
纽约州	自住房，且所有者及其配偶年收入低于 500000 美元	各郡市税基优惠幅度不等①，最高为 30000 美元，仅免除学区房地产税，并且豁免的房地产税税收的增长幅度不得超过 2%

---

① 资料来源：纽约州政府税务和财政部门 [Department of Taxation and Finance (New York State)]，https://www.tax.ny.gov/pit/property/star/ex_index.htm。

就税收优惠的条件来看，加利福尼亚州与佐治亚州都只对自住房进行了规定，而纽约州还制定了对收入的限制与免除税收的限制，并且对免除税收额的增长也做了相关的规定。就优惠种类来看，这些都属于税基优惠，并不会实际减少房地产税税收收入，其起到的作用是使得拥有房产价值低的人的实际税率低于拥有高价值房产的人。就税基优惠额度而言，互相比较时同样需要根据当地的情况进行折算，这里选取的是当地的房产价值的中位数。根据表 5.11 中的折算我们可以看到，加州与佐治亚州的免税额比重较为相似，而纽约州的比重则远高于前二者。但是我们也必须注意到，纽约州免税额面对的只是学区房地产税，并且州内不同地区免税额并不相同，3000 美元是最高免税额，因此实际的免税额水平会更低一些。

表 5.11　　税基优惠额度占房产价值比重比较（单位：美元）

税基优惠与房产价值	加利福尼亚州	佐治亚州	纽约州
房产价值中位数	358800	149300	286700
税基优惠额度	7000	2000	3000（最高）
优惠额度占房产价值比重	1.95%	1.34%	10.46%（6.91%*）

资料来源：数据来自美国统计局《房产价格及住房拥有率调查（2007—2009 至 2010—2012）》（美国人口普查局，https://www.census.gov/prod/2013pubs/acsbr12-20.pdf）。

* 由于纽约州的免税额仅针对学区，因此括号内为根据学区房地产税在总房地产税中比重简略修正的数值。

我们注意到，上文中的人均税负也呈现出了相同的趋势，即加州与佐治亚州较为相似而纽约州远高于这两州，这可能与贫富差距有关。如表 5.12 所示，纽约州的贫富差距（用基尼系数衡量）较之佐治亚州与加州更大，加上上文所述的纽约州的房地产税税负较之其他二州更重，因此，需要更大比例的免税额和相关的收入限制来减轻低收入群体的税负，以向弱势群体倾斜。

表 5.12　　　　　　　　　　美国各州基尼系数

基尼系数	加利福尼亚州	佐治亚州	纽约州
2012 年	0.482	0.481	0.501
2013 年	0.490	0.484	0.510

资料来源：美国统计局《家庭收入 2013》（美国人口普查局，https://www.census.gov/library/publications/2014/acs/acsbr13-02.html）。

关于对弱势群体的照顾，房地产税还对低收入的老年人与残疾人另有优惠，并且大多是税基优惠，优惠幅度也与本地区的经济状况相关联（表 5.13）。而对于年龄的设置则相对较为统一，都选择了 62 和 65 两个节点。这两个时间点也与退休年龄有着一定的关联：当老年人退休之后，他们收入有限，但还需要承担和原来一样的房地产税显然不合理。相对而言，加州对于年龄的限制更为宽松而纽约州则更高一些，这也与纽约州老年人口占比更大有着一定的关联（表 5.14），因此需要控制这些群体税基的减免率，使得其他群体分摊的房地产税税率不至于过高。

表 5.13　　美国各州老年人与残疾人的房地产税税收优惠政策比较

	资格条件	税收优惠
加利福尼亚州	年龄在 55 岁以上，出售自住房并在 2 年内购置自住新房，新房购入价不超过旧房卖出价	按旧房地产税额来缴纳房地产税（仅适用一次）
	残疾人，年收入未超过 12000 美元	税收优惠视情况而定
	年龄在 62 岁以上，年收入未超过 12000 美元	
	残疾人，年收入未超过 24000 美元	税收可申请延期缴纳
	年龄在 62 岁以上，年收入未超过 24000 美元	
佐治亚州	年龄 65 岁以上	最高 10 英亩的州房地产税的减免
	年龄 65 岁以上，和配偶的年收入未超过 10000 美元	4000 美元郡房地产税的税基豁免
	年龄 62 岁以上，和配偶的年收入未超过 10000 美元	10000 美元学区房地产税的税基豁免

续表

	资格条件	税收优惠
佐治亚州	年龄62岁以上,在房产居住者总收入低于30000美元	当评估值增加超过了10000美元时可以享受除了支付利息和债务以外的房地产税优惠
纽约州	年龄65岁以上,业主及其配偶收入未超过84550美元	65300美元学区房地产税的税基豁免
	残疾人,满足收入限额*和其他要求	50%的房地产税税基减免
	年龄65岁以上,满足收入限额*和其他要求	
	残疾人,超过收入限额*,满足其他要求	低于50%的免税
	年龄65岁以上,超过收入限额*,满足其他要求	

* 限额由郡市学区自行设定,数额介于3000—29000美元。

表5.14　　　　　各州人口年龄结构　　　　（单位:%）

州	加利福尼亚州	佐治亚州	纽约州
18岁以下占比	25.0	25.7	22.3
65岁以上占比	11.4	10.7	13.5

数据来源:美国统计局网站（https://www.census.gov/2010census）。

（3）州内税负差异与平衡措施

房地产税税负的差异不仅仅在不同的州之间存在,在同一个州内部不同的区域也同样存在差别。以加州为例,我们可以发现不同郡的房地产税税率不相同（图5.1）,税基减免比例也有所差异（图5.2）①。虽然 R^2 过小,不能构成绝对的线性关系,但是我们还是可以发现,数据总体上呈现出税率较高的郡减免比例也相对较高的趋势。这可以解释为由于减免比例高而税基减少税率也相应变高,但同时减免比例的提高也减轻了收入低房产少的群体的房地产税实际税率。

① 资料来源:加州公平委员会 [State Board of Equalization (California)], http://www.boe.ca.gov/legdiv/pdf/AppendixTablesGuide.pdf 中 Table 8 和 Table 14。

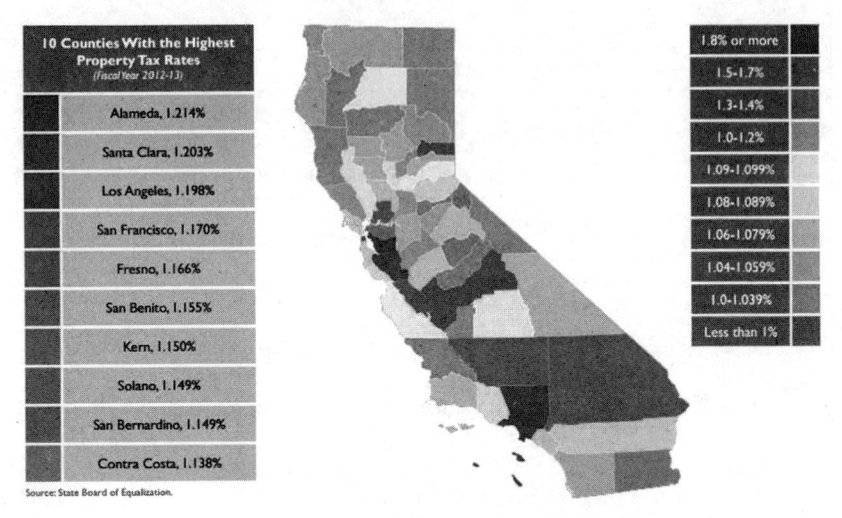

图 5.1 加州房地产税税率分布①

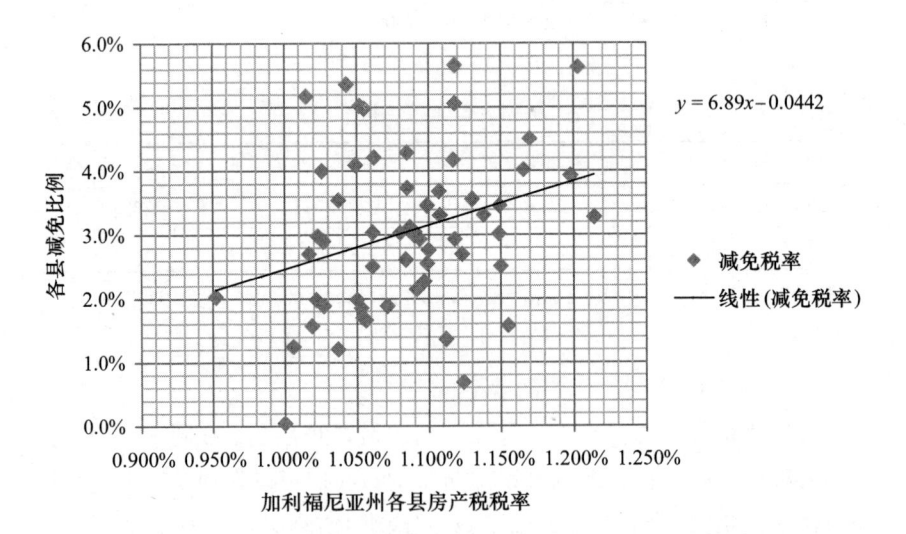

图 5.2 加利福尼亚州房地产税税率与税基减免比例

另外，由于地区间差异导致的房地产税收入的差距，进一步导致了公共服务的差距，因此州政府也有相应的措施来协调这些差异。以教育

---

① 该税率分布图来自加州税收基金会（California Tax Foundation），http://www.caltaxfoundation.org/reports/2015TaxFacts.pdf。

122

第五章　房地产税在美国的州际差异

为例，州政府对学校的补助并不是直接投入，而是通过政府间转移支付来实现。具体补助数额计算公式为：

补助数额 = 学生人数 × 学区人均教育补助 −
　　　　　学区房地产税税基 × 学区税率

州政府通过这一公式计算出补助金额并进行发放，从而保障基本的教育质量。而从公式中我们可以推断出，在房地产税税收较多的富裕地区，得到的人均补助会相对较少，而在相对贫困的地区，人均能够获得更多的补助金。也就是说，这一补助所起的作用即是平衡由房地产税在地区利益驱动下因为贫富差距和地区发展不均衡而带来的教育不平等问题（图 5.3）。

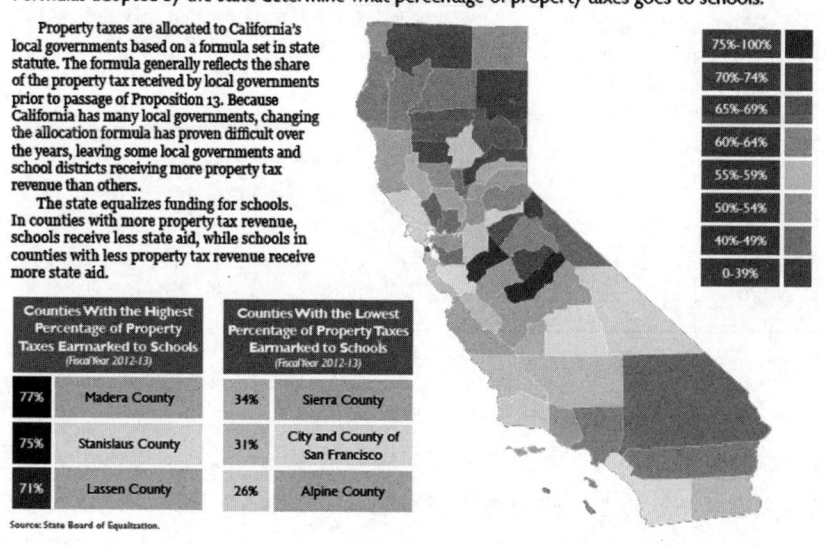

图 5.3　房地产税与学校支出差异的分布①

因此我们可以看到，房地产税税负在各州之间并不平均，房地产税

---

① 资料来源：加州税收基金会（California Tax Foundation），http://www.caltaxfoundation.org/reports/2015TaxFacts.pdf。

在征收过程中的优惠政策也并不相同,但看似差距很大,事实上却是与各地区的经济社会状况以及公共支出水平相挂钩的。而在同一州内,房地产税税率分布也是不平均的,税基减免的比例也有所差别,这时州政府的一些补助则可以在某种程度上平衡这些州内地方政府之间的差距。

(三) 税政实施

在税政方面,我们对各州的房地产税评估周期、征税部门以及征收时间进行了对比。

表 5.15　　　　　　　　各州房地产税征收管理比较

征收管理	加利福尼亚州	佐治亚州	纽约州
房地产税评估政策	重新评估:在房产交易等时间节点评估 不需要重新评估:取 2% 和加利福尼亚州 CPI 涨幅中较低的一个来作为房产价值的涨幅	评估周期不固定,自住房产估价按照基准年的估价或涨幅度在 1% 以内	最少四年完全重新评估一次,并且至少每六年列一次收集到的房产信息的清单
收税部门	县政府部门	县政府部门、学校董事会、市政管理部门	学校机构、郡/镇/村机构的税务专员①
纳税时间与次数	一年两次,分别是 11 月 1 日与次年 2 月 1 日发税单	一年一次,1 月 1 日到 4 月 1 日进行申报	一年两次,郡、市在 1 月上旬,学区在 9 月上旬*

* 事实上郡和市也是分开征收,这里两次仅仅是从时间上分类。

就评估周期而言,各州的评估周期都不相同。加利福尼亚州一般不进行重新评估,佐治亚州与纽约州则是不定期地进行评估,评估一般是按照市场价值来确定。在不重新评估的年度里,各州都对房产评估价值的增长幅度有所限制,这也是对应着相关的税收限制,避免房地产税收通过扩大税基过度增长。加州由于 13 号法案对税收限制较之其他二州

---

① 资料来源:纽约州政府税务和财政部门 [Department of Taxation and Finance (New York State)], https://www.tax.ny.gov/pdf/publications/orpts/rptcal.pdf?_ga=1.119093258.2019433619.1461092477。

更为严厉,这在某种程度上扭曲了房产的价值,使得新建或是新交易的房产比同等的未交易的旧房产评估值更高,需要缴纳更多的税款,也使得房产交易的意愿下降。

就征税部门而言,佐治亚州与纽约州大多是在郡税收委员会评估房产之后,由郡、市和学区等政府的相关部门自行征收自己的税收,也有一些地区由郡政府相关部门统一征收。而加州的房地产税则除了少数情况外都是由郡政府相关部门统一征收。

就时间而言,加利福尼亚州与纽约州都是分几次征收,其中加州是全年税收分两次征收,纽约州则是在将不同用途的税收分两次征收,而佐治亚州则是一年只征收一次。一年征收一次的好处在于节约征税成本。但是,对个人而言,征税数额也将看上去比一年征收多次更使人感觉税负重,并且在短期内支付税收的压力会较大;对政府而言,征税事务与压力也会集中在较短的时间内。佐治亚州的税负原本较轻,人口也较少,因此可以一年一次征收;而税负相对较重的纽约州则选择了按税收分摊方向分散征收,减轻短时间内过大的数额带给人们对房地产税的厌恶感,对税收成本的影响也较小。加州未按照纽约州一样分散缴税则是因为加州的纳税部门并不像前两者那样由郡和学区等政府自行征收,因此税收事务较为集中,加之加州的人口也不少,因此选择将房地产税一年分两次征收。

四 结语

从地方财政、税负公平以及税政实施来看,美国各州之间的房地产税存在着较为明显的差别,并且这些差别都是可以用地区经济社会状况来进行解释的。

从地方财政收支角度看,美国各州的地方政府财政结构与房地产税密切相关。一方面,房地产税收入较高的地区,地方政府能够承担更多的公共服务支出份额,对州政府资金的依赖度就较低,地方政府财政的独立性也就更高;相对来说,房地产税收入较低的地区,政府对公共服务所能提供的资金也就相对较少,就更为依赖州政府的转移支付。另外一方面,房地产税较高的地区,其非房地产税的收入则相对较少。其他税源的不宽裕也就使得地方政府需要征收更多的房地产税，使得地方政府的支出不得不依赖于房地产税。

从税负公平角度来看，房地产税政策是以受益原则为主，兼顾能力原则。房地产税在各州之间的税负并不平均，经济较为发达人均收入更高的地区所需要缴纳的房地产税显然更高。在考虑了地区经济因素后，房地产税负显示出与当地的政治倾向挂钩的特征：民主党地区倾向于支持高福利，而共和党地区则支持减税收。为了照顾低收入群体，各州都有一些优惠措施来对房地产税进行一定的减免，对收入低、财产少的人进行照顾，减免后使得房地产税有一定的累进税特征。对于税负更重、贫富差距更大的地区，其免税额度的比例也会相应更大，对于人口老龄化较重的地区，则适度上调年龄的限制。除了不同州之间，在同一州内的不同地区也存在着税负的差异，随之而来的是地区提供公共服务的差异，这种地区间差异的一部分会通过州政府的相关转移支付来进行平衡。

从税政角度来看，房地产税评估政策会对房产的评估值以及交易情况产生影响。在制定房地产税税收征缴的时间频率时，则体现了因地制宜的特色，各州都根据当地的税负与人口情况，结合房地产税收税部门设置，选择适合自己的缴税方式。

这里从多个层面突出了房地产税作为地方税的差异化特征，充分体现是一个极具地方特色化的税种。也正是这种地方化和特色化，才使房地产税可以满足不同种类的需求偏好，从而提高公共服务供给和政府治理的效率和质量。本章内容只是不同州之间相对粗略的比较，实际的房地产税是非常微观化的细致涉及，在同一个州的不同地区之间，同一个地区的不同地方政府类型之间都有很大的差异。

对我国而言，随着沪渝两地房地产税改革试点的展开，房地产税也将面临地区差异这一问题的挑战。美国房地产税政策的地区差异可给我们带来一些启示：①从税政角度看，房地产税应当根据各地社会经济结构差异化设计，节约征税成本的同时也减少征收阻力；②从地方财政角度看，房地产税应当由地方政府征收管理，并用于当地公共服务支出，并且应当在允许各地差异化支出（允许地区自行选择追求高福利或是低税负）的前提下，通过转移支付提供对基础公共服务的保障；③从地方税负角度看，房地产税应当根据本地的情况对本地区弱势群体以及相对发展较弱的区域予以适度的照顾。但是在借鉴的同时，我们也必须看到，我国国情与美国差异也很大，譬如我国户籍制度限制了人口的流动、财政体系与美国相去甚远、缺乏完善的评估与监管制度等，都使得我们不可能照搬美国的经验，如何制定合适的房地产税政策显得任重而道远。本书的第七章中关于中国房地产税改革的理论探索会对这些问题一一进行阐述。

参考文献

［1］Fischel, William A.：《地方政府企业、房屋业主和财产税的受益论》，Wallace E. Oates 编著：《财产税与地方政府财政》，丁成日译，中国税务出版社 2005 年版。

［2］董蕾：《美国不动产税研究》，人民出版社 2013 年版。

［3］金维生、张超、刘刚：《美国马里兰州财产税税制概况及特点》，《涉外税务》2008 年第 4 期。

［4］柳德荣、柳琪：《美国财产税制度设计及其启示》，《经济体制改革》2011 年第 6 期。

［5］［美］罗森、盖亚：《财政学》第八版，郭庆旺、赵志耘译，中国人民大学出版社 2009 年版。

［6］任强：《房产税：美国实践及借鉴》，《财政研究》2015 年第 1 期。

［7］王萍：《以美国房产税为例谈我国房产税改革》，《上海房地》2014 年第 12 期。

［8］余英：《对美国印第安纳州财产税制度变迁的思考》，《涉外税务》2006 年第 2 期。

［9］［美］约翰·米克塞尔：《公共财政管理：分析与运用》第六版，白彦锋、马蔡琛译，中国人民大学出版社 2005 年版。

［10］张斌：《美国州房产税实践比较及其借鉴》，《财会研究》2013 年第 12 期。

［11］张立彦：《美国密西根州财产税制度的特点与借鉴》，《财会研究》2011 年第 15 期。

［12］张彦英：《美国加州现行房产税：形成背景、制度设计与实践》，《财政研究》2015 年第 10 期。

第六章　美国房地产税的福利效应量化分析

美国不同地区房地产税的税率有较大差异，为什么可以"用脚投票"自由迁徙的美国人仍然愿意居住在这些地区并缴纳较高的房地产税？为什么不同的地区会有如此大的差异？本章从房地产税作为受益税的角度，定量分析房地产税的福利效应。房地产税作为受益税，其理论本质即是将私人消费转化为公共品消费，如教育、医疗、道路基础设施和环境等。基于边际效用、资本化和投标排序模型等理论框架，本章通过数据测算美国房地产税用于提供不同的公共服务、在不同地区，以及对不同收入层次的群体在福利效应方面的差异。这一结论为房地产税征收和使用的地区差异以及中国房地产税改革在不同地区差异化设计的必要性提供了实证支撑。

房地产税牵涉面广泛，但房地产税税制要素设计的理论基础，以及开征房地产税之后的社会经济效应，尤其是房地产税从无到有对居民的福利效应，仍然缺乏足够的实证分析支撑。有学者建议，房地产税改革在对居民保有环节的房产增加税收负担的同时，应对流通环节的相关税种进行整合从而使得整体税负不至增加太多，但对没有对房产进行交易的家庭来说，房地产税确实是从无到有的额外负担。因此，纳税能力和纳税意愿是房地产税改革中必须考虑的重要问题。本章聚焦于房地产税的纳税意愿，通过对美国房地产税在不同地区的比较分析，以房地产税的福利效应来衡量其支付意愿。

在房地产税已有百年以上历史的美国，房地产税税率的确定及其支出用途均有相对成熟的机制。2010年美国房地产税的有效税率（房地产税/房产价值）平均约为 1.14%。但不同的郡/县（county）税率有较大差异，在最高的前 10 个郡中，纽约有 8 个，最高的郡（在纽约州）平均为 3.02%[①]。为什么不同的地区会有如此大的差异？尽管纽约州和新泽西州的房地产税税率相对较高，但可以"用脚投票"自由迁徙的美国人仍然愿意居住在这些地区并缴纳较高的房地产税。房地产税作为受益税，一般用于当地基本公共服务，因此，高税率的房地产税也意味着高水平的公共服务。居民缴纳房地产税的同时获得公共服务的福利效应，反映的正是居民为了获得相应的公共服务对房地产税不同的支付意愿。

房地产税作为受益税，其理论本质即是将私人消费转化为公共品消费，如教育、医疗、道路基础设施和环境等。若以此为基础分析房地产税改革的居民福利效应：对多数人来说，由于住房的消费弹性较小，房地产税相当于将居民原本可以用于私人消费的收入转变为用于提供公共品消费。由于不同收入层次的居民具有不同的消费偏好，每单位公共品对不同发展程度地区的居民边际效用也会不同。收入较低的居民倾向于急需的私人消费，如衣食住行等；高收入人群则会对公共服务有更好的要求，如高水平教育医疗条件和小区环境等。因此，不同地区的房地产税会对居民福利水平造成不同的影响。房地产税作为受益税的特点以及其相应的居民福利变化情况，决定了当房地产税在一些地区可以获得明显的正福利效应的同时，在另外一些地区将可能降低居民福利水平。

现有文献对房地产税和相应公共服务的资本化效应已进行了比较充分的研究。在资本化理论、边际效用理论和投标排序模型（bidding and sorting）的基础上，本章利用美国佐治亚州 46 个郡（county）全部房产的地块数据（parcel），分析不同类型的公共服务在社会经济条件不同的地区差异化的资本化率，通过不同地区房地产税与公共服务的资本化率比较，测算房地产税在不同地区的居民福利效应。每一个家庭的净福利受益为其获得公共服务的受益减去缴纳的房地产税税额。中国地区间

[①] 资料来源：Tax Foundation，http://taxfoundation.org/article_ns/median-effective-property-tax-rates-county-ranked-taxes-percentage-home-value-1-year-average-2010。

差异很大，基于福利效应的分析凸显了房地产税作为地方税在开征时点和税制要素方面进行差异化设计的必要性。尽管中国与美国的政治经济制度不同，这一实证结果仍然可以为中国未来的房地产税改革提供重要的借鉴意义，为中国房地产税改革的中长期策略提供理论支撑。

本章的余下部分做如下安排：第一部分为相关文献综述，第二部分从边际效用、资本化和投标排序模型阐述本章的理论分析框架。第三部分是数据介绍，第四部分和第五部分为计量模型和分析结果。最后是结论和政策建议。

一 文献综述

在许多发达国家，"纳税受益"的观念已深入人心，地方政府征收房地产税后用于地方政府的公共福利开支。因此，很多研究分析房地产税和公共服务对房价的影响。房产价值、房地产税与公共服务之间关系的重要性在文献中得到了学者的充分讨论（Hamilton, 1976; Oates, 1969, 1973; Pollakow, 1973）。资本化理论表明，房地产税会降低房产价值，但相应的公共支出又会对房地价值起到支撑作用。我们在下文的理论阐述中也表明，公共服务的资本化体现了居民对相关税收（主要是房地产税）的纳税意愿。尽管房地产税和公共服务存在资本化已被大多数学者所接受，但资本化的程度仍然留有争议[1]。这方面的大多数研究均延续了 Oates 的模型设定方式（Oates, 1969, 1973）。King (1977) 认为在许多测量税收对房产价值影响的研究中，方程设定都是有问题的，他证明了税率效应的结果对模型的设定非常敏感[2]，结果偏

---

[1] 可参考文献包括 Church (1974), Diamond (1975), Edel 和 Sclar (1974), Edelstein (1974), Epple、Zelenitz 和 Visscher (1978), Hamilton (1976a, 1976b), Heinberg 和 Oates (1970), Hyman 和 Pasour (1973a, 1973b), King (1977), Linneman (1978), Meadows (1976), Oates (1969, 1973), Orr (1968), Pollakowski (1973), Rosen 和 Fullerton (1977), Sonstelie 和 Portney (1980), Wales and Wiens (1974), 等等。这些研究多数均延续了 Oates 的模型设定方式，其中的一个例外是 Epple、Zelenitz 和 Visscher (1978)。

[2] King (1977) 在文章中称："对所有房产来说，包含了税收资本化后的市场价值是不包含税收的价值的固定比例"（for all houses the market value with tax capitalized is a constant proportion of the value in the absence of tax）。

差的方向（正向或负向）也不确定。因此，他建议应该将税收价格项 $(V-btV)$[①]作为因变量的一部分，同时强调关于资本化的程度比通常认为的更值得深入研究。Reinhard（1981）对 King（1977）的模型进行了数学校正并对自变量进行了变换。他发现存在大量的超资本化（over-capitalization），这意味着资本化的程度取决于设定的贴现率和时间范围，这一发现使得结果更加合理。在总结前人研究结果的基础上[②]，Palmon 和 Smith（1998）通过经验研究发现，不能拒绝完全资本化（full capitalization）假设，且只有意料之外的税收变化才能被转嫁给房产的新买家。

Brasington（2001）对资本化的程度和社区大小之间的关系进行了研究。他分析了1991年俄亥俄州的6个最大的都市区域的房屋销售数据，发现较大的社区（学区或城市）会削弱公共服务的资本化率。资本化程度和社区大小之间关系的理论基础则是由 Hoyt（1999）提出。以都市区域为例，由于迁移成本的存在没有多少人会因为公共服务略微变差而搬出一个小社区，都市中其他区域的人口也不会有大的变化，房价和效用水平也基本维持不变。因此，在小的社区，公共服务水平的降低可能会被完全资本化到房价当中。相反，如果很多人都搬离某个大型社区，该社区的房价就会下降，但其他区域的房价会由于人口的流入而上涨。因此，要平衡该大型社区和其他区域的效用，由于人口的流入流出已经部分导致了房价差异，因此，对公共服务差异"完全的资本化就不是必要的"。[③] 对房地产税非完全资本化的另一种解释是大城市的居民不愿意花时间和资源（两者都是居民的成本）来控制政府开支，因此政府无效率支出的成本较低（Hoyt，1999）。

[①] 其中，V 是房产的市场价值，t 是房地产税税率，b 是资本化程度且取值区间在0.1至1之间。

[②] Palmon 和 Smith（1998）的总结如下：Wales 和 Wiens（1974），Chinloy（1978）和 Gronberg（1979）发现基本没有显著的资本化效应；Oates（1969），King（1973，1977），Edel 和 Sclar（1974），Gustely（1976），Rosen 和 Fullerton（1977），Dusansky，Ingber 和 Karatjas（1981），Richardson 和 Thalheimer（1981），Ihlanfeldt 和 Jackson（1982），以及 Yinger et al.（1988），等等得出的是不同程度的部分资本化，而 Oates（1973），Church（1974）和 Reinhard（1981）则得到了完全资本化或超资本化的结论。

[③] 原文为 "full capitalization is unnecessary to equalize utility between the big community and the rest of the metro area"。

然而，Brasington（2001）的结果也表明，房地产税对房价的资本化是正向的，即增加了房产的价值。① 这一发现与Bradbury等人在马萨诸塞州的发现一致（Bradbury, Mayer, & Case, 2001）。他们认为，马萨诸塞州的房地产税与房价之所以正相关是因为减税因素使得社区的税率和公共服务都低于最优水平，因此提高税率可以使税收和公共服务更加接近最优点。基于房地产税和公共服务对房价相互对立的影响，Chaudry-Shah（1989）认为，从绝对数和相对数来看，这两者的净财政效应都是由中产阶级向低收入和高收入群体的再分配。这一结论不同于Gillespie的针对加拿大的实证结果。Gillespie（1976）发现低收入群体的净财政效应为负，而其他群体的净财政效应为正，即从低收入群体向中高收入群体的再分配。Chaudry-Shah（1989）也提出需要首先对社区根据收入层次和居民偏好进行分类以得到更加合理的结果，而基于广泛使用的投标排序（bidding and sorting）理论模型就高度重视将社区按收入层次排序，并认为这是进行资本化分析时理所当然的一步（Yinger, 1999）。

在中国，由于缺少税收和服务之间的直接联系，且中国的房地产税改革仍处于立法探索阶段，从公共服务资本化视角研究房地产税纳税意愿的研究还很少见。已有一些文献通过问卷调查等方式分析居民总体的纳税意愿与公共品供给效率的关系（李林木、赵永辉，2011）以及税收公平与纳税意愿的关系（赵永辉，2014），或是如何从政策设计和宣传的角度提高居民的纳税意愿（刘成奎、李纪元，2014）。也有一些研究分析中国的公共服务在房价中的资本化效应（梁若冰与汤韵，2008；李祥与高波等，2012；赵安平与罗植，2012；汤玉刚与陈强等，2016）。但仍未见从收入和公共服务相连接的视角来分析对房地产税纳税意愿的研究。本章试图从这一角度分析不同收入层次的居民对房地产税的纳税意愿差异，以及房地产税用于不同公共服务时纳税意愿的不同。

尽管关于资本化的文献仍然存在不少争论，本章基于投标排序模型通过考察公共服务在不同地区的资本化情况来测量对房地产税的支付意

---

① Gronberg（1979），Wales和Wiens（1974），Edel和Sclar（1974）等人则发现税收与房价并不相关。

愿。更重要的是，本章对同一个州不同的郡（county）进行分别测算，可以规避房地产税的资本化率争议问题，将研究的问题聚焦于不同地区、不同收入群体对房地产税纳税意愿的差异。

二 理论基础

如前文所述，房地产税作为受益税的本质是将潜在的私人消费转化为公共品和公共服务消费。因此，当面临在私人消费和公共品消费之间的选择时，选择房地产税较低的地区还是房地产税较高的地区反映了对房地产税的纳税意愿。分析房地产税在不同区县或是社区的净福利作用，需要结合边际效用理论、房地产税和公共服务的资本化理论，以及投标排序模型（bidding and sorting）。

（一）边际效用

对于居民和家庭来说，私人物品和公共品的边际效用决定了在两者之间的选择。结合边际效用递减理论和恩格尔系数原理，低收入家庭会倾向于优先满足基本生活需求，即基本生活需求的消费起初具有较高的边际效用。随着收入提高，基本消费需求的边际效用递减，使得公共品消费边际效用大于私人消费的边际效用。此时，居民倾向于愿意减少部分的私人消费来"换取"公共品消费。根据边际效用递减理论，当私人物品的边际效用与公共品的边际效用相等时，总效用最大。即效用函数最大化的一阶条件为：

$$MU_C = MU_S$$

其中，MU_C 为私人消费（C）的边际效用，MU_S 为公共品和公共服务（S）的边际效用。当私人消费的边际效用和公共服务的边际效应相等时，总效用最大。

但是，对于个人消费者来说，私人消费可以在预算约束内通过自身购买主动增加消费量，而公共服务的消费量则不然。因此，高收入者的私人消费可以远远高于低收入者，但公共品和公共服务由于是政府统一提供，高收入者和低收入者可获得的公共服务基本相当。因此，由于高收入者私人消费的总量较高，其边际效用会远远低于低收入者；而高收入者公共服务的边际效应则与低收入者差别不大。高收入人群由于私人消费的边际效用较低，他们对高质量的公共服务也有更高的要求，因此，他们愿意为高质量公共服务支付的税收额度要远远高于低收入人群。从房地产税作为受益税的角度来看，如果房地产税额能够较好地转化为相应的公共服务，高收入人群应具有更高的纳税意愿。

（二）资本化理论

资本化理论表明，房地产税和公共服务分别会资本化到房价中。房地产税是居民持有房产的额外成本，因此会使房价降低；而公共服务会使住房人受益，因此资本化会使房价上升。由于房地产税和公共服务的资本化往往同时发生并交织在一起，对两者各自独立的影响仍然缺少足够的研究。如文献综述中所说，需要对社区根据收入层次和居民偏好进行分类以得到更加合理的结果（Chaudry-Shah，1989）。这一结论正是建立在不同收入层次的家庭对私人消费和公共品消费有着不同的边际效用。不同种类的公共服务具备不同的资本化程度正是体现了居民对不同公共服务的偏好差异；而对同一种公共服务，不同收入层次居民的偏好也会有所差异。

因此，基于收入和偏好，我们需要考虑不同公共服务的资本化、不同地区的资本化，以及收入层次与公共服务资本化的关系。这样可以从全方位的视角来考察不同种类公共服务在不同收入层次群体中的价值，从而测算出对房地产税的纳税意愿。这里隐含了对纳税意愿3个维度的影响因素：收入的高低、房地产税税负的多少，以及房地产税税额支出用途的公共服务种类。

（三）投标排序模型

Yinger（1982，2015）的投标排序模型假设居民家庭关心三类消费：住房（H）、其他私人物品（C，价格规范化后等于1）及公共产品和服务（S）。这三类消费反映在效用函数中为 $U(H,C,S)$。[①] 居民面临的预算约束为：

[①] 可参考 Ross 和 Yinger（1999）对投标排序模型进行的全面完整的综述。

$$Y = C + PH + \tau V = C + PH + \tau \frac{PH}{r} = C + PH(1 + \tau^*)$$

其中 Y 是收入，C 是除住房之外的私人消费，P 为每个住房面积单位的年度价格。τ 为有效税率，房地产税额为 τV，V 是房产价值 $= \frac{PH}{r}$，r 是贴现率，且 $\tau^* = \tau/r$。另外，效用函数中的 S 为公共服务。

在不失一般性的前提下，可以假设效用函数 $U(H,C,S)$ 为 Cobb - Douglas 函数。根据投标排序模型，在相应预算约束条件下最大化效用函数：

$$U(C,H,S) = c_1 \ln(C) + c_2 \ln(H) + c_3 \ln(S)$$

预算约束为：$Y = C + PH + \tau V = C + PH + \tau PH/r = C + PH(1 + \tau^*)$

在分析房地产税的福利效应时，本章将在投标排序模型基础上，结合边际效用和资本化理论对传统的资本化模型进行推演和改进，从而得到一个更加准确同时又简洁的测量房地产税的净福利效应的回归模型。

$$Y = C + PH + \tau V = C + PH + \tau \frac{PH}{r} = C + PH(1 + \tau^*)$$

三　数据

本章使用的数据来自美国佐治亚州（Georgia）。我们搜集了两个层面的数据：郡政府层面和居民住房地块层面的数据。其中，郡政府一级的数据来源见表 6.1 所示。我们搜集了佐治亚州所有 159 个郡 1985—2011 年的相关数据，这一时间跨度包含了三个完整的经济周期（1985—1992 年、1993—2001 年和 2002—2011 年）。

表 6.1　　　　　郡政府相关变量的数据来源

变量	数据来源
房地产税	税收摘要概况（来自佐治亚州税务局，Department of Revenue）
基础设施支出	地方政府财政报告（佐治亚州社会事务部，Georgia Department of Community Affairs）
房地产税税额	

续表

变量	数据来源
转移支付（来自州政府）	地方政府财政报告（佐治亚州社会事务部，Georgia Department of Community Affairs）
转移支付（来自联邦政府）	
房地产税/税收总额	
转移支付/总收入	
公共安全（警察）& 消防	
高速公路和社区道路	
公园和图书馆	
排水系统和垃圾处理	
人口	美国经济分析局（U.S. Bureau of Economic Analysis）
人均收入	
失业率	失业人数/人口（BEA）
物价指数（CPI）	美国劳工统计局（U.S. Bureau of Labor Statistics）
人口密度	人口和面积分别来源于 BEA 和 GeorgiaInfo（http://georgiainfo.galileo.usg.edu/gacountiesbyarea.htm）
地方政府类型	政府类型调查 2002 和 2007（国际市/县管理协会，International City/County Management Association，ICMA）；政府类型 2010（佐治亚郡政府专员协会，Association County Commissioners of Georgia，ACCG，搜集自政府网站：http://www.accg.org/library/Forms_of_Government_2010.pdf
政治变量	cqpress.com
住房地块数据	每个郡政府的税务评估办公室（Tax Assessor's office）和税务专员办公室（Tax Commissioner's office）

居民住房地块数据则通过与每个郡的税务评估办公室（Tax Assessor's Office）和税务专员办公室（Tax Commissioner's office）——联系获得。在佐治亚州共 159 个郡中，我们搜集了 46 个郡的地块数据（包括 30 个发达郡和 16 个不发达郡）。① 在人口超过 10 万的 25 个郡

---

① 城市人口超过 70% 的郡被定义为发达郡，其他为不发达郡。城市和农村人口的数据来源于美国统计局：http://www2.census.gov/geo/ua/PctUrbanRural_County.xls。2012 年的美国社区调查（American Community Survey，ACS）首次根据 2010 年美国人口普查对城市区域定义以及城市农村分类对数据进行了分类。详细可见美国统计局网站：http://www.census.gov/geo/reference/ua/urban–rural–2010.html。

中，我们搜集了 18 个。这 46 个郡同时也包含了构成佐治亚州首府亚特兰大都市区的 5 个郡。① 由于样本中发达郡相对较多，针对样本可能会过度反映发达地区的担忧，根据房价指数和地方财政数据，我们证明了所搜集的 46 个郡可以很好地代表全部 159 个郡的总体情况（Zhang & Hou，2016）。地块数据也包括两种类型，即销售数据和评估数据。每个郡的销售数据时间跨度均为 1970—2012。对于多数的郡，我们搜集了 3 年至 10 年（最长为 15 年）的评估数据。图 6.1 为我们已搜集地块数据的郡在佐治亚州的地域分布以及数据的年份跨度。地块数据包含了所有的土地和房产种类，居住、商业、工业以及农业用地均包括在内。

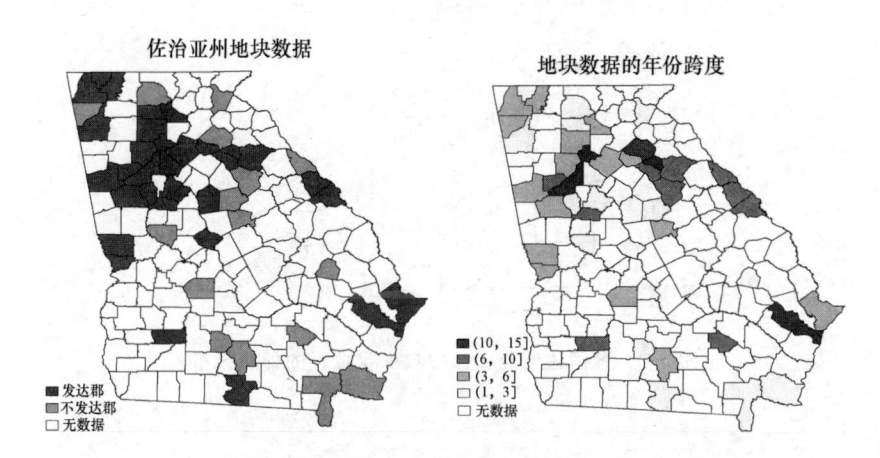

图 6.1 美国佐治亚州已搜集地块数据的郡域分布和时间跨度

这里聚焦于从福利效应的角度对居民房地产税的纳税意愿进行分析。因此，除了地块本身的各类特征之外，我们还需要每一个地块详细的房地产税信息。鉴于数据的可得性，我搜集了 24 个郡在 2011 年和 2012 年每一个地块的房地产税数据，其中包括了地块对不同类型的地方政府（郡、市、学区和特别区等）分别的房地产税税额。图 6.2 为已搜集的税收数据在美国佐治亚州的郡域分布。结合地块的市场估值和相应特征数据，本章将主要利用 2012 年的数据进行分析和结构展示，

---

① 亚特兰大都市区（Atlanta metro area）的概念于 1950 年首次提出，其核心区包括 Fulton、DeKalb、Gwinnett、Cobb 和 Clayton 等 5 个郡。

同时用2011年的数据进行稳健性检验。另外，尽管数据中包括居住、商业、工业不同的房产类型，这里的福利效应只限于对居住房产进行分析。同时，为了分析房地产税本身在房价上所体现出的正的或负的福利效应，我们在分析中删除了所有房地产税税额为零的地块。

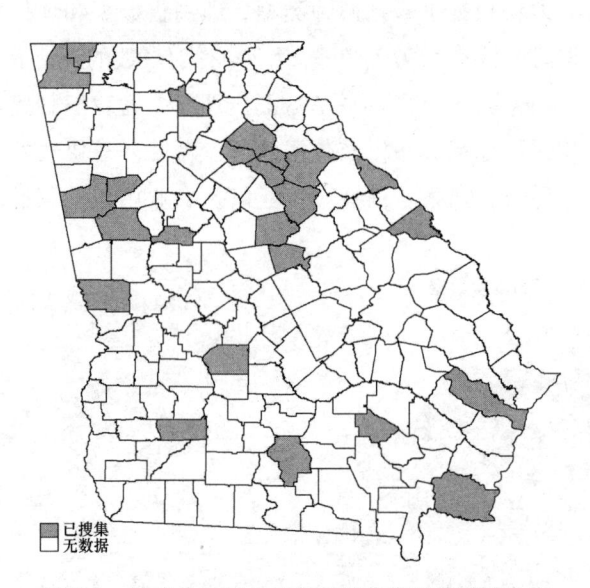

图6.2 美国佐治亚州已搜集税收数据的郡域分布

四 传统资本化模型的缺陷与改进

本节从 Oates（1969）传统的资本化模型出发，逐步探讨如何通过对分析层次的改进和对模型的细致变换得到分析房地产税净福利效应的模型。Oates（1969）资本化模型为：

$$\ln(Value_j) = \beta_0 + \beta_1 \ln(Tax_{ij}) + \beta_2 \ln(Service_j) + \gamma_1 X + \varepsilon_i$$

其中 j 为政府区域（一般为公共服务的提供单位，如郡），$Value$ 为该区域的房产价值中位数，$Service$ 为公共服务，Tax 为该区域房地产税的有效税率。X 为其他相关的控制变量。可以看出，这里的分析单位为政府区域，通过比较不同区域房地产税有效税率和公共服务的差异来测算税率和公共服务的资本化。但是，从房地产税的福利效应来看，这里仅仅粗略估计了不同区域的房地产税可能带来福利效应的加总。但福利效应本身是一个涉及每一个微观家庭的问题，且在同一区域中不同的收入群体、不同的家庭结构的房地产税福利效应都会有所差异。对于区域内的差异，以区域为分析单位的传统资本化模型显然不能告诉我们任何信息。因此，传统的资本化模型可以证明的是资本化现象的存在，对于进一步细致测算房地产税的福利效应则需要对家庭（地块）微观侧面的分析。

以资本化理论为基础，仍然基于房地产税和公共服务均会资本化到房价之中。以微观数据为基础的面板数据模型框架为：

$$\ln(Value_{ijt}) = \beta_0 + \beta_1 \ln(Tax_{ijt-1}) + \beta_2 \ln(Service_{ijt-1}) + \gamma_1 X + \mu_i + \delta_t + \varepsilon_{it}$$

其中，i 为区或县，j 为房产，t 为年份。Value 为房产价值，Service 为不同类别的公共服务（存量），Tax 为房地产税（有时也使用房地产税有效税率）。X 为包含了区县经济社会财政等状况和房产特征的各种控制变量（有些为高阶项）。根据资本化理论，房地产税对房价的资本化为负，公共服务对房价的资本化为正，即

$$\beta_1 = \frac{\Delta Value/Value}{\Delta Tax/Tax} < 0$$

$$\beta_2 = \frac{\Delta Value/Value}{\Delta Service/Service} > 0$$

假设房地产税被完全资本化到房产价值中，我们即可以通过比较某一种公共服务支出（如教育或医疗）和房地产税的边际效应，来模拟计算房地产税会带来的福利变化。这里存在两个维度的比较：绝对值和相对值的比较。绝对值的比较建立在公共服务的边际资本化率和房地产税的边际资本化率的比较之上；相对值的比较则是不同地区尤其是相邻地区间的比较。房地产税作为地方税还同时存在空间上的外部性（如溢出效益，其他邻近地区的居民也可以享受到该地区由房地产税提供的公共品），本章中的数据样本相对分散，相邻的地方政府样本不多，因此不考虑相邻地区间的空间溢出效应。在计算出以上回归系数后，令

$$\gamma = (\sum \beta_{2k} \Delta Service_k / Service_k) / (-\beta_1 \Delta tax/tax)$$

其中，k 为不同种类的公共品。当 $\gamma > 1$ 时，增加房地产税的净福利效应为正；当 $\gamma < 1$ 时，净福利效应为负。当然，这只是在强假设条

件下的理论值，在中国房地产税改革的特定背景下，具体设计和计算房地产税收入时，还需要考虑不同人群的具体情况。例如，对低收入者适用支付能力原则，而对高收入者适用受益原则。

但是，虽然我们拥有每个地块缴纳给各个地方政府的房地产税税额，但很难衡量每个家庭从相应的地方政府提供的公共服务中获得了多少受益。而且，房地产税会被用于提供多种不同的公共服务，这使得衡量家庭微观层面的公共服务受益变得更加困难。同时，房地产税与公共服务也是密切相关的，将两者同时放在回归模型中可能还会存在多重共线性问题。

基于以上原因，这里可以先尝试提出一种只包括房地产税的资本化模型，将房地产税和公共服务的共同作用统一到一个变量（房地产税）中。

$$\ln(Value_{ijt}) = \beta_0 + \beta_1 \ln(Tax_{ijt-1}) + \gamma_1 X + \mu_i + \delta_t + \varepsilon_{it}$$

然而，这一模型的问题是，对每一个地块而言，房产价值和房地产税税额都是高度正相关的。也就是说，这里的 β_1 不能衡量房地产税和公共服务共同的资本化。要估计房地产税的福利效应，需要测量房地产税的变化（而不是总额）对房价的影响。我们需要首先知道每一个房产标准化的房地产税负担，然后通过计算每一地块缴纳的房地产税税额与平均有效税率基础上的房地产税税额之差来衡量房地产税与基准额的差异。简单来说，以郡为例。首先，我们用一个郡中所有房产的房地产税总额除以房产总价值得到该郡的房地产税平均有效税率。然后，基于这一平均有效税率，用房产的市场价值乘以平均有效税率计算每一处房产的房地产税基准负担。最后计算房产的实际房地产税税额与基准额的差异（也可用百分比来衡量）。对于城市和学区等其他地方政府也使用同样的计算方法。因此，对于每一个地块 i，我们构造出如下一个衡量房地产税差额的变量[①]。

---

① 另一种构造方式为：$gap_{ij} = Tax_{ij}/Value_{ij} - \dfrac{\sum_i Tax_{ij}}{\sum_i Value_{ij}}$，基于这一模型得到的结果基本一致。

$$gap_{ij} = (Tax_{ij} - \frac{\sum_i Tax_{ij}}{\sum_i Value_{ij}} \cdot Value_{ij}) / (\frac{\sum_i Tax_{ij}}{\sum_i Value_{ij}} \cdot Value_{ij})$$

其中，gap_{ij}即为在区域j的房产i的房地产税税额与基准税额差异的百分比。基于房地产税差异的这一计算方法，我们将房地产税的福利效应模型改进如下：

$$\ln(Value_{ij}) = \beta_0 + \rho * gap_{ij} + \gamma_1 X + \mu_i + \delta_t + \varepsilon_{it}$$

方程中的ρ即为房地产税变化对房价的边际影响，其中包含了相应公共服务的边际影响。这样，房地产税有效税率的差额以及与房地产税紧密相关的公共服务会同时反映在回归系数ρ中。

在现有的资本化模型中，该模型首次对房地产税和公共服务对房价资本化的净效应ρ进行了估计。在该模型的基础上，对净福利的实证分析甚至比现有的资本化文献更加便利，因为这里不需要包括公共服务这一变量，而对公共服务的衡量有时候并不能测量其结果，相反我们测量的是公共服务供给的投入。这里的模型将公共服务的效应纳入了房地产税的变化之中。实际上，在现实中在不同的社区如何使用房地产税确实存在着较大的差异，对房地产税管理的行政效率也会对净福利效应（ρ）产生重要影响。因此，这里的系数ρ即为衡量房地产税变化的净福利效应的参数。不同的公共服务或地方政府类型，不同类别的家庭，社区的同质性和异质性的程度（影响公共服务的管理效率），这些都会对房地产税的净福利效应产生一定的影响。

需要说明的是，这里以资本化模型为基础进行分析，并不是说我们认为资本化可以证明房地产税是受益税，而是说，我们可以将房地产税对房价负的效应以及相应的公共服务对房价正的效应分别看作两者的福利效应在房价中的体现，也正因此，我们可以用公式中的ρ来表示房地产税的净福利效应。

五 分析结果

如前文所述，我们使用美国佐治亚州的数据进行分析，佐治亚州地方政府之间的差异化特征提高了我们结果的稳健性。佐治亚州郡的数量

现代房地产税：美国经验与中国探索

较多也为我们进行州内分析提供了充分的地区差异以进行有价值的分析。例如，在 2011 年，房地产税占总收入的比重从 20% 到 80% 不等，说明不同郡政府的收入结构差异很大。在数据的基础上，本节对房地产税的净福利效应在不同的政府类型、不同的收入群体和不同的社区异质性程度中的差异进行细致的分析和比较。这里使用的回归模型如下：

$$ln(Value_{ij}) = \beta_0 + \rho \cdot gap_{ij} + \gamma_1 X + \mu_i + \delta_t + \varepsilon_{it}$$

其中区域 j 包含了不同的地方政府类型。这里主要分析每一个地块（微观家庭）缴纳给州、郡、学区和城市等四个不同政府的房地产税反映到房价中的净福利效应，并将净福利效应的差异在以下三个维度进行相对全面的比较。

表 6.2　房地产税在不同政府类型中的净福利效应

郡代码	州税		郡税		学区税		城市税	
13005	-0.188***	(0.037)	0.596***	(0.099)	-0.0341	(0.077)	-0.274	(0.173)
13009	-0.157***	(0.014)	0.601***	(0.039)	-0.514***	(0.039)	-0.215***	(0.044)
13013	-0.221***	(0.018)	0.340***	(0.029)	-0.156***	(0.028)	-0.117	(0.137)
13039	-0.0623***	(0.015)	0.156***	(0.028)	-0.257***	(0.028)	-0.274***	(0.022)
13047	-0.0908***	(0.011)	0.029	(0.025)	0.0930***	(0.034)	0.0843***	(0.028)
13059	-0.136***	(0.017)	1.299***	(0.070)	-0.224***	(0.064)	-0.102*	(0.056)
13077	-0.102***	(0.011)	0.307***	(0.018)	-0.291***	(0.020)	0.788***	(0.027)
13093	-0.151***	(0.025)	-0.258***	(0.093)	0.217***	(0.079)	-0.105***	(0.030)
13095	-0.135***	(0.011)	-0.530***	(0.073)	0.268***	(0.037)	0.710***	(0.059)
13097	-0.126***	(0.020)	0.311***	(0.053)	0.0936***	(0.043)	0.0530*	(0.029)
13145	-0.103***	(0.017)	0.215***	(0.037)	-0.0813*	(0.042)	-0.299***	(0.036)
13157	-0.0143	(0.013)	0.0133	(0.027)	-0.140***	(0.017)	0.157***	(0.016)
13181	-0.221***	(0.041)	-0.524***	(0.126)	0.701***	(0.109)	1.609***	(0.233)
13219	-0.0307	(0.019)	-0.0498	(0.081)	-0.0425	(0.083)	-0.0548*	(0.032)
13221	-0.114***	(0.030)	-0.149*	(0.087)	0.278***	(0.095)	-0.250***	(0.044)
13245	-0.120***	(0.006)	0.377***	(0.016)	-0.185***	(0.018)	-0.0784***	(0.019)
13255	-0.151***	(0.011)	0.160***	(0.023)	-0.147***	(0.023)	0.497***	(0.029)
13295	-0.126***	(0.018)	0.249***	(0.025)	-0.100***	(0.027)	0.288***	(0.049)
平均	-0.125	0.175	-0.029	0.134				

注：显著性程度为 * $p < 0.10$，** $p < 0.05$，*** $p < 0.01$。

（一）不同的政府类型

我们首先对不同郡的房地产税在不同政府之间的净福利效应进行比较。如表6.2所示，房地产税缴纳给不同政府的部分所产生的净福利效应有显著差异。总的来说，房地产税缴纳给州政府部分的净福利效应显著为负，这与实际基本相符。由于缴纳给州政府的房地产税多少与当地的公共服务水平基本没有联系，因此这部分房地产税的福利效应基本上均为负数。而缴纳给郡政府和市政府的房地产税平均来说体现为正的净福利效应，这是由于这部分房地产税与可以获得的公共服务直接相关。从净福利效应量化的角度看，平均来说，对州政府的房地产税税额每上升1%会使房价下降0.12%。相应地，对郡政府和市政府的房地产税税额每上升1%，平均的净福利效应会使房价分别上升17%和13%。

学区房地产税的净福利效应在不同的郡差异较大，体现出很高的不一致性。一个可能的原因是，学校与其他公共服务有所不同，私立学校的存在打破了公立学校的绝对垄断。私立学校的存在，使得富裕的家庭完全可以选择一个普通的学区居住而将子女送到私立学校接受良好的教育。这样就会导致即使某个学区公共教育的质量一般，该区域也会同时存在对教育有不同偏好的家庭。尤其私立学校这一选择的存在，一个区域的家庭对教育偏好的差异会远远大于对其他公共服务偏好的差异。因此，对很多就读私立学校的家庭来说，学区房地产税与相应的公立教育受益可以产生一定的偏离，学区房地产税的净福利效应在不同区域的差异可以很大。

将表6.2的结果结合每个郡的人均收入以图6.3的方式进行展示，可以进一步看出房地产税的净福利效应在不同地区的差异。州政府房地产税的净福利效应一直为负，但随着郡人均收入的上升，负的净福利效应有缩小的趋势，这印证了前文富人私人消费的边际效用比穷人低的假设。学区房地产税的净福利效应则由于不同家庭的差异选择互相抵消（选择公立学校家庭的净福利效应为正，选择私立学校家庭的净福利效应为负），不同收入层次地区的学区房地产税净福利效应均维持在零左右。郡房地产税和市房地产税的净福利效应则在人均收入不同的地区表现出了明显的差异。其中，随着人均收入的提高，郡房地产税的净福利效应逐渐减小,而市房地产税的净福利效应则逐步扩大,但两者的净福利效应一直为正。这是由于郡政府提供的更多的是低收入群体比较需要的较为基本的公共服务,而市政府提供的则是更具城市化特征的相关公共服务,这也是高收入群体更加偏好的。

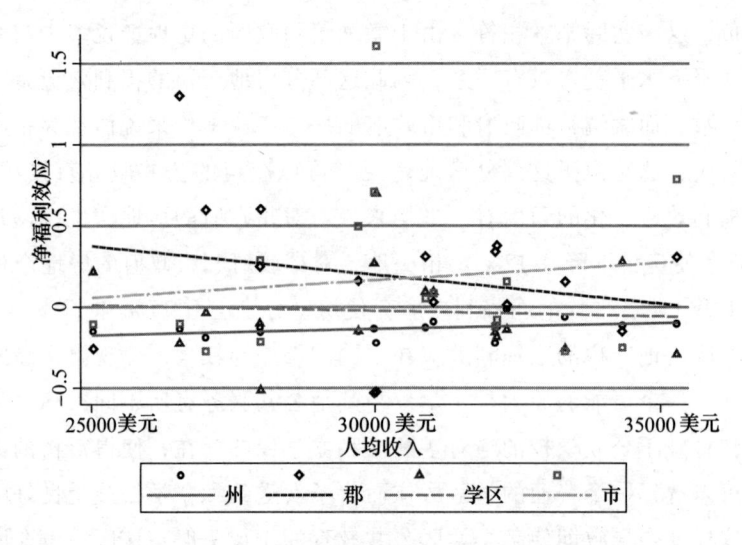

图 6.3 房地产税的净福利效应在不同地区的差异

由于数据中每一个地块均根据地理位置特征被界定为城市地块或乡村地块,我们可以进一步对城市地块和乡村地块的房地产税净福利效应分别进行测算。比较城市地块和乡村地块房地产税的净福利效应(图 6.4 和图 6.5),可以发现,从数值大小的角度看,城市地块房地产税的净福利效应要显著大于乡村地块。同时,如前文所说,选择在乡村居住的家庭更多的是倾向于首先满足私人消费对公共服务偏好较弱的家庭,正是这样的家庭才会选择在公共服务并不发达的乡村居住。因此,乡村地块不同政府房地产税的净福利效应在不同的收入层次之间没有显著差异,且平均趋势线均维持在零轴上下。而城市地块房地产税的净福利效应在不同收入层次的地区之间则有着明显的差异,尤其是郡政府房地产税和市政府房地产税的净福利效应。与总的趋势一致,郡政府房地产税的净福利效应随着郡人均收入的提高逐步下降,而市政府房地产税的净福利效应随着郡人均收入的提高呈现上升趋势。

第六章 美国房地产税的福利效应量化分析

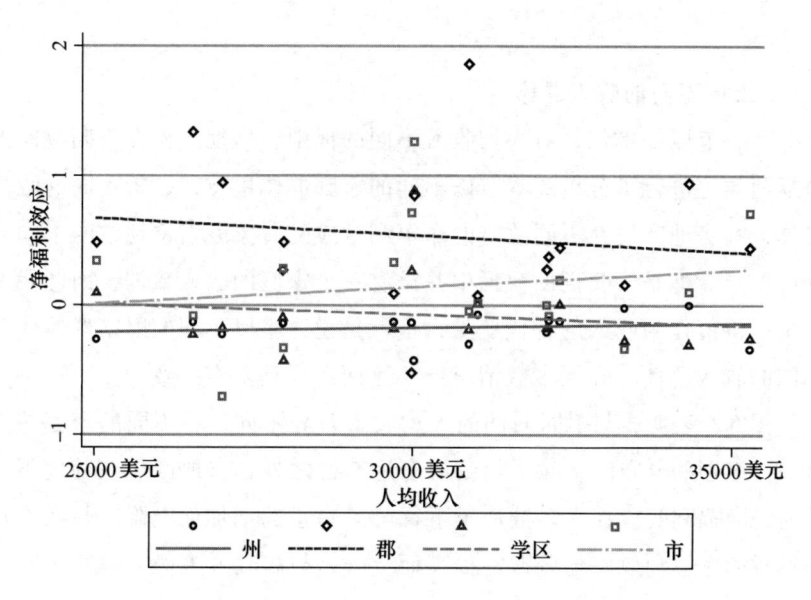

图 6.4 房地产税的净福利效应在不同地区的差异（城市地块）

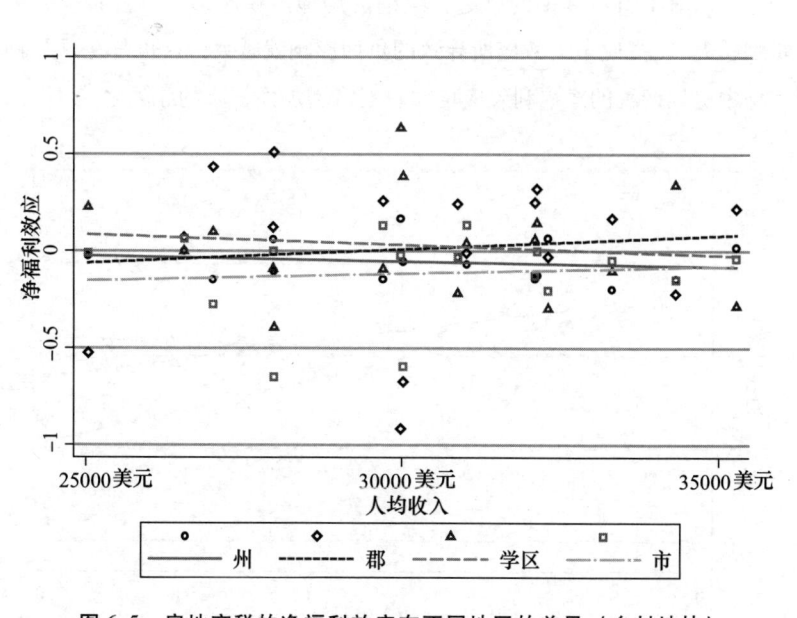

图 6.5 房地产税的净福利效应在不同地区的差异（乡村地块）

（二）不同的收入群体

上一节以郡单位，对人均收入不同的郡中，房地产税在不同政府的净福利效应进行了分析。本节以不同的家庭群体单位，分析不同的收入群体，其房地产税在不同政府的净福利效应随着家庭财富地位的不同有哪些差异。但是，我们的数据中并没有每个家庭的收入数据，因此我们以房产价值作为收入的替代变量，也就是说这里以不同的财富群体代替不同的收入群体。在大多数情况下，这两者也是基本一致的。

图 6.6 表明，与不同的郡的人均收入差异不同，将不同的家庭按财富进行组别的分布时，除了州政府房地产税之外，房地产税在其他不同政府的净福利效应在大多数情况下都随着财富的增加而下降。州政府房地产税的净福利效应随着财富提高而上升，与高收入人群的财富边际效用相对较低一致。而对于其他几种地方政府（郡、市、学区），房地产税的净福利效应随着财富增加而下降，这从另一个角度证明了"搭便车"效应的存在。对于财富越多的家庭，缴纳的房地产税越多，对公共服务供给的贡献越大，"搭便车"效应所导致的负面影响就越大，这也是在这几种政府类型中房地产税的净福利效应均随着财富增加而下降的原因之一。

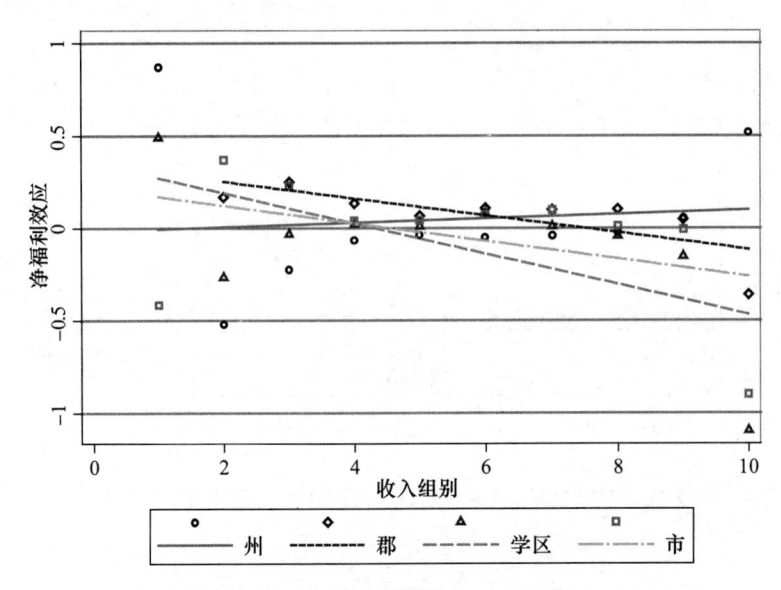

图 6.6 房地产税的净福利效应在不同财富群体的差异

第六章 美国房地产税的福利效应量化分析

我们进一步将房地产税的净福利效应在不同财富群体的差异分为城市地块和乡村地块独立计算。图6.7和图6.8的结果表明，城市地块和乡村地块的房地产税在不同财富群体中的净福利效应完全不同。首先，当仅考虑城市地块时，搭便车效应对郡政府房地产税的净福利效应显著降低。只有真正需要城市服务的群体才会选择住在城市，郡政府提供的相应公共服务对城市地块效应的局限性抑制了搭便车效应。因此，对财富越多的群体搭便车效应下降越多，使得郡政府房地产税的净福利效应随着财富的增加而提高。这在郡政府的房地产税净福利效应中表现最为明显，可能的原因是在一个郡的不同区域，高收入群体会选择对自身有益的公共服务作为自己的居住地，样本的自我选择使得他们会选择住在净福利为正的区域。而低收入群体很多时候限于自身的能力和工作区域，对居住地选择的灵活性相对较弱。同时，由于城市地块规划限制（zoning）的存在，会大大提高房地产税与公共服务匹配的程度，在剔除了搭便车效应后，拥有财富越多的群体，房地产税的净福利效应越高。由于财富的边际效用递减，州政府房地产税的净福利效应也随着收入的增加逐步提高。

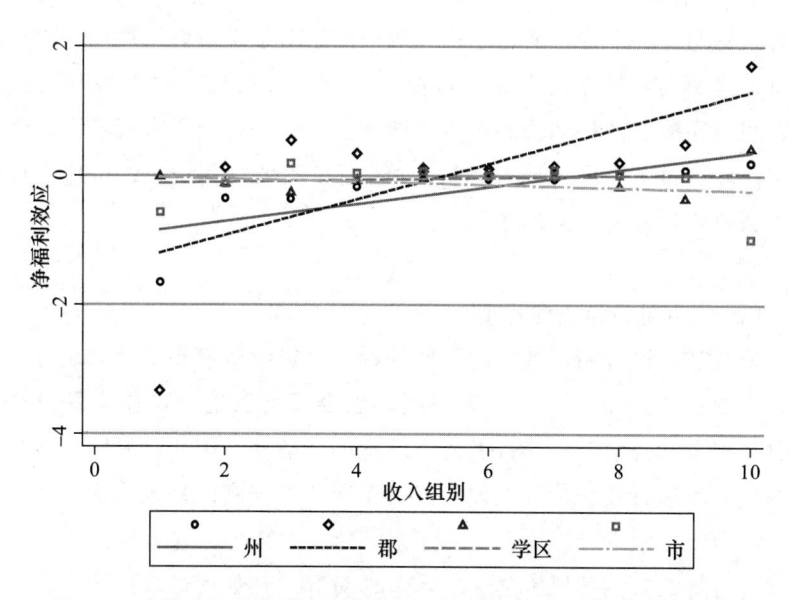

图6.7 房地产税的净福利效应在不同财富群体的差异（城市地块）

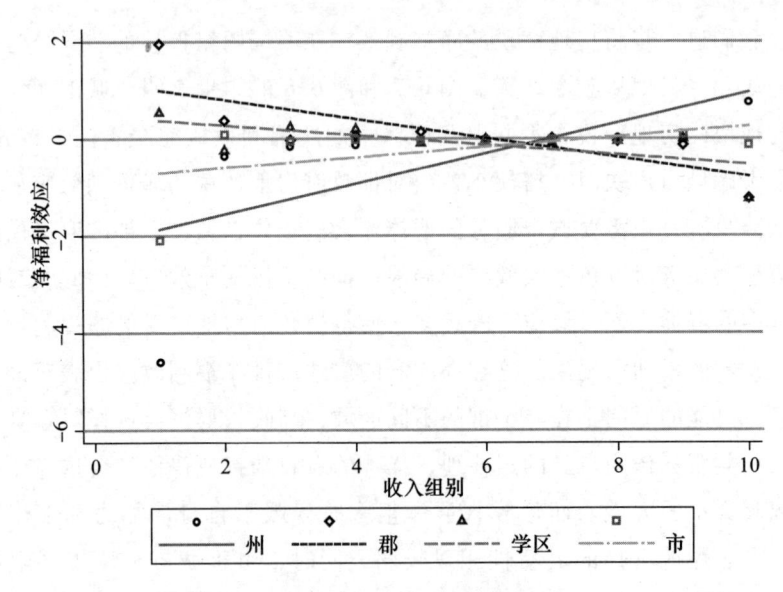

图 6.8 房地产税的净福利效应在不同财富群体的差异（乡村地块）

对于乡村地块，由于房产价值相对较低，也往往缺乏规划限制的约束，因此房地产税的净福利效应基本由"搭便车"效应所左右。如图 6.8 所示，郡政府和学区政府房地产税的净福利效应随着家庭财富的增加均具有明显的下降，而且净福利效应的绝对值随着财富增加会由正转为负，这说明乡村地块中的"搭便车"行为盖过了房地产税与公共服务之间的匹配。乡村地块的城市房地产税净福利效应则有所不同，由于城市区域具备了更多的规划限制，"搭便车"的空间减小，房地产税的净福利效应随着财富增加而提高。

（三）不同的异质性程度

公共品理论表明，社区的异质性程度会影响政府提供公共服务的效率，会影响"搭便车"的行为空间，也会影响房地产税作为受益税使税收承担者和公共服务受益者进行匹配的可能性。因此，异质性会直接影响地方政府行政和治理的效率。一个同质性很高的社区所提供的公共服务趋向于一致性，"搭便车"行为也会大大减少，这也是需要对不同区域进行规划限制的原因之一。本节即对异质性如何影响房地产税在不同政府中的净福利效应进行分析探讨。

这里的异质性是基于各郡的房产价值的变异系数（coefficient of variation）而得，因而此处的变异系数是郡一级的测量指标。从图 6.9 的结果可以看出，由于州政府房地产税不产生公共服务受益，社区异质性对其福利效应基本没有影响。而对郡政府来说，随着异质性程度的提高，房地产税的净福利效应明显下降，证实了异质性对公共服务供给和政府管理效率的负面影响。市政府房地产税的净福利效应则基本不受异质性程度的影响，其原因是郡政府层面的异质性程度包含了一个郡中的城市区域（incorporated area）和非城市区域（unincorporated area）。仅仅从城市区域来看，因为选择到城市居住的家庭对公共服务往往有更高的需求偏好，市内的同质性程度是比较高的，城市内的异质性程度要远远低于整个郡的异质性程度。学区房地产税的净福利效应则随着郡内异质性程度的提高显著上升，这是由于前文所提到的学区这一公共服务所具备的较强可替代性特征，学区这一公共服务的差异化程度提高，郡内异质性程度的提高反而会增加学区房地产税的净福利效应。

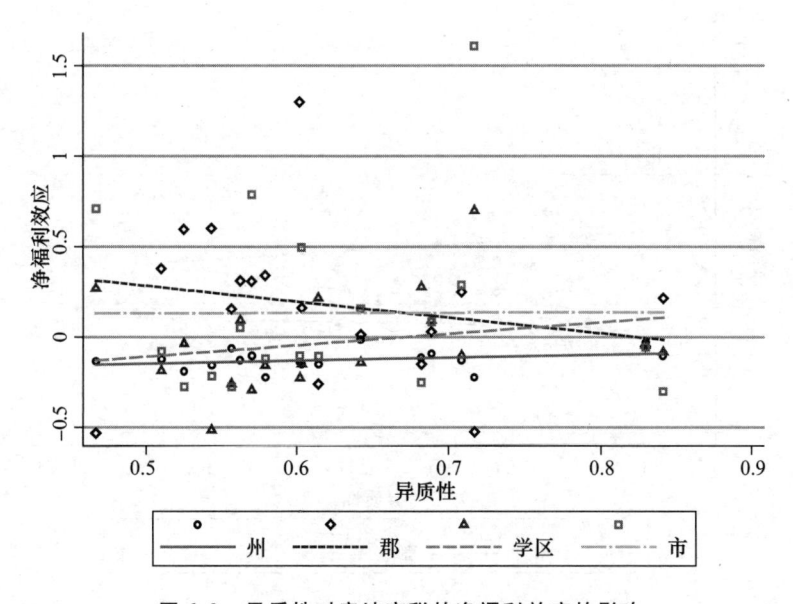

图 6.9 异质性对房地产税的净福利效应的影响

从城市地块和乡村地块分别来看，如图 6.10 和 6.11 所示，郡内家庭的异质性程度对房地产税的净福利效应的影响有很大差异。对乡村地块来说，房地产税的净福利效应基本不受异质性程度的影响，与前文类似，这主要有两个原因。第一，无论郡内的异质性程度高低，乡村地块内部的异质性会大大减少。第二，乡村地块房地产税的净福利效应本身就很小，随着异质性的变化也无大的变动。由于对公共服务偏好不强的群体才会选择居住在乡村地块，这也是居民的主动选择所致。对城市地块来说，房地产税的净福利效应就大不一样。由于乡村地块房地产税的净福利效应相对很小，所有地块总的房地产税净福利效应（图 6.9）基本与城市地块房地产税的净福利效应（图 6.11）相一致。首先，州政府房地产税由于不带来相应的公共服务受益，其净福利效应始终为负且不受异质性程度的影响。其次，郡政府房地产税的净福利效应随着异质性程度的提高有明显下降的趋势，其原因是异质性会不同程度地对政府效率和公共服务受益程度产生影响。最后，市政府和学区政府房地产税的净福利效应随着异质性程度的提高均明显上升。这是由于居民对市政

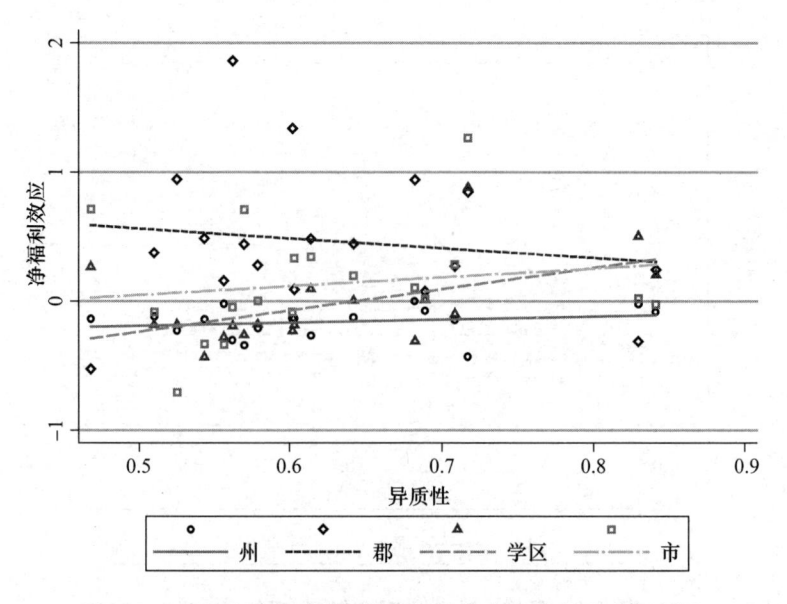

图 6.10 异质性对房地产税的净福利效应的影响（城市地块）

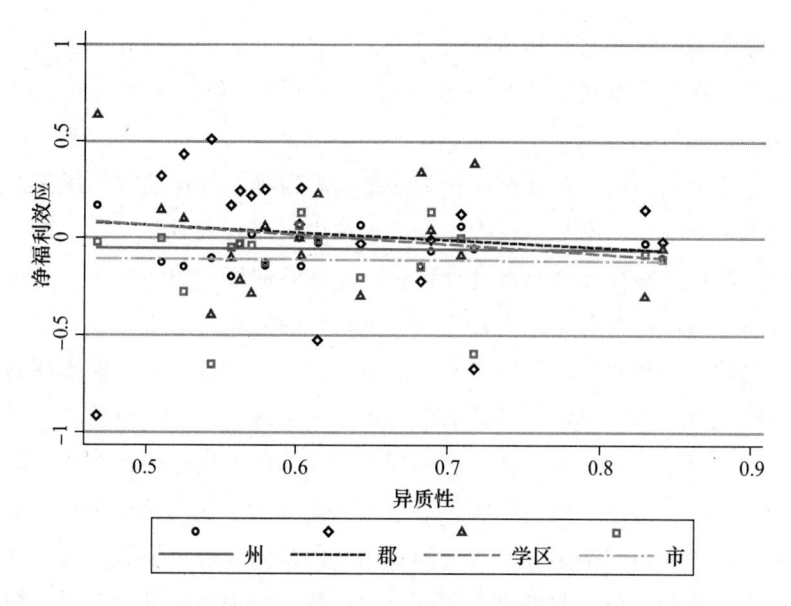

图 6.11　异质性对房地产税的净福利效应的影响（乡村地块）

府和学区政府提供的相应公共服务有差异化需求，这种异质性的存在恰恰可以满足这部分需求，从而提高了这部分房地产税的净福利效应。这里不同类型地方政府房地产税的净福利效应的比较，可以看出，不同的公共服务所导致的公共服务偏好会直接影响房地产税的净福利效应。净福利效应在不同类型地方政府的差异，也同时说明了房地产税用于哪种公共服务会影响不同居民的纳税意愿。

六　结论与政策建议

本章基于相关的基础理论和美国佐治亚州 24 个郡的地块详细数据，在改进传统资本化模型的基础上，分析了房地产税在不同情景下的净福利效应。当比较不同政府房地产税的净福利效应时，结果发现不同政府房地产税的净福利效应显著不同，且一个地区的平均富裕程度（人均收入）、居民的收入和财富的状况，以及一个地区的异质性程度等这些因素对房地产税对净福利效应都会产生重要的影响。这也表明了居民对不同的公共服务类型有着很明显的偏好差异。房地产税净福利效应和居民偏好在不同地区之间和不同的政府类型之间的显著差异进一步说明了房地产税作为地方税,有地方政府进行税制设计和征收管理的充分必要性。

对于中国来说,房地产税作为一个新的税种,如何能够让居民充分接受房地产税,而不是仅仅看作是政府缺少财政收入时攫取居民财富的一项手段?在整个社会对房地产税仍然存在普遍疑问的情况下,对房地产税在中国的净福利效应进行充分深入的探讨则显得尤为重要。基于房地产税的净福利效应在美国背景下的考察,对于中国房地产税改革的意义我们至少可以得出以下三点启示。第一,中国房地产税的推进在不同的地区进行差异化的制度和管理设计具备充分的理论基础。在哪些城市首先推行,将房地产税用于提供哪些公共服务,这些问题均应在翔实的精确计算和评估的基础之上进行因地制宜的规划设计。第二,一个地区的收入水平和异质性程度决定了这一地区施行房地产税可能获得正的净福利效应的基础,但能否实际获得正的净福利效应仍然取决于当地政府对居民偏好的把握从而提供最急需的公共服务,以及政府在现有异质性水平对管理效率的提高和改善。第三,净福利效应从另一个侧面说明了居民对房地产税的支付/纳税意愿。净福利效应为正说明居民缴纳房地产税获得相应的公共服务受益可以总体上提高整个家庭的总效用,此时居民应该倾向于愿意主动缴纳房地产税。我们与居民谈论房地产税时绝大多数都是不愿意缴纳的态度,这是对于居民来说,缴纳房地产税带来的负效用是确定的,而缴纳房地产税随着带来的公共服务受益则是基于一定概率的期望值。在当前政府信任度较低的背景下,居民不愿意相信政府会将这些房地产税用于相应的公共服务,因此赋予的低概率导致了对应的公共服务受益的期望值很低。所以,中国的房地产税改革要得到真正大多数居民的支持[1],必须提高公共服务受益的期望值。这需要政府通过部分区域试点的示范性效应以及真正提高政府透明度和落实居民对政府监督的权利和途径来实现。

全书至此为上半部分,我们讨论了美国房地产税理论和实践的方方

---

[1] 我们基于中国数据的一项研究表明,基于一定的税制要素设计基础上,房地产税净福利效应为正的家庭数量可以达到近80%。

面面。结合美国房地产税的历史演变、地方政府的财政收支结构、不同类型地方政府之间叠加和复杂的关系、房地产税的征收实践、州际差异和福利效应的量化分析，我们对美国房地产税进行了全方位的探讨。那么，美国的房地产税实践以及对居民和政府各方面的影响对中国的房地产税改革具有什么样的意义？中国房地产税的改革之路将如何进行，与美国房地产税会有什么样的关系？本书下半部分将从中国的实际国情出发，同时结合理论的一般性，对中国的房地产税未来改革的理论依据和制度设计的进行全方位展望。

参考文献

[1] 李林木、赵永辉：《公共品供给效率对高收入者纳税遵从决策的影响——基于前景理论的分析》，《财政研究》2014年第10期。

[2] 李祥、高波等：《公共服务资本化与房价租金背离——基于南京市微观数据的实证研究》，《经济评论》2012年第5期。

[3] 梁若冰、汤韵：《地方公共品供给中的 Tiebout 模型：基于中国城市房价的经验研究》，《世界经济》2008年第10期。

[4] 刘成奎、李纪元：《直接税比重、税务检查与税收遵从度》，《当代经济研究》2014年第10期。

[5] 汤玉刚、陈强等：《资本化、财政激励与地方公共服务提供——基于我国35个大中城市的实证分析》，《经济学（季刊）》2016年第1期。

[6] 赵安平、罗植：《扩大民生支出是否会推高房价》，《世界经济》2012年第1期。

[7] 赵永辉：《税收公平、纳税意愿与纳税人遵从决策——基于有序 Probit 模型的实证研究》，《云南财经大学学报》2014年第3期。

[8] Bradbury, K. L., Mayer, C. J., & Case, K. E. (2001). "Property Tax Limits, Local Fiscal Behavior, and Property Values: Evidence from Massachusetts under Proposition 212". *Journal of Public Economics*, 80 (2).

[9] Brasington, D. M. (2001). "Capitalization and Community Size". *Journal of Urban Economics*, 50 (3).

[10] Hamilton, B. W. (1976). "Effects of Property Taxes and Local Public Spending on Property–Values–Theoretical Comment". *Journal of Political Economy*, 84 (3).

[11] Haughwout, A. F. (2002). "Public Infrastructure Investments, Productivity and

Welfare in Fixed Geographic Areas". *Journal of Public Economics*, 83 (3).

[12] Hoyt, W. H. (1999). "Leviathan, Local Government Expenditures, and Capitalization". *Regional Science and Urban Economics*, 29 (2).

[13] Oates, Wallace E. (1969). "The Effects of Property Taxes and Local Public Spending on Property Values: An Empirical Study of Tax Capitalization and the Tiebout Hypothesis". *Journal of Political Economy*, 77 (6).

[14] Oates, W. E. (1973). "Effects of Property Taxes and Local Public Spending on Property Values – Reply and yet Further Results". *Journal of Political Economy*, 81 (4).

[15] Palmon, G., & Smith, B. A. (1998). "New Evidence on Property Tax Capitalization". *Journal of Political Economy*, 106 (5).

[16] Pollakow, H. O. (1973). "Effects of Property Taxes and Local Public Spending on Property Values – Comment and Further Results". *Journal of Political Economy*, 81 (4).

[17] Reinhard, R. M. (1981). "Estimating Property – Tax Capitalization – a Further Comment". *Journal of Political Economy*, 89 (6).

[18] Ross, Stephen, & Yinger, John. (1999). "Sorting and Voting: A Review of the Literature on Urban Public Finance". In Cheshire Paul & S. Mills Edwin (Eds.), *Handbook of Regional and Urban Economics* (Vol. Volume 3, pp. 2001 – 2060): Elsevier.

[19] Yinger, John. (1982). "Capitalization and the Theory of Local Public – Finance". *Journal of Political Economy*, 90 (5).

[20] Yinger, John. (2015). "Hedonic Markets and Sorting Equilibria: Bid – function Envelopes for Public Services and Neighborhood Amenities". *Journal of Urban Economics*, 86 (March).

下篇
中国探索

第七章　中国房地产税改革的理论探索

——用脚投票与地方政府竞争

中国房地产税改革的探索一直在进行之中。专家学者和相关政府部门对房地产税税制要素的各个方面，以及发达国家的一些经验启示均进行了探讨。本章结合用脚投票促进地方政府竞争的模型，从纯粹理论的角度探讨房地产税改革要达到应有的完善财税体系、改进地方治理的作用，在政府层级归属、征收设计、税收使用、基层治理和预算透明等方面需要哪些税制设计和制度安排。在中国当前背景下，地方政府的政治激励依然来自上层政府，户籍制度的存在也严格限制了居民用脚投票的可能性或是增加了其成本和难度。本章最后结合中国现有经济社会背景和制度框架，分析房地产税提高地方治理水平的相应特征和逻辑链条在中国如何得到恰当运用，以及需要哪些配套的制度改革。

在大多数发达国家，房地产税收入主要归于地方政府，同时将其用于地方基本公共服务。其理论基础是：如果基层政府太依靠转移支付，会产生居民的偏好显示、运作效率和基层政府责任缺失的现象。在基层建立税收与公共服务之间的紧密联系是民主治理和财政管理中非常重要的问题。从这种意义上讲，房地产税既会影响收入端，也会影响支出端；房地产税可通过公共选择机制影响基层政府治理、调整政府间关系及政府的运行效率。

房地产税作为受益税能够有效提高地方治理水平，如图7.1所示，这一结论是基于从房地产税、公共服务、房产价值（税基）到更多的税收收入这一完整的逻辑链条得出的。首先，房地产税的收入用于基本公共服务的支出责任。良好的公共服务供给又会被资本化到房价之中，使本地区的房地产市场价值提高，从而增加房地产税的税基。这样可以形成一个良性循环：政府提供公共服务，公共服务供给使本地区房价升值，税基增加使房地产税收入提高。这样的循环可以使得政府有充分的动力来提供公共服务支出，在一定程度上改变当下中国地方政府过于重视发展型支出、轻视服务型支出的问题。

房地产税 ▶ 公共服务 ▶ 房产价值（税基）▶ 税收收入 ▶ 更好的公共服务

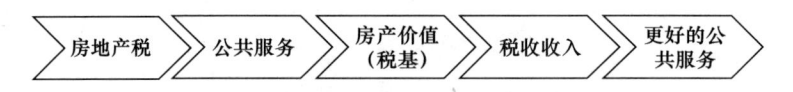

图 7.1　房地产税提高地方治理的逻辑

Tiebout（1956）证明了在满足相应基本假设的条件下，居民用脚投票的机制可以促进地方政府竞争，提高公共服务供给的效率和质量。在中国当前背景下，地方政府的政治激励依然来自上层政府，户籍制度的存在也严格限制了居民用脚投票的可能性或是增加了其成本和难度。因此，在现有经济社会背景和制度框架下，房地产税能够提高地方治理水平的相应特征和逻辑链条能否得到恰当的运用？具体来说，本章尝试回答以下两个问题：①如果中国未来的房地产税设计也将其作为地方税且赋予基层政府充分的征收管理权和支配权，在中国背景下将如何实现从房地产税到地方治理完善的过程？②在现有制度框架下，需要哪些制度设计和政策变化来提高地方治理水平，在地方政府层面实现国家治理体系和治理能力的现代化？

一　Tiebout 模型基本假设

基层治理离不开居民与地方政府之间的关系以及不同地方政府尤其是相邻政府之间的竞争。Tiebout（1956）在理论上描绘了在基层治理中，居民如何通过用脚投票的方式促进地方政府竞争，从而使得地方政府的支出从满足居民的需求和公共选择偏好出发，最终提高地方公共服务的供给效率。但这一场景的实现需要满足诸多基本假设（Tiebout，1956；曹荣湘，2004）。

(1) 消费者（选民）完全自由流动。一个社区的消费者可以不受制度法规的约束，根据自身对各类公共服务和设施的偏好自由迁入另一个社区。①

(2) 消费者对不同政府的收入和支出（税收和服务）的组合差异具有完全的信息，因此可以对这些差异作出应对。②

(3) 存在许多社区。社区的数量足够多，使每个居民都能选择居住在满足自己需求的社区。③

(4) 不考虑就业机会对迁移的限制。假设所有居民都靠股息来维持生活，迁移是无成本的。④

(5) 各社区之间提供的公共服务，不存在外部经济或外部不经济。即假设不考虑公共服务的外部性。⑤

(6) 每个社区提供公共服务的模式都是由城市管理者根据原有住户的偏好设定。因此，根据社区人口规模和提供公共服务的成本收益分析，存在一个最优的社区规模。⑥

(7) 没有达到最优规模的社区试图吸引新居民，超过最优规模的社区做法相反。刚好处于最优规模的社区则力图保持其人口数量不变。⑦

要同时完全满足这些假设条件几乎不可能，即使是成熟发达国家的地方政府也离这里的理想状态有很大的距离，学者在此基础上也进行了很多相关的延伸研究，以及对 Tiebout 模型的缺陷进行了探讨分析。但 Tiebout 模型确实为提高地方治理水平提供了一个重要的理论视角，为

---

① 原文为（下同）：Consumer - voters are fully mobile and will move to that community where their preference patterns, which are set, are best satisfied.

② Consumer - voters are assumed to have full knowledge of differences among revenue and expenditure patterns and to react to these differences.

③ There are a large number of communities in which the consumer - voters may choose to live.

④ Restrictions due to employment opportunities are not considered. It may be assumed that all persons are living on dividend income.

⑤ The public services supplied exhibit no external economies or diseconomies between communities.

⑥ For every pattern of community services set by, say, a city manager who follows the preferences of the older residents of the community, there is an optimal community size.

⑦ The last assumption is that communities below the optimum size seek to attract new residents to lower average costs. Those above optimum size do just the opposite. Those at an optimum try to keep their populations constant.

完善地方治理指明了方向。需要指出的是，尽管这里关于社区治理的理论场景是基于西方基层社会的背景提出，但除了一些大的制度约束如中国的户籍制度以外，对社区之间的关系及居民在其中的角色的假设具有相当程度的普适性。当然，不同的社会对这 7 项假设满足的程度会有所不同。总而言之，几个核心的要素是：居民的自由迁移、对政府信息的充分把握、社区将满足当地居民的偏好作为政策目标，以及不同社区之间的竞争。这些假设条件较多地体现了基层治理的一般性，下面我们讨论基于这一框架，中国的房地产税在理论上如何设计以及需要什么样的制度保障才能真正利用好房地产税这一治理工具。

二　税制设计与制度保障

Tiebout 模型只是提供了一个地方治理的理论场景，在政府收入中并没有专门提及房地产税。但房地产税在其中扮演着连接政府收入和支出，从而建立起居民和政府之间直接联系的作用。在中国现有的政治框架和制度背景下，房地产税如何能够达到改善地方政府治理的作用？房地产税的税制要素设计需要关注哪些方面，在制度上又需要哪些保障才能使房地产税的税制设计真正得到有效实施？本节基于理论从政府层级、税收使用、预算透明和基层治理等几个方面进行分析。

（一）政府层级

从当下不同国家的房地产税实践，房地产税不可移动的税基（房产）与居民日常生活直接相连，以及房地产税与地方治理的关系来看，房地产税显然应该作为地方税进行征收管理。Tiebout 基层治理的模型也说明了由于公共服务的偏好差异和不同的偏好显示，同时需要有足够的社区数量。因此，由低层级政府提供才更有效率，也更有可能满足数量多、多样性大的假设条件。但是，中国省以下的地方政府就有地市、县和乡镇三个层级，到底应该由哪一个层级的政府来承担房地产税的征收和支出责任还有待进一步讨论。[①]

[①] 第八章我们专门从理论的视角来讨论房地产税的政府层级归属。

政府层级的选择涉及房地产税作为受益税的特征及一个政府层级管理某个税种的行政能力和规模经济的综合考虑。一方面，受益税的重要特征是将纳税人和受益人较好地匹配。因此，房地产税的管理层级应该以所提供公共服务的辐射范围的地理边界作为重要的参考因素。当然，不同的公共服务其受益边界可能有所差异，但大多数公共服务的辐射范围具有类似或相近的边界，一个适当的政府层级可以将多数公共服务的边界考虑进去。另一方面，从规模经济的角度考量，由于很多公共服务的非排他性和非竞争性特征，需要政府管理层级达到一定的规模以提高经济效益。因此，房地产税的政府管理层级不能太低，管理层级低会导致没有规模效应，极易产生外部性，不符合Tiebout模型对"不考虑公共服务的外部性"的基本假设。同样，房地产税的管理层级也不能太高，因为管理层级太高就违背了受益税可以匹配纳税人和受益人的功能。前文美国的房地产税由州政府逐步下移至地方政府也正是基于这一原因。

在中国的语境中，中央以下的地方政府包括了省、地市、县和乡镇四级。中国房地产税的政府管理层级到底应该归属于哪一级呢？中国的地方公共服务供给主要由县和地市（主要是区县级）来完成，"处长治国"原本是指中央各部门中诸多事务都是由处级官员在管理处置，实际上，区县基层政府作为主体，在治理国家的重要性上也可适用于"处长治国"的说法。从当前中国地方公共服务的供给结构和政府主体来看，省一级过高，乡镇一级过低。那么，房地产税的管理到底应该归于区县级还是地市级？综合理论分析和发达国家的实践，考虑到中国的实际国情，区县级往往已经人口数量足够多，管理事务的半径足够大，因此中国的房地产税归属于区县级相对比较合适。当然，最终中国房地产税的实践中，到底应该是区县级还是地市级征收管理，以及不同地区是否需要因地制宜在层级归属上也差异化，这些还有待以后进一步的详细深入探讨和分析。例如有些地区人口稀疏，地市级承担了更多的公共服务供给职能，此时房地产税由地市级管理似乎更加合理。另外，房产价值的评估越来越依赖技术手段，批量评估技术也渐趋成熟。从评估的效率来看，对地市级的所有下属区县统一进行评估会有规模效应的优势，同时也可以保证不同区县之间评估的一致性。因此，地市级的统一评估与区县级的征收管理似乎可以将两者统一在一起,这与美国的房地产税实践中郡政府统一评估而市、镇、学区和特别区等政府分别征收与管理是一致的。但在中国这将涉及不同政府层级之间的协调与合作,在一定程度上会增加行政成本,所以最终的实施方案最好仍由各地区根据自身特色分别确定。

(二) 税收使用

房地产税作为治理工具的一个重要特征是可以连接收入和支出的两端。这里的支出之所以重要是由于房地产税用在了与居民密切相关的公共服务上。前文也提到,美国的房地产税主要用于教育、医疗、公共安全等当地社区的基本公共服务,其中教育占房地产税支出的一半左右。从支出的范围来看,房地产税用于当地基本公共服务,提高公共服务供给的经济效率,促进居民监督和政府透明,从而改善政府治理这一逻辑路径已经被理论所证明。但是,房地产税具体应该用于哪些公共服务并没有定论。例如,美国的房地产税在不同地区以及不同类型的地方政府所提供的公共服务也有所区别,再通过不同政府类型的叠加产生了更多的公共服务组合,可以满足各种不同的消费偏好。但总的来说,美国的房地产税提供的公共服务基本上以上文提到的教育、医疗和公共安全等为主,对一些特殊的公共服务需求再辅以特别区的形式来提供。

那么,中国的房地产税应该如何使用?结合中国当前的实际情形,房地产税的使用范围和对不同公共服务的支持力度将很大程度上影响房地产税改革的推进。由于房价偏高,很大一部分居民在房产方面已经倾注了全部之力,因此当听到还要再开征房地产税时,往往无条件反驳。实际上,很多居民在以牺牲生活质量、减小住房面积的方式购买学区房,甚至节衣缩食地从并不高的收入中硬是挤出一大部分用于送自己的孩子去更好的私立幼儿园和中小学,以及各类的课外辅导班和兴趣班。这些现象说明了一个事实,即使仅从教育的角度来看,政府提供的公共服务数量和质量远远不能满足居民的需求,或者说,大部分居民对基本教育这项公共服务有着超过基准和超出政府当下财政能力的更高需求。

房地产税在其中能够扮演什么样的角色?一方面,居民在房产方面已经有了过多的投入,不愿意再添加额外的负担;另一方面,地方政府现在的公共服务支出不能满足居民的需求。如果开征房地产税，同时用于提供这些居民急需的公共服务，又会产生怎么样的结果？这样将很大程度上提高居民对房地产税的纳税意愿，也就相当于将原来需要通过私人消费获得的高质量服务，以缴纳房地产税的形式来实现。正因如此，房地产税的使用需要真正契合居民的实质需求。从这个角度来看，不同地区不同收入层次的居民对急需的公共服务有自己的判断。低收入人群可能会倾向于将不多的收入留下维持基本的生活需求，但他们对教育和公共交通等基本服务也有需要变得更好的呼声，高收入人群则会愿意缴纳一定的房地产税获得更高质量的教育、更好的社区环境和基础设施。但总体来说，在这些基本公共服务之中，基础教育仍然是居民最看重的。因此，房地产税用于基础教育可能会获得居民对房地产税最高的纳税意愿。但同时，基础教育与其他公共服务有着本质的不同，由于每个人都有平等受教育的权利，教育承担着公平正义和促进阶层流动的使命。尤其是在阶层固化趋于严重的背景下，房地产税用于教育后富人和穷人获得的教育质量差异明显加大从而势必加剧阶层固化这一现象，使得社会公平正义可实现的渠道变得更窄。这亦是在美国实践中，房地产税作为地方自主税种令人诟病的缺陷之一，即便是上级政府转移支付的介入也难以解决这一问题。中国的房地产税将如何使用，是否要用于基础教育，如何平衡对居民的纳税激励和地区间差异扩大？房地产税的税收使用在因地制宜的同时还需要继续进行探索。

（三）预算透明

房地产税由基层政府征收管理同时用于提供当地的基本公共服务，要真正做到这一点还需要对地方政府的有效监督。Tiebout模型的其中一个假设即为，消费者对不同政府的收入和支出（税收和服务）的组合差异具有完全的信息。当然，完全的信息是一种理论上的理想状态，在实际中需要的是尽可能多的信息。预算透明是居民获取政府收支信息的最重要渠道。只有预算透明，居民才能真正对政府形成有效的监督，才能保证房地产税用于指定的公共服务。否则，居民如何能够知道房地产税是用于教育而不是行政官员的福利。在预算透明的基础上再加以基层选举等各种公众参与监督政府的途径，可以有效约束地方政府，使之真正将房地产税作为改善地方治理的重要工具。

但在中国，是否可以做到预算透明？对于不少人来说，这是一个大大的问号。中国才刚刚将众多的预算外收支纳入预算管理，至于预算透明还有相当长的一段路要走。在缺乏预算透明的情况下，开征房地产税是不是会产生不利于政府治理的恰恰相反的结果？这里要阐述的问题是，完全的预算透明是不是开征房地产税的必要条件？没有完全的预算透明，是否可以实现房地产税用于当地的基本公共服务？首先，我们可以以一种渐进的方式实现房地产税使用于既定的公共服务。在存量预算的透明难度很大的前提下，以增量预算透明化的方式推动房地产税用于当地基本公共服务。对于新开征的房地产税的收入和支出必须做到完全透明，受居民监督。当然，在存量预算不透明的情况下，政府完全可以通过腾挪的方式躲过监督。例如，若征收的房地产税有1亿元应该用于教育，由于存量预算不透明，地方政府可以在将1亿元房地产税用于教育的同时，将其他来源的1亿元教育支出削减而挪作他用，这样实质上并没有将房地产税真正用于教育。因此，这就需要房地产税支出的几个类别同时实现存量的预算透明，这些类别取决于房地产税用于支出的公共服务种类。

其次，在没有完全的预算透明时，也可以利用充分的地方政府间竞争实现房地产税的有效利用和地方政府的高效治理。在预算不透明时居民无法有效实时地监督地方政府征收房地产税的收入多少和支出范围。但随着时间的推移，居民通过自身对公共服务的体验以及对相邻地区的差异比较，可以发现当地房地产税的税负大小以及房地产税使用的效率高低。在此基础上，居民会根据对当地政府的判断与其他政府进行对比，从而做出驻留或迁移的决定。人口的流入流出直接影响着房价的高低也就是房地产税的税基，地方政府之间的竞争会使各个政府尽可能保持公共服务供给的高效率以留住居民，保持税基的稳定和地方经济的稳步增长。

当然，这里描绘的只是预算透明不完全时的实现办法和可能的路径，并不是说预算透明就不重要。这些方式毕竟只是权宜之计，也存在一些弊端。预算透明仍然是我们需要长期追求的一个重要目标，这对实现地方政府的善治至关重要。

（四）基层治理

赋予基层政府充分的自主权来征收管理房地产税，同时将其用于地方基本公共服务，用推进预算透明的方式来保证居民监督和约束政府的有效性。居民的自由迁移进一步使地方政府之间形成有效竞争，地方政府维持当地财政能力的愿望使其有充分的激励将房地产税收入投入居民最需要的公共服务之中。对于基层治理来说，这样可以产生一个本章开始所提到的良性循环：地方政府依据居民偏好提供公共服务供给的数量和质量，房价提高使得税基增加，房地产税进一步提高使得有更多的收入投入当地的公共服务。这样的描述让我们觉得，要实现地方政府的善治好像并不是什么难事，只要充分利用好房地产税连接收入和支出以及作为受益税的特征似乎就可以了。实际上，这样一个看似简单的良性循环，需要非常严格的制度保障来支撑，每一个环节的不完善均会导致发展的方向发生变化。下面结合中国的背景从理论的角度阐述提高基层治理水平的几个重要环节。

第一，地方政府征收房地产税进行使用时，并不一定愿意将房地产税用于当地基本公共服务。由于各种制度漏洞和潜在腐败的存在，房地产税可能不会用于指定的公共服务供给，或是其中会造成相当的效率损失。进一步说，即使地方政府想要从居民的角度考虑，将房地产税用于居民急需的公共服务，居民的偏好显示也不一定能被地方政府准确把握。在西方国家基层选举的背景下，地方政府提供的公共服务体现的也往往只是中位选民（median voters）的消费偏好。在中国当前的背景下，没有明确的居民偏好显示的路径，地方政府要通过房地产税准确提供居民真正所需的公共服务的难度会加大。

第二，房地产税用于提供相应的公共服务，这些公共服务再资本化到房价之中，但资本化需要的公共服务变化在一定时间后才能得到体现。由公共服务向房产价值的反向作用在短时间内不能体现，这是一个长时间积累的过程。另外，公共服务的资本化除了房地产税的投入以外还与其他投入变化包括转移支付等因素直接相关。因此，地方政府将房地产税用于公共服务对税基增加的激励实际上存在着一定的不确定性，尤其是在中国地方政府倾向于忽视公共服务投入的背景下，这种不确定性会影响政府对公共服务投入的动力。因此，居民的监督机制就至关重要，需要通过居民的有效监督来实现房地产税的受益税特征。

第三，房价上升后税基确实有所增加，但地方政府是否能够从税基的增加之中获得相应财力增加则是不确定的。上文中提到的普遍的抗税情绪正说明了这一点。居民住房的市场价值提高之后，居民往往并不乐意其房地产税有相应比例的提高。其原因有二。第一，房产价值的提高只是账面资产的变化，居民的收入短期变化不大的情况下会使实际税负加重。第二，房地产税的征收是基于评估价值，而评估值与市场价值之间的偏差存在着一些弹性，这也客观上为居民提供了使房地产税增长低于房产市场价值增长诉求的一个可实现途径。因此，在实践中，即便在没有法定约束的情况下，房产的评估价值增长率也往往低于市场价值的增长率，房地产税收入的增加也就相应远远慢于房产市场价值的变化。

第四，公共服务的外溢效应明显，很多时候公共服务的外部性超出了地方政府的管理边界。公共服务的外部性与政府的管理边界不一致就使得房地产税与公共服务的关系变得非常复杂。在一个区域内，公共服务的数量和质量除了当地税收收入的影响之外，其相邻政府的公共服务供给会产生正的或负的外部性从而影响本地居民所能获得的公共产品和服务。这样对政府治理造成的直接影响是削弱了房地产税与公共服务之间的直接联系。由于房地产税作为受益税的最重要特征即是房地产税与公共服务之间的联系，外部性的存在使得这一联系减弱，房地产税作为治理工具的属性也随之减弱。另外，外部性的存在也使得政府不再是仅仅满足本社区内居民的需求，还必须考虑其他社区所带来的或给其他社区带去的正的和负的外部性影响，这使得实际的治理变得非常复杂。这也是 Tiebout 的理想模型分析不考虑公共服务的外部性的原因。

第五，地方政府之间的竞争不一定是力争上游向最优的竞争（race to the top），而也可能是向下的逐底竞争（race to the bottom），这取决于激励机制的设计。在中国，已有很多的研究在分析地方政府为了吸引外来投资不顾对当地环境破坏等方面的逐底竞争。给地方政府充分的自主权，使之互相之间产生竞争，这不是市场经济中的竞争，这里的竞争结果取决于地方政府的效用函数所隐含的激励机制。如果地方政府向上负责，以 GDP 增长为导向，自然就会产生不顾相关负面影响为了单个目标的逐底竞争现象。如果地方政府向下负责，以居民的福祉和提供更多更优质的公共服务为目标，政府间的竞争就会产生一股带有"正能量"的风气，引导地方政府将税收"取之于民，用之于民"。在当下的中国还无法完全做到这一点，但对政府的考核从单一的 GDP 目标向更宽泛更合理的包括环境治理和居民满意度等综合指标的转变也可以看出，中国的地方政府正处于快速转型之中。改善基层治理尽管任重而道远，但种种转变让我们看到了希望的曙光。当然，无论地方政府的目标激励如何，都必须赋予居民监督的权利，用公民监督来保证地方政府的决策符合大众的利益。由此也可看出，房地产税在地方治理中的作用需要其他配套制度的联动，才能真正做到地方治理体系和治理能力的现代化。

三 房地产税改善地方治理与现有制度的协调

在考察了房地产税作为地方税提升地方治理所需要的制度保障后，我们在本节讨论，在现有制度框架下，房地产税要达到提升地方治理的目标需要现有政策进行怎样的协调或转变？如果维持现有框架不变，房地产税将如何影响地方治理？是否存在现有框架下房地产税提升地方治理的其他可行路径？

（一）自由迁移与户籍制度

根据 Tiebout 模型对最优地方治理的分析，一个重要的假设条件即是自由迁移。从中国的社区治理来看，由于户籍制度的限制，居民并不能随意选择自己想要居住的城市，而仅仅是可以通过居住地和户籍地分离的方式，以牺牲公共服务平等的方式居住在另一个城市。但在同一个城市内部，居民是可以自由迁移的，而且随着户籍制度的逐步改革，除了少数大城市外，户籍也慢慢呈现放开的趋势。因此，户籍制度的限制并不影响一个地区内部的地方治理，也不影响房地产税改善地方治理作用的发挥。也就是说，户籍制度改革并不是房地产税改革与地方治理完善的必要条件。当然，户籍制度存在种种弊端，影响经济效率和社会公平,也亟须改革。但以户籍制度改革的复杂性来说明需要推迟房地产税改革的论证则是没有理由和站不住脚的。

(二) 公民监督与政府权威

对地方政府的约束离不开公民的监督尤其是居民对与自己联系最密切基层政府的实时监督。在中国的背景下,政府权威是执政党需要维持的一种政府形象,也是执政能力的一种体现。那么,基层的公民监督会不会降低或削弱政府的权威性和正统性?一个简短的答案是,恰恰相反。当前中国政府的权威性在多种因素的影响下正受到越来越多的冲击,从而使得政府公信力有下降趋势。这种公信力的下降很大程度上正是因为公民监督和信息透明的缺失所致。预算透明是基层监督的一种方式和工具,信息透明是有效监督的前提,预算透明是信息透明的重要基础。

中国的地方政府正在对基层监督方式进行不断的探索。基层选举在积极地推进和完善之中。参与式预算也在不断发展,影响力有逐步扩大的趋势。随着网络和自媒体的发展也衍生出了多种监督方式,包括以公众转发的方式使得某个事件成为热点从而引起政府和相关责任部门的重视。电子政务的发展对政府信息透明和公民监督提供了更多的渠道,政府自身也在极力推动开放和透明政府的建设。预算透明作为一个制度基础,正在现有制度框架下稳步向前发展,推动中国各项改革事业的发展。无论是以直接选举还是其他的监督方式,中国的居民正逐步使用公共选择机制影响基层政府的考核结果和目标导向。

因此,提高政府透明度和公民对政府的监督不仅不会削弱政府的权威性,相反,这是政府建立权威取信于民的重要手段。这也是尽管面临重重阻力,政府自身也想极力推动此项改革的重要原因。

(三) 地方自主与地区差异

房地产税作为受益税连接收入和支出的一个重要前提是地方政府对房地产税的自主性,唯有地方政府实现对房地产税的充分管理,才能使房地产税与当地的公共服务匹配起来。同时,地方政府成为独立决策的个体,是形成竞争和激励的前提。也就是说,地方政府具备了充分自主性的同时，也就担负着相应的事权和支出责任。2016年8月刚刚颁布的《国务院关于推进中央与地方财政事权和支出责任划分改革的指导意见》中提出，财政事权和支出责任的5项划分原则为："体现基本公共服务受益范围""兼顾政府职能和行政效率""实现权、责、利相统一""激励地方政府主动作为"和"做到支出责任与财政事权相适应"。这些原则与上文的分析基本一致，也同时体现了要使得地方政府担负起地方治理的主体责任，地方政府足够的自主性是必要条件。

另外，几个原因决定了管理房地产税的基层政府层级需要足够低。第一，公共服务的受益边界决定了房地产税需要区县一级或以下的政府来管理。当然，考虑到评估的规模经济和不同区县之间的公平性，负责评估的政府层级可以有所不同。但在房地产税的管理中，负责评估的政府层级并不重要，重要的是对税制要素设计和对收入具有支配权的政府层级。第二，地方政府要形成良性循环的竞争模式，就需要提高竞争的可能性和有效性。层级较低时，同伴效应（peer effect）之间的比较会更加明显，竞争才能更为直接和有效。第三，在户籍制度背景下，只有管理房地产税的政府层级较低时，"用脚投票"的可行性才能体现出来。居民在同一个城市的不同区县之间的迁移一般来说不受户籍制度的影响。最后，房地产税的税基一般以房产的市场价值为基础，这样房价中所体现出的公共服务资本化才能进而转化为税基，形成良性循环，这是形成竞争的前提。当管理层级较低时，公共服务的资本化所体现出的对税基变化的影响对政府就显得更为重要。

房地产税治理属性的体现以基层政府相当程度的自主性为前提。但是，如此一来，在中国当前的房地产税市场分化严重的背景下，不同的城市以及同一城市不同地区之间税基差异巨大。由于房地产税税基较大的地区往往是发达程度高、税源相对丰厚的地区，一个最直接的结果是不同地区的财政能力差异会进一步拉大。因此，房地产税的地方自主与公共服务均等化的目标是相违背的。但实际上，这一问题并不是房地产税的问题，而是地方政府存在自有财源必然会导致的一种现象。这涉及政府间关系以及财力分配等大命题。正因如此，这一问题也完全可以在现有的制度框架下得到妥善安排。一是进一步完善现有的转移支付制度,设置转移支付的公式和考虑因素时,将房地产税这一自有财力纳入转移支付体系的设计之中。二是将房地产税的其中一部分归于上级政府用于统筹区域内的过度差异。当然,这两种安排方式导致的结果都是降低了房地产税与当地基本公共服务之间联系的紧密程度。因此,我们可以说,房地产税的受益税特征的体现程度与地区间差异是呈正相关关系的。

四 结语

中国房地产税改革的目标存在多个维度,但最根本也最重要的是赋予地方政府重要的自主收入来源,从根本上转变地方政府的管理思路,改善提高地方治理水平。但是,房地产税改革显然面临着现有制度的很多约束。在这样的背景下,房地产税改革作为地方治理工具的可行性如何?在现在制度框架不改变的情况下,房地产税改革改善地方治理具备哪些可选择的策略?Tiebout 的假设不满足的条件下,如何需要不同层级政府之间的协调?

本章从理论的视角对上述问题进行了阐述。房地产税作为地方税,用于当地基本公共服务,从而使得地方政府之间通过良性竞争形成治理繁荣的局面。这一结果和愿景建立在众多的基本假设和制度背景之上。理论上的地方治理始于 Tiebout 模型,但模型的场景稍显理想化,其中的一些基本假设在现实中很难满足。从中国房地产税改革的探索来看,中国房地产税的税制要素设计需要从政府层级、税收使用、预算透明和基层治理等方面进行精心谨慎的设计,同时还需在每一个方面提供一定的制度保障。如此才能使得房地产税的受益税和地方治理工具属性得以发挥,从根本上改善中国地方治理的结构。

在房地产税改善地方治理与现有制度的协调方面,部分学者和管理者存在着一些担忧。主要体现为两种观点,一是房地产税在中国现有制度下不能发挥其对地方治理应有的作用;二是房地产税会对现有制度造成一定程度的冲击,造成社会的不稳定。这两种担忧尤其是在未对房地产税的管理细节进行深入分析或对现有制度的认识深刻性不足时更加明显。而实际上,房地产税通过促进地方政府间的良性竞争从而改善地方治理所需要的自由迁移、公民监督与地方自主等相关特征，与当前制度中所包含的户籍制度、政府权威及地区差异等制度和现状并不矛盾。恰恰相反，地方治理所需要的这些改革方向可以从不同的层面促进现代治理与当前制度的协调，改善政府治理的权威性和合法性，完善地区差异的解决途径和合理性。

当然，房地产税对地方治理的有益作用也并不是随意即可获得的。尤其是在中国背景下，房地产税改革在现有制度的约束中还存在相当多的问题需要一一应对和妥善安排。首先，中国的房产在建造之前就已经支付了高额的土地出让金以获得原本属于国家的土地使用权，在此基础上开征房地产税是不是重复征税？这需要在房地产税的制度设计在与土地出让金的关系中有所体现。其次，由于经济结构转型和历史等原因，中国存在多种不同的房产类型，很多的房产并不是从市场上购置而得。例如单位分房、经济适用房甚至并不完全合法的小产权房的存在增加了房地产税设计和实施的难度。对于这些不同的房产类型，房地产税的设计是否需要体现出差异，以及如何体现？最后，免除方案的设计是民众极为关心的问题，因为这涉及大多数居民是否需要缴纳房地产税以及其负担的大小。首套免除、人均面积免除以及人均价值免除等方案是当下被广泛讨论的一些方案。在这些减免方案中，房地产税的具体制度设计应该如何取舍，其依据是什么？对于这些问题，本书的其他章节会一一进行讨论。

总的来说，从房地产税的开征目的、税制要素设计的公平性、调节收入分配及税政实施的角度来看，基于相应的理论指导，房地产税的制度设计可以对上述问题一一提出妥善的解决方案，得到令大多数人满意的结果。从房地产税改善地方治理的目标以及与现有制度的协调等角度来看，上文的分析和阐述也充分表明房地产税改革提高地方治理水平，有助于地方治理体系和治理能力现代化。这一目标确实需要政府在相关配套政策方面的精心设计和规划，但更重要的是，中国的房地产税改革可以从管理技术和财政治理体系的角度去理解。房地产税改革并不要求总体制度的变革，其治理属性在现有制度框架也可以得到充分体现。

参考文献

[1] 曹荣湘:《蒂布特模型》,社会科学文献出版社 2004 年版。
[2] Tiebout, C. M. (1956). A pure theory of local expenditures. *Journal of Political Economy*, 64 (5).

第八章　中国房地产税的政府层级归属*
——作为地方税的理论依据与制度设计

房地产税长期以来是发达国家地方政府尤其是基层政府的主体税种。本章从财税体系和政府治理的视角阐述房地产税作为地方税的理论缘由，说明房地产税作为地方税有着合理的理论支撑，同时亦是被实践所证明的最终选择。理论上，财政分级制和公共选择理论构成了房地产税作为地方税的理论基础；实践上，房地产税的税基不可移动决定了房地产税是受益税的最优选择，而受益税特征进而决定了房地产税是地方税。经济社会发展的复杂性提高使得纳税人和受益者的匹配只有基层政府才更有效率，高层级政府逐步放弃房地产税而转移到其他税种是其必然选择。地区间异质性的提高进一步印证了不同地区需要差异化的税负以及相应的公共服务支出设计。

随着深化财税体制改革的逐步展开，中国开征房地产税已成为大势所趋。近年来，学术界和政策界对房地产税的改革均有诸多论述和讨论。对于是否应该开征房地产税依然存在着截然不同的两种观点：支持或反对。① 同时，房地产税在立法、设计、开征和使用等多个环节和维度也都存在或多或少的争论。而对于房地产税在政府层级中如何划分的

---

* 本章的部分内容发表于《中国行政管理》（张平：《房地产税的政府层级归属：作为地方税的理论依据与美国经验启示》，《中国行政管理》2016 年第 12 期）。

① 支持开征房产税的学者有安体富（2005、2010）、贾康（2011）、高培勇（2011、2014）、刘尚希（2013）、满燕云（2011）、马国强（2011）、谷成（2011）和刘蓉（2011、2015）等。但他们的出发点和具体观点也有差异，不少学者不同意"房产税万能论"。反对开征房产税比较有代表性的是杨斌（2007）、郎咸平（2010）、许善达（2015）和夏商末（2011）等学者的观点。

问题，房地产税应作为地方税供基层政府征收和使用，似乎已经取得一定的共识。[1]但是，对于为什么房地产税适合用作地方税，其理论和实践的依据是什么，仍未见深刻的讨论与分析。那么，为什么房地产税应该作为基层政府的税源而不是像所得税和增值税等其他税种一样作为中央与省或省与基层政府的共享税？房地产税作为地方税在财政、税收和政府治理等角度的理论依据是什么？现有多数发达国家的房地产税征收实践以及历史变迁能否在这一问题上提供实践支撑？本章以财税体系和政府治理的视角阐述房地产税作为地方税的理论缘由，说明房地产税作为地方税有着合理的理论支撑，同时亦是被实践所证实的最终选择。第二章中美国房地产税在政府层级间演变的历史以及美国财税体系的实践也证明了这一点。房地产税在美国历史悠久，房地产税是当下美国地方政府最主要的收入来源，约占地方税收收入的70%。但房地产税作为地方税的主体，在政府间财政关系中的这一格局并不是由来如此。房地产税在政府财政关系中的定位在美国历史上与当下的情形完全不同。房地产税的管理由州政府向地方政府转变正是对文中理论提供了一项实践的佐证。

一 财政分级制与公共选择

财政联邦主义理论[2]（Musgrave, 1959; Oates, 1968, 1972）表明对于政府的三个不同功能——经济稳定、资源配置和收入分配，应该由不同层级的政府来承担。建构各级政府的收支体系，需要同时考虑效率与公平，实现满足公民需求的同时提高政府治理能力。这里我们考虑支出

---

[1] 在一般语境下，中国的地方包含省、市、县和乡四级，使用地方财政也指的是省及以下四级财政。为了强调房产税是区/县和街道/镇政府的税收收入来源，我们特别使用了基层或基层财政的表达。这里的基层指的是区县和街道/镇两级。当然，在某些语境中，市一级也可能被视为基层的组成部分。在本章中，"地方"特指基层政府，"地方税"指由基层政府征收和使用的税种。美国的地方政府则是州政府以下的包括郡/县（county）、市（municipality）、镇（township）、学区（school district）和特别区（special district）。

[2] "Fiscal Federalism"常被直译为"财政联邦制"或"财政联邦主义"，其实这里的"联邦"并没有政治制度的含义，而是一种财政管理中的分级，侯一麟（2009）第一次专门阐述了"Fiscal Federalism"为何译为"财政分级制"更为合适。下文沿用"财政分级制"译法。

责任划分和收入划分两个方面。对支出责任,从公共服务提供的角度看,需要充分考虑效率的同时,以服务民生为方向,回应公民需要、对公民负责、与公民共同决策。对收入划分,应当是有效率的,并且不应对税收政策和管理产生歪曲效应。收入划分应保证地方政府有充足的收入,以完成其支出责任(张光,2009)。由于存在不同的居民偏好分布,而地方政府掌握着更多信息,由地方政府来提供相应的公共产品和服务也就更加高效。伴随着区域间异质性和复杂性的日益增加,房地产税地方化(分权化)为地方政府提供了充足的收入划分,从而满足其支出责任。地方政府可以更好地匹配满足与本地人口需求相一致的公共物品和服务的组合,最终提高政府效率。

一方面,从地方政府层面来看,居民在不同社区间的迁徙就是由需求所带来的行为选择。是否迁徙揭示了消费者和选民对公共物品的需求,这类似于在市场中通过对购买商品的意愿测试出消费者的偏好。就像Tiebout(1956)总结的一样:"消费者在具有空间结构的经济中揭示自己的喜好是不可避免的,空间上的流动性使得对公共品的消费能够类似于在私人市场上的购物选择。"然而,居民偏好的异质性也产生了很多对于在Tiebout模型中公共物品供给的问题(Alesina, Baqir, & Easterly, 1999; Atkinson & Stiglitz, 2015; Rubinfeld, 1987)。另一方面,从公共选择的视角来看,Sjoquist(1981)发现跟支出的情况类似,税收的组成亦会对中间选民模型的效用作出反应。因此,房地产税的地方化且作为其主要收入来源的定位可以被看作是适应日益发展的差异性偏好的公共需求。而房地产税作为"受益税"的观点(Fischel, 1992, 2001)也指出,缴纳房地产税的成本亦接近于从公共项目上获得的利益。根据这一观点,无论是区域间还是区域内的异质性都需要房地产税地方化来提高效率和满足不同偏好。因此,财政联邦制理论和公共选择理论一起,为房地产税作为地方税与地区间异质性的匹配提供了理论基础。而房地产税本身的特征以及地区间异质性的加强则为房地产税成为地方税提供了充分的实践土壤。

此外,地方政府的财政自主权确实具有其合理性。在拥有自主收入来源的情况下,地方政府可以对居民或选民的需要负责(Sjoquist, 1981),可以在不同的支出决策中提供有效的公共服务(Oates, 1972,

2001），还可以在有限的地理区域内匹配到支出受益者（McGuire，2001；Wallis，2001）。Connolly、Brunori和Bell（2010）还发现通过地方政府自身筹集的财政收入比重与地方自主权和地方负责任的程度密切相关（McCluskey，1999）。由于这些原因，学者认为美国式的财政分级制仍然需要被保持，包括具有财政自主权的地方政府。而在较低的有效税率的前提下，房地产税似乎是大幅提高财政收入的最好工具（McGuire，2001）。

二 房地产税的受益税特征

房地产税通常被认为是一种受益税（benefit tax），即房地产税一般用于当地的基本公共服务，居民缴纳房地产税的同时也可以享受这些公共服务。即使居民不享受相应的公共服务（如教育等），这些公共服务也会被资本化到房产价值中。因此，房地产税的最终受益者仍是房产拥有者（Hamilton，1975，1976；Oates，1969，1973）。也有学者认为房地产税是将房产看成资本的资本税（Zodrow，2014；Zodrow & Mieszkowski，1986）或是将房产看成消费品的消费税（Netzer，2001；Simon，1943）。实际上，尽管这些观点在税负评价上存在一定的不一致，但没有改变房地产税作为受益税用于基本公共服务的事实。房地产税作为受益税可以成为财权与事权匹配的天然工具，形成地方财政收支相连的治理体系；从而降低税收的政治成本和管理成本，减少对经济行为的扭曲，提高经济效率。

受益税是对某些税种的征收和使用安排特征的概括：将纳税人与公共服务支出的受益者相匹配，使纳税人能切实感受到赋税带来的收益。例如，燃油税也是一种受益税，其收入往往会使用在高速公路的修缮保养上。那么，为什么房地产税会被用作受益税而不是其他主要税种，例如所得税或销售税？房地产税的税基有一个很重要的特性：房产的不可移动。由于房产不可移动，相对于其他税种来说，房地产税的税基稳定且易识别，对纳税人和受益者的定位相对容易。因此可以较好地匹配缴纳的税收和获得的益处，真正体现受益税的特征。而对所得税和销售税来说，由于其税基的流动性很大，纳税人与公共服务受益者的匹配极其困难。一个人完全可能居住在 A 地，却在 B 地工作获得收入（所得税），在 C 地购物（销售税）；那么该居民享受的公共服务以及其子女在 A 地入学的学校质量均与其缴纳的税收无关。为了减少税收对经济行为的扭曲，所得税和销售税往往由更高层级的政府来征收。因此，房产的不可移动特性决定了房地产税最终被选择成为最主要的受益税税种。

房地产税作为受益税很大程度上进而决定了房地产税是地方税。地方政府的信息优势使得其匹配纳税人与受益人的能力远远强于高层级政府。同时，由于公共服务辐射的地区性或区域性，房地产税需要在一定的区域内征收和使用以达到受益税的作用。美国的房地产税在政府层级间变迁过程表明，地方政府相较于州政府能以更低的政治成本使用房地产税（Wallis, 2001）。由于征收房地产税的同时能给当地带来更好的学校和道路等公共服务，纳税人直接享受了房地产税所带来的好处。即使是对这些公共服务并没有直接需求的纳税人，更好的服务也可以使他们的房产升值，从而使得纳税人愿意缴纳房地产税。因此，更高层级的政府（例如美国的州政府和联邦政府）偏好不使用房地产税，而地方政府偏好使用房地产税的事实表明，地方政府拥有使用房地产税的一些独特好处。由于地方政府利用房地产税的这些有利因素，在可预见的未来，房地产税或将一直是地方政府最主要的收入来源。苏扬（2015）从参考特征和收入潜力的角度分析了选取地方税主体税种的总体思路。根据受益原则、避免恶性税收竞争、征管便利、税基宽厚和收入稳定等地方税原则，通过对比分析消费税、资源税和房产税，发现应根据各地税源特点确立各地区主体税种，逐步形成以房产税为代表的财产税作为地方税主体的收入格局。

三　支付意愿与支付能力

房地产税作为受益税，其理论本质即是将私人消费转化为公共品消费，如教育、医疗、道路基础设施和环境等。若以此为基础分析房地产税改革的居民福利效应：对多数人来说，由于住房的消费弹性较小，房地产税相当于将居民原本可以用于私人消费的收入转变为用于提供公共品消费。由于不同收入层次的居民具有不同的消费偏好，每单位公共品对不同发展程度地区的居民边际效用也会不同。收入较低的居民倾向于急需的私人消费，如衣食住行等；高收入人群则会对公共服务有更高的要求，如高水平教育医疗条件和小区环境等。因此，不同地区的房地产税会对居民福利水平造成不同的影响。房地产税作为受益税的特点以及其相应的居民福利变化情况，决定了当房地产税在一些地区可以获得明显的正福利效应的同时，在另外一些地区将可能降低居民福利水平。

这种地区间福利效应差异的直接体现就是不同地区居民对房地产税有差别的支付意愿。支付意愿的不同直接体现在了微观主体（家庭）身上，而公共服务的辐射区域一般为基层政府或更小的社区，即同一社区的居民享受着同样水平的道路基础设施、周边环境和教育资源等。为了兼顾支付意愿的差异以及公共服务提供主体和规模效应，房地产税需要作为地方税。只有作为地方税，房地产税才能在税基定义、税率确定和税负豁免等各方面进行充分的差异化设计，而差异化的程度又与下文提到的社区异质性的程度密切相关。

支付能力则是房地产税设计中需要考虑的另一个重要因素。书中第十章对中国城镇居民房地产税的支付能力进行了细致探讨。根据不同区域、住房类型、住房套数、是否仍有房贷、社会经济地位等因素将家庭分成不同类别，对房地产税的支付能力进行多维度的比较。结果显示，不同区域和家庭的房地产税支付能力存在巨大的差异。由基尼系数衡量的支付能力差异甚至超过了收入差距，表明房地产税的设计需要充分考虑不同家庭的支付能力。这种地区间的巨大差异充分突出了房地产税的地方税特征。对于作为地方税的房地产税，地方政府可以采取不同的税收制度设计和以不同的税率征收。因此，支付意愿和支付能力两个方面均表明，房地产税在政府层级归属中应该且需要作为地方税。

四 地区间异质性和偏好多样性

学者们倾向于运用财政分级制理论（fiscal federalism）和地方自治权的重要性来解释房地产税的地方化，认为地方依赖房地产税是由于对公众需求的回应和公民参与的激励（Fisher，1996；Sokolow，1998）。

Wallis（2001）将 19 世纪早期美国房地产税在州一级政府的减少归因于资产收入的上升；将 20 世纪州一级房地产税的消失归因于州政府控制房地产税的做法难以在更大的地理实体中实现房地产税与公共支出受益人之间的匹配。除了由于州政府引入其他收入来源（主要是销售税和所得税）的影响外，我们认为，房地产税的地方化也和更加复杂的经济结构导致的各地日益增加的地区间异质性有着重要的联系，这使得州政府更加难以满足房地产税的不同纳税人的差异偏好。正如 Bird 所认为的（1993，p.211），"只要在偏好和成本上有变化，就存在通过开展公共部门行动，顺应分散趋势而提高效率的可能性"。Oates（2010）认为从纯经济的角度来看，地方政府旨在对应不同的偏好和成本提供相应的公共服务水平来提高整个公共部门的效率水平。因此，日益增加的地区间异质性不断要求地方政府拥有自己的收入来源，而房地产税是自有收入来源中最重要的一种。异质性和多样化也就意味着对地方化的需求，要针对不同的人群提供个性化的公共服务，这一点只有具有信息优势的地方政府才能做到，也只有地方政府才具有效率优势。

在地方对税收和支出的自主权和地区间的异质性互相影响的过程中，政府间财政转移支付会被用于支持和控制地方政府。其功能和目的包括促进国家标准的建立，在州/省和地方政府之间更加平等，鼓励提供某些额外的服务（Sjoquist，Stavick，& Wallace，2007），以及覆盖税收和支出上的纵向外部性（Dahlby，1996），等等。一方面，地方自主权和异质性的结合会产生和扩大跨区域之间的不平等；[1] 另一方面，政府间的财政补贴则会倾向于减小跨区域间不平等，从而减少跨区政策结果间的异质性。复杂的经济结构带来了日益增加的跨区间异质性，地方财政的自主权力亦随着房地产税的地方化趋势同步上升。伴随着这一过程，更多的地方财政自主权会强化地方权力，从而进一步扩大区域之间的异质性（Niskanen，1971）。因此，跨区域间的异质性和地区财政权力会得到相互强化。地方税收（财政自主权）将导致地方财政差异（区域间的异质性）；区域间的异质性有利于富裕地区保持其财政竞争

---

[1] Oates（2015）认为，即便统一的国家项目，当由地方政府管理执行时，也会产生截然不同的结果。

力。针对这种互相强化的趋势，出于缩小财政差异目的的转移支付可以在一定程度上减少地区间不平等，从而降低区域间的异质性。

第二次世界大战之后，美国经济在更加复杂的经济形势和生产要素的伴随下显著地高速增长。随着房地产税的地方化，在20世纪70年代末期普遍对房地产税进行限制的背景下，地方政府纳入并实施了销售税和地方所得税的征收来扩大和多样化收入来源（Carlson, 2004）。理论表明在异质的地区，对收入和支出均有地方自主权的财政联邦制在经济上是有效率的（Fischel, 1992; Hamilton, 1975; Tiebout, 1956）；而从历史的角度来说，区域间的异质性和地方财政自主权本身可能导致税收收入和公共支出方面更大的差异。地区间异质性和地方财政权力彼此强化，最终使得我们得以看到今天美国地方财政以房地产税为主要自筹收入的景象。随着以销售税为主的其他税种的引入，房地产税在地方税收收入中所占的份额可能会进一步减少（Brunori, Green, Bell, Choi, & Yuan, 2006）。这些收入成分的改变可能也会对地方财政管理的不同方面有着潜在影响，这有待以后进一步研究。

五 结论

本书第二章第一节梳理了房地产税在美国政府层级间的变迁历史以及相关文献，我们发现当我们认为房地产税是理所当然的地方税时，房地产税在美国历史上曾有相当长的时间是州政府最主要的收入来源。房地产税在美国有着一个从州税逐步下沉最终几乎完全由地方政府征收和使用的过程。这一变化过程说明房地产税作为地方税，作为地方政府最主要的收入来源，有着重要的理论基础，同时也是在发展过程中经过实践所检验的最终选择。

财政分级制和公共选择理论构成了房地产税作为地方税的理论基础。财政分级制说明不同政府层级需要有自己的收入划分和支出责任，地方政府的信息优势决定了其应为公共服务提供的主体，而房地产税的税基不可移动的特征决定了房地产税是地方政府财源的最优选择。公共选择理论则强调居民偏好异质性的重要性，房地产税作为受益税的特征在很大程度上决定了房地产税是地方税。不同居民对受益税的支付意愿不同以及支付能力的巨大差异需要房地产税有针对性地对税基定义、税率确定和税负豁免等方面采取差异化策略。随着经济社会发展复杂性的提高，纳税人和受益者的匹配只有基层政府才更有效率，高层级政府逐步放弃房地产税而转移到其他税种是一种必然选择。地区间异质性的提高进一步印证了不同地区需要差异化的税负以及相应不同的公共服务支出设计。

从完善财税体系、理顺政府间财政关系以及提升地方政府治理水平等多个角度来看，中国推进房地产税改革是大势所趋。房地产税在中国应归属于哪一层级或哪几个层级？归属于不同的层级又将如何影响房地产税政策的可行性以及在居民中的可接受度？这些都是以后需要继续深入研究的问题。同时，房地产税在其他国家的演变历史及其成因还值得进一步研究，这将对我们深刻理解房地产税这一税种以及房地产税在不同政府层级和政府间财政关系中的定位具有重要意义。

参考文献

[1] 安体富、王海勇：《我国房地产市场发展和房地产税收制度改革研究》，《经济研究参考》2005年第43期。

[2] 白彦锋：《房产税未来能成为我国地方财政收入的可靠来源吗》，《经济理论与经济管理》2012年第5期。

[3] 高培勇：《房产税试点期待持续深化》，《经济》2011年第12期。

[4] 谷成：《房产税改革再思考》，《财经问题研究》2011年第4期。

[5] 侯一麟：《政府职能、事权事责与财权财力：1978年以来我国财政体制改革中财权事权划分的理论分析》，《公共行政评论》2009年第2期。

[6] 贾康：《房产税离我们并不远》，人民出版社2015年版。

[7] 贾康：《不动产登记制度的国家治理意义》，《上海证券报》2015年2月。

[8] 贾康：《房产税改革：美国模式和中国选择》，《人民论坛》2011年3月。

[9] 蒋震、高培勇：《渐进式推进个人房产税改革》，《宏观经济研究》2014年6月。

[10] 况伟大：《住房特性、物业税与房价》，《经济研究》2009年第4期。

[11] 李梦娟：《物业税设计的若干基本问题》，《税务研究》2010年第4期。

[12] 刘尚希等：《资源税、房产税改革及对地方财政影响分析》，《经济研究参考》2013年第21期。

［13］刘蓉、张巍、陈凌霜：《房地产税非减（豁）免比率的估计与潜在税收收入能力的测算——基于中国家庭金融调查数据》，《财贸经济》2015 年第 1 期。

［14］满燕云：《借鉴国际经验完善我国房产税制》，《涉外税务》2011 年第 5 期。

［15］倪红日：《对我国房地产税制改革的几点建议》，《涉外税务》2011 年 2 月。

［16］苏扬：《选取地方税主体税种：参考特征、潜力分析与总体思路》，《地方财政研究》2015 年第 8 期。

［17］王晓明、吴慧敏：《开征物业税对我国城镇居民的影响》，《财贸经济》2008 年第 12 期。

［18］韦志超、易纲：《物业税改革与地方公共财政》，《经济研究》2006 年第 3 期。

［19］夏商末：《房产税：能够调节收入分配不公和抑制房价上涨吗》，《税务研究》2011 年第 4 期。

［20］许善达：《房地产税立法需要慎之又慎》，《清华金融评论》2015 年第 10 期。

［21］杨卫华、严敏悦：《应选择企业所得税为地方税主体税种》，《税务研究》2015 年第 2 期。

［22］张光：《中国政府间财政关系的演变（1949—2009）》，《公共行政评论》2009 年第 6 期。

［23］张平、侯一麟：《中国城镇居民的房地产税缴纳能力与地区差异》，《公共行政评论》2016 年第 2 期。

［24］朱青：《完善我国地方税体系的构想》，《财贸经济》2014 年第 5 期。

［25］Alesina, A., Baqir, R., & Easterly, W. (1999). Public goods and ethnic divisions. *Quarterly Journal of Economics*, 114 (4).

［26］Atkinson, A. B., & Stiglitz, J. E. (2015). *Lectures on public economics*: Princeton University Press.

［27］Bird, R. M. (1993). Threading the fiscal labyrinth: some issues in fiscal decentralization. *National Tax Journal*, 46.

［28］Brunori, D., Green, R., Bell, M., Choi, C., & Yuan, B. (2006). The Property Tax: Its Role and Significance in Funding State and Local Government Services. *GWIPP working paper series* (27).

［29］Carlson, R. H. (2004). *A Brief History of Property Tax*. Paper presented at the IAAO Conference on assessment Administration.

［30］Connolly, K. D., Brunori, D., & Bell, M. E. (2010). Are state and local finance becoming more or less centralized, and should we care. *The Property Tax and Local Autonomy*.

[31] Dahlby, B. (1996). Fiscal externalities and the design of intergovernmental grants. *International Tax and Public Finance*, 3 (3).

[32] Fischel, W. A. (1992). Property Taxation and the Tiebout Model: Evidence for the Benefit View from Zoning and Voting. *Journal of Economic Literature*, 30 (1).

[33] Fischel, W. A. (2001). Homevoters, municipal corporate governance, and the benefit view of the property tax. *National Tax Journal*, 54 (1).

[34] Fisher, G. W. (1996). *The Worst Tax?: a History of the Property Tax in America*. Lawrence, Kan.: University Press of Kansas.

[35] Hamilton, B. W. (1975). Zoning and Property Taxation in a System of Local Governments. *Urban Studies*, 12 (2).

[36] Hamilton, B. W. (1976). Capitalization of Intra-Jurisdictional Differences in Local Tax Prices. *American Economic Review*, 66 (5).

[37] McCluskey, W. J. (1999). *Property Tax: An International Comparative Study*: Ashgate Publishing Limited.

[38] McGuire, T. J. (2001). Alternatives to property taxation for local government. *Property Taxation and Local Government Finance. Essays in Honour of C. Lowell Harris*. Cambridge, Massachusetts: Lincoln Institute of Land Policy.

[39] Musgrave, R. A. (1959). *The Theory of Public Finance: a Study in Public Economy*. New York: McGraw-Hill.

[40] Netzer, D. (2001). Local property taxation in theory and practice: Some reflections *Property Taxation and Local Government Finance*. Cambridge, M. A.: Lincoln Institute of Land Policy.

[41] Niskanen, W. A. (1971). *Bureaucracy and Representative Government*. Chicago,: Aldine.

[42] Oates, W. E. (1968). The Theory of Public Finance in a Federal System. *The Canadian Journal of Economics / Revue canadienne d'Economique*, 1 (1).

[43] Oates, W. E. (1969). The Effects of Property Taxes and Local Public Spending on Property Values: An Empirical Study of Tax Capitalization and the Tiebout Hypothesis. *Journal of Political Economy*, 77 (6).

[44] Oates, W. E. (1972). *Fiscal federalism*. New York: Harcourt Brace Jovanovich.

[45] Oates, W. E. (1973). Effects of Property Taxes and Local Public Spending on Property Values - Reply and yet Further Results. *Journal of Political Economy*, 81 (4).

[46] Oates, W. E. (2001). *Property Taxation and Local Government Finance*: Lincoln

Inst of Land Policy.

[47] Oates, W. E. (2010). 'Local Government: An Economic Perspective' In*The Property Tax and Local Autonomy* ed. Michael E. Bell, David Brunori, and Joan M. Youngman. 9 – 26 (pp. viii, 299 p.). Cambridge: Lincoln Institute of Land Policy.

[48] Rubinfeld, D. L. (1987). Chapter 11 The economics of the local public sector. In J. A. Alan & F. Martin (Eds.), *Handbook of public economics* (Vol. Volume 2, pp. 571 – 645): Elsevier.

[49] Simon, H. A. (1943). The Incidence of a Tax on Urban Real Property. *Quarterly Journal of Economics*, 57.

[50] Sjoquist, D. L. (1981). A median voter analysis of variations in the use of property taxes among local governments. *Public Choice*, 36 (2).

[51] Sjoquist, D. L., Stavick, J., & Wallace, S. (2007). Intergovernmental Fiscal Relations in Georgia (Vol. http://aysps.gsu.edu/isp/files/ispwp0002.pdf): Fiscal Research Center of the Andrew Young School of Policy Studies.

[52] Sokolow, A. D. (1998). The changing property tax and state – local relations. *Publius: The Journal of Federalism*, 28 (1).

[53] Tiebout, C. M. (1956). A Pure Theory of Local Expenditures. *Journal of Political Economy*, 64 (5).

[54] Wallis, J. J. (2001). A history of the property tax in America. *Property Taxation and municipal Government Finance: Essays in Honor of C. Lowell Harris, ed. Wallace E. Oates*, Cambridge: Lincoln Institute of Land Policy.

[55] Zodrow, G. R. (2014). Intrajurisdictional capitalization and the incidence of the property tax. *Regional Science and Urban Economics*, 45, 57 – 66. doi: 10.1016/j.regsciurbeco.2014.01.002.

[56] Zodrow, G. R., & Mieszkowski, P. (1986). Pigou, Tiebout, Property Taxation, and the Underprovision of Local Public – Goods. *Journal of Urban Economics*, 19 (3).

第九章 中国房地产税的早期发展、试点经验与改革设想[*]

在中国政治权力相对集中的大背景下，房地产税作为地方税的几个主要特征能否得到应用，以发挥房地产税对地方公共财政转型的作用？本章从几个视角对现代房地产税与地方公共财政转型进行解析，梳理房地产税在中国历史上的演变过程，解释现代房地产税法理基础中的疑惑，模拟房地产税对基层政府收支的作用，并触及房地产税改革成功推进的关键。研究发现，基层政府可以通过房地产税获得可观的自有收入财源，同时也面临着如何使用房地产税让其达到制度设计的目的，以及将受到更多的居民监督和预算透明的压力。政府需要将房地产税纳入整个税制改革体系中进行通盘考虑，从完善整个税制的角度进行房地产税制度设计。

随着20世纪末开始的中国住房制度改革的进行，中国家庭和个人拥有房产的比例迅速提高。在21世纪初，中国政府将房地产税制度的建立和完善提上了改革日程。最初，这种对保有房产课征的税收被称为"物业税"。《中共中央关于完善社会主义市场经济体制若干问题的决定》（2003年10月14日通过）要求："实施城镇建设税费改革，条件具备时对不动产开征统一规范的物业税，相应取消有关收费。"其主要目的是理顺房地产保有和交易环节的税费体系。同时，中央政府也希望

---

[*] 本章主要内容原发表于《公共管理学报》（张平、任强、侯一麟：《中国房地产税与地方公共财政转型》，《公共管理学报》2016年第4期）。

通过开征物业税，增加基层财政收入①，进一步理顺中央、省（区）、市、县等各级政府间的财政关系。从 2003 年起，中国经济逐步走出由东南亚金融危机导致的经济低谷。然而就在此时，房地产市场中的投机现象开始逐步显现。在过去 10 多年中，中国主要城市房地产价格的涨幅达到好几倍，有的地方甚至达到 10 倍左右。这种现象在诸如北京、上海和广州等一线城市的黄金地段表现尤其明显。在这一轮房地产价格上涨中，基层政府也通过出让土地使用权获得了大量的自有财政收入。有鉴于此，中央政府频繁使用财政、货币和行政措施对房地产市场加以调控。在这个大背景下，中央政府选择上海和重庆两市作为试点城市，从 2011 年 1 月 28 日起启动房产税改革试点。党的十八届三中全会通过的《中共中央关于全面深化改革若干重大问题的决定》提出，要"加快房地产税立法，并适时推进改革"。2015 年 3 月 1 日，《不动产登记暂行条例》正式落地实施。从推进财政体制改革和完善税制体系来看，征收房地产税已成为大势所趋。

从表面上看，房地产税改革以短期内控制不断飙升的房价为目标。但是政府也在投石问路，试图通过此举验证房地产税是否能在试点城市产生"一石多鸟"的效果，即希望发现：房地产税是否能够形成基层政府稳定的财政收入？是否能在完善政府间财政关系上起到作用？是否有利于完善政府治理？如果我们对中央政府试点房地产税意图的设想是正确的，那么，房地产税应该对中国未来几十年的税制改革、基层政府治理和政府结构改革起到基础性的作用。本章从多个视角对现代房地产税改革与地方公共财政转型作深度解析。在中国政治权力相对集中的大背景下，房地产税作为地方税的诸多特征能否得到相应的运用？这是一个普遍存在的疑问。中国近几十年的财政体制改革证明，通过具备一般性特征的财政制度设计，房地产税是稳定基层财政和提升基层治理水平的最优选择。

---

① 这里区分地方财政和基层财政的说法。在一般语境下，地方包含省（区）、市、县和乡四级。使用地方财政也指的是省（区）及以下四级财政。为了强调房产税是区/县和街道/镇政府的税收收入来源，我们特别使用了基层或基层财政的表达。这里的基层指的是区县和街道/镇两级。当然，在某些语境中，市一级也可能被视为基层的组成部分。

第九章 中国房地产税的早期发展、试点经验与改革设想

一 房产税(财产税)在中国的早期发展

房地产税(Real Property Tax)是在房地产的保有环节课征的一种税,其课税对象及基础不仅有"房",更重要的是还应有"地"。房地产税还有几个其他的称呼,如物业税、房产税、不动产税和财产税等。这些不同称呼的指向在不同语境中稍微有些差异;即便同一称呼在不同语境中也会被赋予不同的内涵和外延。在有些语境中,房地产税的外延可能进一步被扩大为"房地产税费体系"的概念。诸如房地产保有环节的房产税、城镇土地使用税及耕地占用税和房地产交易环节的契税、土地增值税及其他相关税种都可能被包含进来。

(一) 现代房地产税

本章所分析的保有环节的房地产税是一种现代房地产税,这种所谓的现代房地产税应当具备以下几个重要特征:①是从价税。即按照价值课征。②税基宽。即课税范围广,免税范围窄。③是地方税。指税基和税率等要素在中央授权下由基层政府决定。④是受益税。房地产税收入用于贴近当地居民的基本公共服务。

新中国成立后,于1951年颁布了《中华人民共和国城市房地产税暂行条例》,在1986年颁布了《中华人民共和国房产税暂行条例》,自2011年1月28日起又在上海和重庆两市开始试点对居民住房开征房产税。前两税主要针对企业征收;上海和重庆试点的房产税尽管针对居民开征,但税基很窄。截至目前,新中国成立以来已开征的房(地)产税均不是本章所讲的"现代房地产税"。

房产和地产是财产的主要类型,房地产税亦是一种以房产和地产为基础的财产税(其英文 Property Tax 中的 Property 即是财产的意思)。将其称为房产税有时会让读者误以为房产税的课税对象只有"房",没有"地"。事实上,在房产税的课征中"地"比"房"更重要,古今中外皆是如此。在中国历史上,以"地"为依据征收的税远比以"房"为依据征收的税更为重要。在追溯财产税在中国历史上的早期发展时,我们将"财产税"和"房产税"并用。用"财产税"的称呼指向对土地

征收的税收，用"房产税"的称呼指向对房产征收的税收。而在讨论现代房地产税和房地产税相关改革时，我们均采用"房地产税"这一称呼。下面我们追溯财产税和房产税在中国历史上的产生、发展和演变过程。通过对历史的回顾，我们希望回答如下问题：中国历史上到底有没有财产税和房产税？如果有该税的话，该税是否是中国古代和近现代政府重要的财政收入？这一回顾对研究一国税制历史的变化意义显著。更为重要的是，通过读史，我们可以预测中国未来财税改革的可能路径。并且，我们希望研究的结果能够为中国和其他国家的改革提供经验借鉴。

（二）财产税在中国的早期发展

在各个国家的税收历史中，课税总是和土地息息相关。在自然经济形态中，土地是农业生产的源泉。拥有或耕种的土地、农业产出和其他与土地相关的财产，成为国王或皇帝从市民（古罗马和希腊）、地主（英国和法国）和佃农那里获取收入的依据。中华民族的历史源远流长，研究表明，自公元前21世纪起至封建社会结束（1911年），与土地相关的财政收入同样是各朝代获取收入的依据。在4000年左右的历史长河中，各种形式的土地税成为政府的重要收入来源。当然，土地税在不同朝代有着不同的称呼，如"田租"、"田赋"和"地丁银"等（见表9.1）。

表9.1　　　　　　　　各朝代财产税概要

朝代	主要收入来源
秦（前221—前206年） 汉（前206—220年）	土地税
三国（220—280） 西晋（265—316）	租、户调
北魏（386—534）	租、调
唐前期（618—780）	租、庸、调；地税；户税
唐后期（780—907）	地税、户税

续表

朝代	主要收入来源
宋（960—1279） 元（1271—1368） 明（1368—1644）	土地税
清（1636—1911）	地丁银

资料来源（表9.2同）：侯一麟、任强、张平（2014）。

中国历史上处于奴隶社会阶段的夏、商、西周三朝以"贡""助""彻"为主要收入形式。这三种收入形式都是按照农业产量的一定比例向国家缴纳税收（郑学檬，1994；张守军，1998）。春秋、战国、秦、西汉和东汉时期（前770—220年）最主要的收入形式是土地税。这一时期的土地税仍旧是按照单位土地产量的一定比例进行征收（张守军，1998；郑学檬，1994；孙翊刚、陈光焱，2003）。三国、西晋、东晋、南朝、北朝、隋朝和唐朝前期（220—780年），尤其是北魏、隋和唐前期的主要收入形式逐渐演变成"租""庸""调"。从字面上看，这几种收入形式接近人头税或户税[①]。但是，由于这几个朝代，尤其是朝代刚刚建立之初，都尽可能地按人头均分土地[②]，因而，"租""庸""调"和财产的相关度是比较大的。唐后期和宋、元、明、清（780—1911年）四朝，税制又逐步向以田亩为对象的土地税回归（郑学檬，1994；邢铁，2002；张守军，1998；孙翊刚、陈光焱，2003）。纵观中国奴隶社会和封建社会4000年的税收制度史，除了三国至唐中期的近700年历史（尤其是北魏至唐前期的386年至780年），直接对土地征税始终是中国各朝财政收入的主要来源（见表9.1）。即便是在三国到唐中期，政府的重要收入是"租调"和"租庸调"。尽管该"租调"和"租庸调"

[①] 北魏将一夫妇称为"一床"，纳粟2石，谓之租；15岁以上未结婚男性4人、奴婢8人或牛20头征收一夫妇的租；对于调，对一夫妇征布1匹，帛8两；15岁以上未结婚男性4人、奴婢8人或牛20头征收一夫妇的调。因而，北魏时期的"租调"制，有点类似于人头税或户税。

[②] 这些朝代在土地分配上实行"屯田"制、"占/课田"制和"均田"制。如三国时期，曹魏在土地制度上实行"屯田"制，将荒地和无主土地收归国有，并尽可能均等地分给平民供农业耕种使用。北魏时期在土地制度上实行"均田"制。男丁15岁以上受田40亩，为露田或口分田，死后还给官府；男丁还受田20亩为桑田或永业田，为私有。

近似于对家庭征收的定额税,但是这种税实施的背景是实行了均田制,这种税制也近似为财产税。因而可以得出结论:历朝财政收入的主要来源始终是财产税;财产税制的合理设计及有效实施是促使朝代兴盛的重要原因。

总体来看,中国历史上土地税的缴纳与多个因素相关。如果用 Y 表示历史上某一户需要缴纳的土地税,A 表示该户拥有[①]土地的数量,L 表示该户拥有土地的质量,D 表示该年度该地区收成的丰歉程度,O 表示其他影响因素(如大土地所有者和官员勾结程度、朝代的稳定程度和腐败等),那么,这几个变量之间的关系,可以用公式(1)来进行表达。一般来看,拥有数量多,缴纳的土地税多;土地质量高,单位面积缴纳的土地税多;年度丰收,缴纳的土地税提高,反之,可能减税。各个朝代之初的建立者,都希望发挥公式中前3个因素发挥的作用,以期望建立一个尽可能公平的税制,基业长青。

$$Y = f(A, L, D, O) \qquad 公式(1)$$

现代社会中的财产税一般是基层政府的重要财政收入,中央政府获取的财政收入往往是所得税、关税等。在封建社会,经济社会发展层次较低,税种单一,土地税既是中央政府的主要财政收入,又是地方/基层政府的主要财政收入。在不同朝代及朝代的不同阶段,可能出现过中央政府大一统的体制,也可能出现过包干的诸侯经济,还可能出现过其他种形式的分配关系,但是,封建社会本质上是中央集权,在中央权力足够大时可以任意决定中央和地方分配关系。

在现代社会,财产税是基层治理的重要工具。居民通过缴纳财产税获取需要的公共服务;税收的缴纳根据支出需要由居民确定;居民在基层收支上有很强的欲望及有力的渠道进行需求表达;除此之外,财产税还是一种价值捕获(Value Capture)的工具。将财产税这种收入工具赋予基层政府,使得基层政府通过提高公共服务水平进入竞争模式。现代社会的财产税是一种公平、有效且有利于基层治理的工具。然而,这些制度性的背景在封建社会不会存在,使得土地税仅仅作为一种收入工具

[①] 封建社会的产权关系比较复杂。从土地耕种者和各朝代统治者的关系来看,很难说土地耕种者向该朝代统治者缴纳的土地税是一种租金,还是一种税收。

发挥作用。

(三) 房产税在中国的早期发展

中国历史上还存在直接以房产为课税对象的房产税。中国历史上最早的房产税可以追溯到唐朝（618—907）。之后的其他朝代也偶尔开征过房产税。唐朝以来，中国历史上曾经开征过专门针对房产的税收，这种房产税曾有过多种称呼，如唐朝时的"间架税"，五代十国和宋朝的"屋税"，清末和民国时期在个别地区开征过的"房捐"，等等。新中国建立后，1951年中央政府也曾颁布法规来课征"城市房地产税"。1986年开始实施的"房产税"保持了现代房地产税的个别特征；然而，此时的房产税税基非常小，且仅对商业和工业用房征税（对居民自住住房并不征税），因此该税并没有带来多少税收收入。在2013年度，该房产税仅为地方税收收入的2.93%。[①] 新中国建立后的房产税既对"房"征税，又对"地"征税。表9.2列示了中国历史上房产税的细节。

表 9.2　　　　　　　　　中国历史上的房产税列表

朝代和税种名称	课征方法或特征	社会背景
唐朝：间架税	"请税京师居人屋宅，据其间架，差等计入"。以"屋二架为间，上间钱二千，中间一千，下间五百"；"匿一间，仗六十，告者赏钱五万"。（见《旧唐书·食货志上》）	唐朝安史之乱后，各地藩镇割据。783年10月，朱泚叛乱攻入京城，宣布废除京城的"间架税"。扑灭朱泚叛乱后，唐德宗于784年正月正式废除间架税
五代十国：屋税	后晋时期屋税按月计算，分春秋两次缴纳；后唐时期，朝廷还曾预借五个月的屋税	五代十国时期，藩镇林立，军阀混战，被唐朝废弃的屋税成为当时朝代的新宠。后梁、后唐、后晋、后汉和后周五代皇帝都曾经对京城和各州城郭中的屋税进行过赦免

---

① 数据来源：《中国统计年鉴》2014年表7.5，http://www.stats.gov.cn/tjsj/ndsj/2014/indexch.htm。

续表

朝代和税种名称	课征方法或特征	社会背景
宋朝：屋税	南宋高宗时，屋税已经扩展到乡村地区。宋徽宗时期，屋税按等征税，"诸州县寨镇内屋税，据紧慢十等均定，并作见钱"（见《崇宁方田令节文》）	宋朝屋税的开征涉及很多州的城郭
清末：房捐		清朝前期，部分地区开征过地方性房产税，但是，经过康熙、雍正和乾隆三朝的整顿，这些地方性房产税被废除
民国时期：房捐		民国时期，北京和上海也曾在短时期开征过"房捐"
中华人民共和国（1951）	房产税以标准房价为计税依据，按年计征，税率为1%；房产税税基以房产市场价值来确定	中华人民共和国成立以后，政务院于1951年8月颁布《城市房地产税暂行条例》。城市房地产税未对财政收入产生过多少实质性贡献
中华人民共和国（1986）	房产税依照房产原值一次减除10%至30%后的余值计算缴纳。从价计征税率为1.2%。但是，该房产税对居民自住住房不征收。	改革开放后，国务院通过《中华人民共和国房产税暂行条例》（国发〔1986〕90号）。仍不是主要财政收入

中国历史上直接以房产为课税对象的房产税与西方现代意义上的房地产税虽有一些共同点，但也有很大区别。就共同点来看，中国历史上的房产税都是一种财产税，以房产这种财产为课征对象。唐朝的"间架税"相当于定额税；宋朝的"屋税"按房屋等级缴纳；新中国成立后的房产税是按价值征收；总之，房产多，纳税多。我们也可以想象，中国历史上房产税的弹性不大（即每年的征税额变化不大），这由房产税本身的特性及其课征办法所决定。以上几点是中国历史上房产税和西方现代意义上房地产税的共同点。就区别来看，也存在几点。首先，中国历史上仅以房产为课税对象的房产税不是政府的主要财政收入。唐朝仅将其视为缓解财政困难的权宜之计；后梁、后唐、后晋、后汉和后周将其作为一种杂税；宋朝时，房产税也仅仅是一种辅助性财政收入。其次中国历史上的房产税仅仅可视为非常有限程度的"受益税"（基层财

政层面)。至于房地产税、地区性公共服务和公共选择相互作用的机制,这在封建社会就更不可能存在了。当然,从社会发展角度来看,房地产税在不同社会阶段被赋予的地位本应就是不同的。不管怎样,我们仍然可以肯定地说:中国历史上的确存在以房产为课征对象的房产税。而中国古代房产税没有延续继而自然地发展演化为现代意义上的房地产税,其间有着深刻的政治原因、经济原因和社会原因。

二 现代房地产税的法理基础

中国现有税制下,除了上海和重庆的试点外,并没有针对居民住房征收的现代房地产税。不少国内学者也对房地产税的改革历程和具体设计进行了较多的研究。现有研究主要从政策和技术两个层面来分析房地产税是否应该开征,如何开征,以及对房地产市场、基层财政和政府治理等方面影响如何。房产税在上海和重庆试点已5年有余,关于两地试点的思考和效应分析亦被不少学者所关注探讨,如安体富与葛静(2012)、郭宏宝(2011)和阳建勋(2012)等。但对是否应该开征房地产税依然存在着支持和反对两种截然不同的声音。有学者定量测算了不同税率情况下房地产税收入数量以及可能对基层财政带来的影响(李文,2014;韦志超、易纲,2006;张学诞,2013;郑思齐,2013)。刘蓉等(2015)通过微观数据测算发现房地产税可以在土地出让金枯竭之前较好地减少地方政府对土地出让金的依赖。由于房地产税改革存在一定的阻碍和不确定性,也有不少学者认为房地产税未来不能成为地方政府主体税种(白彦锋,2012)。杨卫华和严敏悦(2015)等学者认为应将企业所得税作为地方税主体税种。朱青(2014)则认为,不能将房地产税和企业所得税作为地方主体税种,他认为应当开征零售环节的销售税划给地方;或者改造消费税,将一部分定额征收的消费税划给地方;或者提高个人所得税地方分享的比例。亦有文献分析测算了房地产税对房价的影响(况伟大,2009;龚刚敏,2005),以及不同情境下房地产税的房价效应及对城镇居民购房和住房福利的影响(李永友,2013;王晓明、吴慧敏,2008)。

在中国,土地所有权归国家和集体所有,对于用于居住的房产来说，居民只拥有自政府转让时起若干年的使用权。[①] 对于开征房地产税，居民普遍对土地产权问题，以及与土地出让金是否存在重复征收问题等存在疑问，这些疑问是开征房地产税获得充分适当的法理基础必须解决的问题。

(一) 土地所有权问题

对只拥有使用权而没有所有权的土地征收房地产税是否合理？如上文所述，房地产税在其他国家之所以被居民所接受，很大程度上缘于其受益税的特征。房地产税和土地所有权或使用期限没有必然联系。从国际经验来看，土地国有的国家并不仅有中国。土地私有或许会是未来改革的一个方向，但这并不影响房地产税的合理性。例如，中国香港的土地即不是私有；英国不同层级的政府也均有不少的公有土地，也以规范的交易转让使用权，有些长达999年；美国夏威夷州的土地也是国家所有而非私有。这实际上对土地的国有属性进行了虚化（贾康，2015）。满燕云（2012）认为，征收房地产税和土地所有权没有关系，即使将来到期，政府可用象征性地收取地租等方式来延长使用期限。

从法律的角度来说，所有权的权能包括占有、使用、收益和处分。使用权是财产权的重要特征。进一步从受益税的角度来说，以租房人为例，即使对土地和房产均没有所有权，但房租中仍会包含被房东转嫁的房地产税，这其中的合理性就在于租房人在承担这部分房地产税的同时也享受了相应的公共服务。因此，房地产税可以看作公共服务的收费，而地租才是基于土地所有权的一种租金。后文也会说明，土地出让金即是基于土地使用权的租金，与房地产税是不同维度的问题。

(二) 土地70年使用权问题

关于房屋产权，一个普遍存在的误解是，房屋使用权到期后又无偿重归国有，而事实上并不是如此。中国《物权法》第149条规定："住宅建设用地使用权期间届满的，自动续期。"也就是说，居住用地

[①] 居住用地为70年，工业和商业用地则分别为50年和40年。

194

70年土地使用期满后，土地回归国有，地上建筑物仍然属于业主所有。如果需要将土地使用权续期，则存在三种可能：①不需要缴纳任何续期费用；②象征性地缴纳少量续期费用；③按照市场价格缴纳数额不菲的续期费用。虽然这三种可能并没有在法律中完全明确，但是居民的普遍预期主要是第一种可能，且这种预期事实上已经反映在了房价之中。

如以笔者观察到北京市海淀区核心地段的事实看，在其他情况相同的条件下，剩余35年使用权期间的住房（20世纪80年代初建成房产）与剩余55年使用权期间的住房（2000年建成房产）市场价格基本相差不大。这就意味着，居民普遍认为该70年土地使用权实质上是个虚数，而非实数。① 因此，这几种可能性其实已经通过预期反映到了房产的市场价值之中，基于房产价值征收的房地产税也就具备了相应的合理性。当居民住房土地使用期限是个虚数时，条件相当、期限不同房产的价值相当；而假如续期需要重新缴纳巨额土地出让金时，不同年限房产的价值自然也会有较大差距。当然，为了减少续期过程是否缴纳费用及如何缴纳费用等不确定性给经济运行带来的额外效率损失，全国人大和国务院应尽快明确各种政策措施。

（三）土地出让金的重复征收问题

在厘清土地所有权和房屋产权的疑问后，同时征收房地产税和土地出让金是否存在重复征收问题呢？正如华生（2013）所说，产生这一质疑的原因是土地出让金和房地产税都是由国家收取，国家"分饰两角"造成了重复征收的感觉。② 贾康（2015）也认为，土地出让金的性质是土地使用权的价格，即凭借所有者身份对使用权持有人收取的地租；而房地产税的性质是不动产保有环节上使用权持有人所必须缴纳的法定税负，收取者（国家）凭借的是社会管理者的政治权力。"租"与"税"两者是可以合理匹配、并行不悖的关系，不存在"法理障碍"和

---

① 为了规避经营风险同时本着审慎性的原则，对购买土地使用年限快到期的房子的情况，银行不对购房者进行贷款。

② 资料来源：《收入分配方案重申房产税既得利益者是改革难点》，新浪财经，http://finance.sina.com.cn/china/20130206/165114522092.shtml。

"重复征收"问题。[①] 满燕云 (2012) 则认为,土地的价值增长一部分来自土地所有人和使用人的私人投资,还有一部分是社会提供的公共服务和基础设施及经济发展法律变革等外在因素导致的。这些外部因素带来的土地增值应属于公共收益,应由政府公共部门代表社会通过税费的形式获得。而现代税制本身就有重复因素,中国目前开征的税有 18 种,其他国家甚至更多,都是多税种、多环节、多次征的"复合税制"。例如,企业在流转环节交税后,再交企业所得税,发给员工的工薪收入需缴纳个人所得税,利用税后收入消费时还有消费税。因此,症结不是是否允许重复征收的问题,而是这种重复是否合理的问题。

土地出让金影响的是购房环节的房价水平,而在持有环节的房地产税作为受益税则是另一个不同维度的问题。一种可行的解决办法是将现行的土地出让金合并到房地产税中,算作其中的年租部分(已缴纳年份不再征收,到期后开始按年征收),便于新旧两个体系接轨(侯一麟、马海涛,2016)。实际上,尽管从经济学的角度看,房地产税往往会转嫁到租房者身上,转嫁的程度取决于租房市场的供求弹性,但房地产税作为受益税,是为社区配套公共服务付费,无论是自有住房还是租用的住房,都应遵循使用者付费的原则。

三 房地产税改革的收支模拟与地方公共服务

如何促使居民准确显示他们对基本公共服务质量和数量的偏好?如何提高基层政府提供公共服务的效率?如何塑造有责任的基层政府?这些始终是公共财政、政府治理和公共管理学科的关键问题。将房地产税作为基层政府的自有税收,并将纳税人的付税与其公共服务所得相关联,是许多发达国家公共管理中的基本经验。近年来,中国基层政府的基础建设过度依赖土地出让金收入,缺乏稳定的自有收入来源。根据世界上多数发达国家的经验,宽税基的房地产税将为基层政府提供相对于其他收入来源更加稳定且非常可观的自有收入。

---

① 资料来源:21 世纪网,http://www.21cbh.com/HTML/2012-9-25/4MMzIzXzUyO-Dc4MA.html。

第九章 中国房地产税的早期发展、试点经验与改革设想

单一制国家有着中央集权的传统，地方税和基层公共服务间常常缺乏紧密的联系。当中央对基层政府的转移支付缺失时，仅仅依靠基层政府自有收入会导致极端的不平等；同时，也会引发公共服务提供不足、效率低下和无责任基层政府的现象。如果基层政府太依靠中央的转移支付，其他问题诸如居民的偏好显示、运作效率和基层政府责任缺失以及软预算约束的现象也会产生。从政府治理的角度来说，如何达到通过房地产税改善政府治理的目的呢？在基层建立税收与公共服务之间的紧密联系是民主治理和财政管理中非常重要的问题。从这种意义上讲，房地产税既会影响收入端，也会影响支出端。那么，在中国征收房地产税将会如何影响目前的税制体系和支出结构？新增的房地产税又会如何通过公共选择机制影响基层政府治理、调整政府间关系及政府的运行效率？针对这些问题，我们通过全国范围内的科学抽样获得各个层级具有代表性的区县样本，分析了房地产税对基层政府收入和支出的影响。

(一) 全国抽样模拟

我们的抽样对象是"区"或"县"。在中国的行政架构中，"区"是（地级）市下面一级的政府层级。相对于县来讲，区位于较为发达的城市区域。县和区平级，但有较多的农业人口。县政府坐落地是在城市区域，县其余的区域大部分是农村。由于农村宅基地和住房不存在批量的交易市场，无法评估价值，短期内房地产税的实施还难以涉及农村住房，本章中的模拟仅包括城镇住房。

我们的研究既着眼于区，也选取一些县作为样本。"区"从三种类型的行政区域中选取：大都市、省会城市和一般地级市。直辖市和省具有同等地位，但也和省有所不同。中国目前有四个直辖市，分别是北京、天津、上海和重庆。直辖市是城市化水平很高的区域，如京津沪。重庆市稍显特殊，该市1997年才成为直辖市，所辖区域超过一半依然是农村。另外，广州虽然不是直辖市，但是南方的大型城市，具备与直辖市不少相同的特点。这样，对于大都市区域，我们选择了北京、天津和上海作为样本所在区域。同时，我们也选取广州作为大都市样本所在区域。最终，我们选择四个城市——北京、天津、上海和广州——作为"大都市"。对于这四个大都市区域，我们在每个市选取3个区作为样

本。另外，我们采用具有代表性的随机抽样，在 27 个省份中从省会城市和一般地级市各选取 1 个区和 1 个县。其中，为了防止样本选取过程中产生的内生性问题，我们对一般地级市的选取考虑了经济发展程度和到省会城市的距离等因素。最终形成一份具有代表性的时间跨度为 16 年（1994—2009）的全国区县样本：62 个区（其中大都市 12 个，省会城市 27 个和一般地级市 23 个）和 61 个县。[①] 我们的数据来源为《中国人口普查资料》（2000 和 2010 年）、《中国统计年鉴》（1994—2011 年）、《全国地市县财政统计资料》（1994—2009 年）和《全国分县市人口统计资料》（1994—2010 年）。

这里模拟房地产税实际税率的计算公式如下：

$$实际税率 = \frac{\left[家庭可支配收入 - \begin{pmatrix}食品 + 衣着 + \\ 医疗保健 + 交通\end{pmatrix}\right] \times 10\%}{家庭建筑面积 \times 单价}$$

其中，家庭建筑面积和每平方米住房单价均是省级平均数据，年度家庭可支配收入、食品、衣着、医疗保健和交通也都是省均数据。我们采用家庭可支配收入减去基本衣食行医等方面支出后的 10% 作为缴纳房地产税的税额，以该税额除以家庭平均房产价值得出房地产税的实际税率。根据公式算出的结果是房地产税额约为房产价值的千分之五至千分之十四。但由于从 2010 年至今住房价格的上涨速度远远高于可支配收入的上涨速度，若现在开征房地产税折算后占房产价值的千分之三至千分之五。

我们认为，这一税率水平对于普通居民基本可以承受，同时可为基层政府带来可观稳定的收入。这一新收入的使用如果限于重要的基层公共服务，会使服务水平和质量有显著的提高。进一步假设将这些新征税收平均分成四份，用于大部分居民都非常重视的四个基本公共服务领域：教育、公共医疗、公共安全以及一般公共服务（包括地方道路和公园等基本建设，每一项占房地产税收入的 25%）。如表 9.3 所示，额外的房地产税将迅速改善基层公共服务的质量；这一新收入对主要公共服务的贡献率可以达到 10%—40%。

---

① 有些地级市只有区没有县，或者只有县没有区，我们在这样的地级市中选择两个区或两个县。样本选取的方法、具体的计算过程和结果的可靠性在《房产税在中国：历史、试点与探索》一书中有较详细的说明（侯一麟、任强、张平，2014）。

表 9.3　　　　25%的房地产税收入对主要公共服务的贡献度

地区	教育	公共卫生	公共安全	一般公共服务
大都市	23%	67%	42%	38%
区	12%	49%	34%	16%
县	13%	48%	50%	18%

模拟结果表明，在中国现有背景条件下，房地产税成为基层政府的重要财源具有很大的可行性。这项收入将很大程度上改变基层政府现有的财政状况和改变基层政府与省政府和中央政府之间（过度依赖转移支付）的财政关系。此外，如果将房地产税和基层自主性、公众参与决策以及基层官员的责任联系起来，再加上准许自由迁移和直接选举基层官员，将可能会对中国基层治理产生一个根本性的变化。利用公共预算来整合这几个方面，是完全可以做的。这是一个温和可行的建议，但在理清很多多年积累的深层次问题方面却是巨大的一步，可谓一石多鸟。研究表明，分级财政可以发挥作用，相关原则是普遍和通用的。公共财政作为政府总体的管理技术，可以有效提高执行效率、政策的有效性和对民选官员的问责。

（二）上海和重庆的模拟

上海和重庆是 2011 年 1 月 28 日起启动房产税试点改革的。根据政府公开数据以及相关部门估计，截至 2014 年 2 月，房产税试点运行 3 年时间里上海累计征收约为 6 亿元，重庆则不到 4 亿元[①]。而上海 2013 年土地出让金总额则达到了 2262 亿元，2014 年有所下降为 1665 亿元，2014 年上海市一般公共预算收入为 4585.6 亿元。试点房产税收入微乎其微，与成为基层政府重要财源相差甚远。根据这一数据，不少专家学者认为房产税试点是失败的。那么，房产税试点失败了吗？我们到底应该从什么角度去评价房地产税改革是成功还是失败呢？回答上述问题，

---

① 上海重庆房产税试点征收情况统计：http://www.chinairn.com/news/20140207/092750130.html。试点房产税仅指针对居民住宅在保有环节的房产税，不包括工业和商业房产。根据上海 2014 年预算草案，上海预计征收房产税 27.6 亿元，同比增长 2.6%。这一数据包括了房地产所有相关税收。

要从房地产税的治理属性说起。房地产税改革不是为了打压房价，也不仅仅是为了获得更多的财政收入，而是为了从根本上找到一条理顺政府间财政关系和提高基层治理水平的良策。因此，房地产税试点收入多少不能作为评价房地产税改革成功与否的标志。房地产税作为政府税收和公共服务紧密相连的地方税，是天然的治理工具。利用好房地产税的治理属性将极大地提高基层政府自我治理的能力，从而为进一步提高政府公信力和政府执政能力打下最重要的基础。而试点的意义就在于通过总结上海和重庆的试点经验，探讨改革中存在的问题以及未来的方向，以期在房地产税这一重大财税体制改革问题上形成一定的地区经验以供国家层面的政策参考。

我们对上海和重庆各区县的房地产税模拟情况也进行了详细测算与分析。表9.4展示了2010年上海各区县房地产税收入模拟及占上年财政收入和支出的比重。可以看出，上海市征收房地产税的潜力在2010年就可达到585.86亿元。房地产税试点征收额之所以微不足道，是由于其税基太小。相比于上海超过800万的家庭总数，目前房地产税试点的应税住房仅为7万套左右，需要缴纳房地产税的家庭还不到1%。而根据模拟，宽税基的房地产税将可以成为上海市各区县政府的重要收入来源，平均可占财政收入的45.7%，占财政支出的32.7%。如前文所述，房地产税征收一般需要考虑居民收入状况和支付能力，对低收入家庭作一定的收入减免。对于中国特有的住房状况，中国2010年人口普查分省分县资料中提供了家庭住房状况抽样的长表数据，其中提供了"住房内有无管道自来水""住房内有无厨房""住房内有无厕所""住房内有无洗澡设施"等住房状况的4项指标。在这4项指标中，我们假定任意一项"没有"（无管道自来水、无厨房、无厕所、无洗澡设施）在本章计算中均被认定为低收入家庭，对房地产税予以免除[1]。因此，本章取4项指标中（百分比）的最小值作为免除一部分家庭房地产税后的最终征收的住房比重。以此为标准，上海约有

---

[1] 在房产税的初步推进阶段，将会有相当一部分房产被排除在房产税之外。对于如何根据实际的收入状况和家庭成员构成等按一定的标准予以免除，将有一个长期的制度建设过程。我们正在进行中的一项关于房产税可支付能力的研究将为此提供理论和实证依据。

27.2%的房产免交房地产税，重庆则有约42.3%的房产免交房地产税①。需要说明的是，沪渝试点的政策设计存在的一些弊端，例如税基过小，导致房地产税不能起到成为地方政府重要财源的作用。模拟则是基于现代房地产税宽税基特征的基础上进行，以此说明房地产税具备的财政收入潜力。因此，这里的模拟主要是说明税收潜力，不代表实际征收状况，现实的实施过程中对房地产税的豁免可能在不同的地区也会有所差异。

通过表9.4可以看出，在上海各区县，房地产税收入可以对基层财政起到重要的支撑作用。在对部分房产免除房地产税的情况下，房地产税在上海的模拟收入占基层财政收入和支出比重分别为33.2%和23.8%。而在一些城区，房地产税模拟收入可以达到基层财政收入的50%以上，占基层财政支出的比重也可达到40%以上。表9.5为2010年重庆各区县房地产税收入模拟及其占上年财政收入和支出的比重。以同样的标准，与上海相比，重庆被免除房地产税的住房比重较高。全重庆平均免除42.3%的住房，其中市辖区为31.9%，县为54.6%。因此，在房地产税免除规模较大的情况下，房地产税模拟收入占基层财政收入和支出的比重也相对较低，分别为22.0%和9.4%。这样的免除规模，在房地产税改革的初期，相信会有利于提高公众接受度，推动房地产税改革。

在对上海和重庆各区县的详细分析中，我们进一步发现，即使在同一个城市（如上海这样的高度发达地区），不同的区县之间，房地产税模拟收入在多个方面呈现出较大差异，如人均房地产税税额、免除房地产税的住房比例和房地产税收入占基层财政收入和支出的比重等。例如，房地产税收入占基层财政支出比重在最高的杨浦区为49.5%，而在最低的青浦区仅为3.7%。由于不同区域间的经济发展差异，整个房产市场的价值有很大区别，如何在大面积推广房地产税的同时，协调区域间财政能力是一个很重要的命题。房地产税的规模和对基层财政所能起到的作用在不同区县仍然存在较大的差异，如果将这些房地产税用于

---

① 被免除的房产相对为价值较低的住房，住房价值的百分比数量的百分比要小，因此这里免除后的房产税收入在较大程度上是低估的。

基层基本公共服务，这势必会加大区域间公共服务的不平等。如何在推进房地产税改革的同时兼顾到公共服务均等化供给是今后房地产税改革的理论指导和实践应用的一个挑战，这也是我们下一步需要深入进行研究的课题。另外，房地产税作为一个新的税种，涉及面广泛且与居民的生活息息相关，居民的纳税能力是需要细致考量的一个重要方面。研究表明，房地产税的纳税能力在不同地区间也存在很大差异，基尼系数衡量的纳税能力差异甚至超过了收入差距（张平、侯一麟，2016）。因此，在进行政策设计时需要充分考量地区差异，不求划一，进行差异化制度设计。

表9.4 2010年上海各区县房地产税收入模拟及占上年财政收入和支出的比重

地区	房地产税总额（亿元）	人均房地产税税额（元）	房地产税免除比例	房地产税/收入 所有房产	房地产税/收入 免除后	房地产税/支出 所有房产	房地产税/支出 免除后
上海市	585.86	4668	27.20%	45.70%	33.20%	32.70%	23.80%
黄浦区	22.61	3757	50.10%	40.50%	20.20%	30.90%	15.40%
卢湾区	17.50	5747	27.00%	37.50%	27.40%	31.80%	23.20%
徐汇区	43.58	4785	11.00%	55.50%	49.30%	48.70%	43.30%
长宁区	38.51	6250	6.10%	61.20%	57.40%	51.80%	48.70%
静安区	18.27	5991	19.20%	32.40%	26.20%	27.40%	22.10%
普陀区	34.17	3890	12.40%	77.20%	67.60%	47.80%	41.80%
闸北区	23.58	3408	15.80%	65.00%	54.80%	41.50%	34.90%
虹口区	30.75	3889	21.70%	73.10%	57.30%	48.40%	37.90%
杨浦区	40.97	3754	13.70%	93.00%	80.30%	57.30%	49.50%
闵行区	27.35	3050	30.80%	24.80%	17.10%	28.40%	19.60%
宝山区	27.96	3381	24.10%	44.60%	33.80%	20.20%	15.30%
嘉定区	11.66	2500	45.30%	17.20%	9.40%	12.30%	6.70%
浦东新区	122.38	4994	27.10%	32.20%	23.50%	25.70%	18.80%
金山区	7.50	2255	17.50%	31.30%	25.80%	12.50%	10.30%
松江区	11.73	2468	35.20%	17.40%	11.30%	12.90%	8.40%

续表

地区	房地产税总额（亿元）	人均房地产税税额（元）	房地产税免除比例	房地产税/收入 所有房产	房地产税/收入 免除后	房地产税/支出 所有房产	房地产税/支出 免除后
青浦区	5.59	1808	48.20%	11.50%	5.90%	7.10%	3.70%
奉贤区	6.35	1883	43.60%	19.90%	11.20%	9.80%	5.50%
崇明县	6.80	2582	26.80%	29.00%	21.30%	9.70%	7.10%
平均	27.63	3688	26.42%	42.41%	33.32%	29.12%	22.90%
最大	122.38	6250	50.10%	93.00%	80.30%	57.30%	49.50%
最小	5.59	1808	6.10%	11.50%	5.90%	7.10%	3.70%

数据来源（表9.5同）：全国地市县财政统计资料2009，中国2010年人口普查分省分县资料，全国分县市人口统计资料2010，禧泰数据网全国房产市场数据中心（http://data.cityhouse.cn/）和《中国统计年鉴》2011。

表9.5 2010年重庆各区县房地产税收入模拟及占上年财政收入和支出的比重

地区	房地产税总额（亿元）	人均房地产税税额（元）	房地产税免除比例	房地产税/收入 所有房产	房地产税/收入 免除后	房地产税/支出 所有房产	房地产税/支出 免除后
重庆市	152.33	1376	42.30%	38.10%	22.00%	16.30%	9.40%
市辖区			31.90%				
万州区	8.11	1449	39.10%	72.40%	44.10%	19.70%	12.00%
涪陵区	4.82	1164	42.90%	29.20%	16.70%	13.30%	7.60%
渝中区	8.15	1423	9.50%	28.50%	25.80%	19.70%	17.80%
大渡口区	2.05	1031	16.20%	23.60%	19.80%	13.40%	11.30%
江北区	7.72	1569	7.50%	34.10%	31.50%	21.30%	19.70%
沙坪坝区	7.52	1185	11.60%	40.80%	36.10%	20.70%	18.30%
九龙坡区	7.48	1197	14.50%	44.40%	37.90%	24.50%	21.00%
南岸区	8.09	1557	14.40%	41.40%	35.40%	23.10%	19.70%
北碚区	5.62	1743	22.40%	48.90%	37.90%	25.50%	19.80%
渝北区	9.64	1805	32.80%	46.60%	36.60%	26.50%	20.80%
巴南区	4.98	1387	24.90%	44.00%	28.00%	17.90%	11.30%
黔江区	2.09	934	21.50%	36.10%	14.80%	9.50%	3.90%
长寿区	3.06	1107	36.40%	23.00%	13.20%	13.10%	7.50%

续表

地区	房地产税总额（亿元）	人均房地产税税额（元）	房地产税免除比例	房地产税/收入 所有房产	房地产税/收入 免除后	房地产税/支出 所有房产	房地产税/支出 免除后
江津区	8.58	1656	59.00%	53.70%	25.20%	25.60%	12.00%
合川区	6.28	1245	42.50%	46.00%	18.90%	22.60%	9.30%
永川区	3.37	1042	53.10%	22.10%	10.10%	11.70%	5.30%
南川区	2.30	1521	58.90%	36.50%	19.30%	13.70%	7.20%
县			54.60%				
綦江县	2.40	983	47.20%	26.60%	14.10%	10.60%	5.60%
潼南县	1.76	1229	54.90%	57.50%	29.60%	10.60%	5.40%
铜梁县	2.33	1394	47.10%	24.60%	9.70%	13.00%	5.10%
大足县	2.21	1061	48.50%	30.50%	10.70%	13.80%	4.80%
荣昌县	2.44	1176	60.40%	29.80%	10.20%	13.50%	4.60%
梁平县	1.87	1231	64.90%	35.20%	15.30%	11.60%	5.10%
城口县	0.38	1011	65.80%	23.00%	8.40%	4.50%	1.60%
丰都县	2.08	1175	47.20%	55.30%	20.90%	12.80%	4.80%
垫江县	1.92	1177	56.40%	44.50%	22.10%	11.70%	5.80%
武隆县	1.42	1382	63.60%	40.20%	18.00%	10.00%	4.50%
忠县	2.89	1403	62.20%	69.80%	25.30%	17.20%	6.20%
开县	7.14	1580	50.20%	150.80%	88.60%	28.90%	17.00%
云阳县	2.01	933	55.20%	79.00%	33.50%	9.10%	3.80%
奉节县	1.38	809	63.70%	33.40%	11.60%	7.40%	2.60%
巫山县	1.01	907	41.30%	43.50%	12.40%	8.00%	2.30%
巫溪县	0.79	972	57.50%	66.00%	32.60%	6.00%	3.00%
石柱县	1.78	1267	65.20%	52.80%	20.40%	13.70%	5.30%
秀山县	0.89	804	71.60%	21.40%	6.50%	5.50%	1.70%
酉阳县	1.73	871	50.60%	51.90%	11.00%	9.20%	2.00%
彭水县	0.68	695	61.30%	16.30%	5.70%	4.10%	1.40%

四 房地产税改革成功推进的关键

在 21 世纪初,对居民住房开征房地产税的改革提上了决策层的日程。表 9.6 详细列明了中国房地产税政策出台的基本过程。从对政策出台过程的回顾,我们可以发现有三个重要特征。

表 9.6　　　　　　　　　房地产税改革推进过程

关于房地产税的相关表述	出处
实施城镇建设税费改革,条件具备时对不动产开征统一规范的物业税,相应取消有关收费。	《中共中央关于完善社会主义市场经济体制若干问题的决定》(2003 年 10 月 14 日)
稳步推行物业税	《中共中央关于制定国民经济和社会发展第十一个五年规划的建议》(2005 年 10 月 11 日)
研究推进房地产税制改革	《2009 年国务院政府工作报告》2009 年 3 月 5 日
深化房地产税制改革,研究开征物业税	《国务院批转发展改革委〈关于 2009 年深化经济体制改革工作意见〉的通知》(2009 年 5 月 19 日)
制定物业税税基评估技术标准,建立物业税税基评估系统,积极推进深圳开征物业税试点工作。	《深圳市综合配套改革三年(2009—2011 年)实施方案》(2009 年 7 月 11 日)
研究推进房地产税改革	《中共中央关于制定国民经济和社会发展第十二个五年规划的建议》(2010 年 10 月 18 日)
对部分个人住房征收房产税改革于 2011 年 1 月 28 日起在上海和重庆两市开始试点	《上海市人民政府关于印发〈上海市开展对部分个人住房征收房产税试点的暂行办法〉的通知》和重庆市人民政府令第 247 号
加快建设城镇住房信息系统,改革房地产税收制度,促进房地产市场长期平稳健康发展。	《国务院政府工作报告》2012 年 3 月 5 日
在这个基础上进一步研究推进房地产税改革的方案,适当扩大试点范围,积极稳妥地加以推进。	财政部部长谢旭人就"当前的财政政策和财政工作"回答中外记者的提问(2012 年 3 月 6 日)
加快房地产税立法并适时推进改革	《深化财税体制改革总体方案》(2014 年 6 月 30 日)

第一，政策从研究到出台长达10年之久。这意味着要在各方之间取得共识、再达成一致确实是一个需要花费大量精力和时间的过程。第二，政策的决策总体上是自上而下的推动过程。其中的参与者包括高层智库、高层级政府部门和低层级政府部门。第三，房地产税政策采取"先试点、再推广"的策略，试图通过这一"试错"过程发现问题，纠正错误；通过渐进式改革尽可能完善政策及技术细节，避免重大失误。通过这一过程，先行先试的地区会给后来实施政策的地区提供许多中肯、深刻的经验和教训。这说明党和政府对政策的制定、实施是非常谨慎的；各种社会实验和先行试点是检测公众对政策接受程度、检测政策及技术细节可行性的重要工具。这也是中国各项改革的重要经验。对于未来房地产税改革成功推进的关键，我们总结为以下五点。

（一）充分保证房地产税作为受益税的特性

正如上文分析，房地产税作为受益税是开征房地产税具备法理基础的重要条件。对于土地所有权问题，房屋70年产权问题以及土地出让金的重复征收问题，房地产税作为受益税均在很大程度上解决了这些可能的"法理障碍"。另外，根据北京大学林肯研究院城市发展与土地政策研究中心与国家统计局合作的民意调查显示，如果房地产税用于城市建设，改善基础设施、医疗公共服务，支持率达到71%，可见居民并不是绝对反对房地产税（郑思齐、孙伟增、满燕云，2012）。如果居民能够清楚地知道房地产税用在什么地方，支持率也将上升，未来财政支出公开将是大势所趋。政府在推行的过程中，应该更多地向民众解释清楚，增加政策透明度，才能避免民众被误导。如果政府能够做到预算公开、使用公开，让居民有充分的话语权，那么自然就会得到更多的支持。同时，该调查也发现70%的住房较少的普通家庭支持征收房地产税；而我们所进行的对普通居民和政府官员的调查问卷也表明，对房地产税的支持程度与拥有房产的套数呈负相关关系。

这些结论也意味着既得利益者将是改革的难点。房地产税作为从无到有的新税种，又是一项直接税，居民的税收痛苦指数高，在一定程度上确实令不少居民提起房地产税就有一种负面情绪。要使居民真正接受，必须让纳税人切实感受到房地产税与公共服务之间的直接联系；否则纳税人可能会将房地产税看作一种恶税，或者仅仅是政府获得收入甚至增加寻租空间的手段。因此，要提高居民的接受度和增加政策施行的便利度，充分保证房地产税作为受益税就非常必要，这对政府的预算透明和政策公开提出了较高的要求。而从完善税制和地方公共财政转型的视角看，由间接税向直接税的转变，地方政府获得稳定可靠的自有财力，又是走向现代治理的必需步骤。

就具体操作来看，需要有以下几点考虑。第一，要保证房地产税受益税的特征，还需要尽可能将税收的统筹层次降低，即尽可能使得房地产税成为最基层政府的收入来源。这样的话，缴纳房地产税的居民能够很明显地感觉到税收收入用到自己身边的最基本的公共服务。这样，居民就会关心房地产税的征收和使用，并敦促资金使用效率达到最高。当然，需要注意的是，不能因为开征房地产税让基层政府之间财力差异过大。第二，要使房地产税成为"受益税"，还必须是宽税基的，不能是2012年重庆或上海开征的窄税基房地产税。宽税基房地产税要求尽可能所有房地产都是课税对象，基本不保留或很少保留减免税。这样，房地产与公共服务接近，那么价值会提高，缴纳的房地产税也会自然增加，从而发挥了价值捕获（Value Capture）的职能。每套房地产都不得例外。这样，房地产所有者一定会关心房地产税征收和使用。我们担心的是，为了短时间内取得公众的支持给予的优惠政策，会随着时间的推移走形，可能会导致更多的不公，影响房地产税的功能发挥。

（二）基层应具有征收和使用房地产税的自主权

房地产税连接收入和支出的两端，增加基层政府自有收入将赋予基层政府更多的自主权，从而重塑政府间财政关系。若把新增加的收入指定用于当地的公共服务，将使得当地政府的财政收入与当地的公共服务密切联系起来，使所提供的公共服务更真实地反映居民的偏好和需求。房地产税的这一特性使其成为一种天然的地方税。在政府层级中，基层政府最容易及时获得房地产税税基信息。这样，将房地产税的征收管理放到基层政府显然比将其放到较高层级政府具有优势。征税成本包括直接机会成本（direct opportunity cost）、管理成本（administrative cost）、净损失成本（deadweight cost）和政治成本（political cost）等，研究表明房地产税作为受益税在基层政府的管理成本和政治成本比州政府都小（Wallis，2001）。

当然，在中国当前的税制下，房地产税要成为地方税并使地方具备相当的自主性，仍然存在一定的制度阻力以及要解决的多方面问题。按照我国《立法法》的要求，未来新税种的开征、税率等必须由全国人大立法。表面上看，这给地方或基层政府戴了"紧箍咒"。但实际上，地方或基层完全可以在税基上做工作，从而影响房地产税的实际税率（Effective Tax Rate）。西方国家房地产税的使用上基本可以实现完全对下负责。当然，我国自上而下的体制在集中精力办大事上具备不少优势。就基层政府更充分反映民意方面我国一直在不断探索（如村民选举和新一届政府的探索），我们相信在这方面完全能够走出符合中国国情的有特色的路径。

（三）房地产税的设计和征管

征收房地产税是一项复杂的系统工程，这也是需要较长的时间来进行各项准备工作以及需要专家学者和政府官员进行充分讨论的原因。具体来说，房地产税的实施包括评估、征收和使用三个大的方面。评估是很重要的一环，这直接影响房地产税的公平性。中国已有相关的评估法，在技术层面，评估机构的选取（政府评估还是第三方评估），成熟的批量评估技术和管理系统，以及房屋、土地、税收等部门协调配合和数据共享均是非常重要的考虑要素。是否需要设立一个独立于税务的评估部门也可以进一步讨论。征收方面，主要由税务部门执行，包括税基、税率的确定以及税收减免或扣除标准的制定。使用方面，可以充分发挥房地产税作为地方税和受益税的特征，挖掘房地产税特性以提升基层政府治理水平。总体来说，在房地产税设计和征管的各个环节，要发挥房地产税的治理属性，需要充分考虑房地产税在政治上的可接受性、技术上的可行性、管理上的便利性以及房地产税作为税源的收入充足性。

就目前已有的经验来看，我国不少地方政府，如深圳等已经实现了房地产评估的"一房一价"。应当说，在评估技术上，已经完全没有障碍。深圳税务部门使用详尽的评估数据在二手房交易环节的税费征管上获益很多。未来，深圳经验可以逐步推向全国。目前，需要使得评估在初始建设环节能够低成本进行并推广。另外一个重要的方面是评估的公正性。评估环节常常被认为是房地产税的最大问题之一，因为这是公平性等其他问题的起点。因此这一环节的公正非常重要，这需要评估体系信息透明，同时对认为评估结果有重大偏差的房产的居民提供相应的申诉渠道和公正的解决途径。

（四）理顺房地产的税费体系

从治理的角度说，房地产税可提高基层治理水平；从财政的角度看，房地产税改革的目的在于优化基层政府收入结构和房地产税收体系。因此，房地产税改革是清费立税，是房地产开发建设、交易、保有各环节税费的整体改革（如表9.7所示）。例如，安体富和葛静（2014）认为，未来的房地产税，将是房地产税和城镇土地使用税二税合一；从另一个角度也可以理解为取消城镇土地使用税，对整个房地产按照市场价值征房地产税。虽未有成文规定征收房地产税后"税负不变"，但房地产税一定不是简单的税负增加。政府征收了房地产税，就要减掉或合并一部分其他税种，例如现有的城镇土地使用税、住房建设过程中的各种税费。成功的房地产税改革必将使得中国的房地产税费体系更为合理。

表 9.7　　　　　　　现行房地产保有和流通环节涉及税种

	家庭（居住）	企业（商用）
保有环节	无	房产税*、城镇土地使用税、耕地占用税
流通环节	个人所得税、营业税、土地增值税、契税、印花税、城市维护建设税及教育费附加	企业所得税、营业税、土地增值税、契税、印花税、城市维护建设税及教育费附加

* 适用于《中华人民共和国房产税暂行条例》（国发〔1986〕90号）

注：2016年5月1日，"营改增"政策实施后，营业税已经被增值税替代。

当然，房地产税开征的同时其他税费有所降低并不是简单的零和游戏，这里涉及对不同群体的公平性。已经交过这些税费的购房人和新的购房人之间如何平衡，是否需要像土地出让金一样在房地产税的设计中有所体现？这些也是需要考虑的问题。另外，由于房地产相关税收的各个税种政府层级归属有所不同，房地产税费体系的理顺需要中央、省和地方等各个层级政府的合作与协调。税种划分需要根据不同税种的特征结合经济效率和外部性等理论，以及不同政府层级之间的财政收入转移的关系进行综合考量。最后，即便在房地产税税费体系综合改革的基础上，开征房地产税之后的总税负依然可能是增加的。因此，不能简单寄希望于房地产税增加而其他税费减少的心理上的平衡，将房地产税用于基本公共服务才是真正让居民能够接受并理解房地产税的关键要素。

（五）地方公共财政转型和基层治理

中国税制改革面临的突出问题，以及中国房地产调控和收入分配状况均呼唤房地产税改革的推进（贾康，2013）。根据官方表述，房地产税的政策目标包括调节收入分配，促进社会公平，引导合理住房消费和促进节约集约用地。[①] 实际上，房地产税改革更重要的意义在于构建地方税体系，赋予基层政府稳定的自有财源（侯一麟、马海涛，2016；胡怡建、范桠楠，2016；苏明、施文泼，2016），而间接的也是最终的目的则是从多个维度促进地方公共财政转型和改善地方治理。中国当下的地方财政体系存在着直接税比重偏低（安体富，2015），过于依赖土地财政，以及社会福利性支出不足，等等问题。房地产税作为重要的财产税，可以有效增加直接税的比重，且税基不可移动的受益税特征使得房地产税最适合于作为地方税。通过理顺房地产的税费体系，减少交易环节的相关税负而增加持有环节的房地产税，实际上是中央和省将部分税收收入让渡给地方政府，使其拥有稳定持续的收入来源。70年土地出让金的一次性收取也可转变为长期持续收取的房地产税。稳定财源将在很大程度上降低地方政府财政收入的不确定性，提高政府进行长期规划的能力和可行性。原来由土地出让金支撑的一些资本性项目，则可以通过以房地产税税源为担保发行长期建设债的方式来实现，再用房地产

[①] 财政部、国家税务总局和住房和城乡建设部有关负责人就房产税改革试点答记者问（2011年1月27日）时，表示"对个人住房征收房产税，有利于合理调节收入分配，促进社会公平……有利于引导居民合理住房消费，促进节约集约用地"。

税收入逐年偿还，亦可解决代际公平的问题。

完善的税制结构和稳定的地方自有财力是改革地方治理的基础。房地产税既会影响收入端，也会影响支出端；可以通过公共选择机制影响基层政府治理、调整政府间关系及政府的运行效率。对居民来说，房地产税与自身的公共服务直接相关，将极大地提高居民的纳税人意识和对政府的充分监督，促进政府的制度化管理和透明度提升。对政府来说，政府提供公共服务，公共服务供给使本地区房价升值，税基增加使房地产税收入提高。这样的良性循环可以使政府有充分的动力来提供公共服务支出，在一定程度上改变当下地方政府过于重视发展型支出轻视服务型支出的问题。对社会来说，不同地区的公共服务差异之所以引起普遍不满，是由于缺乏对公共服务最基本的税收定价。房地产税作为受益税，可以很好地在不同的公共服务之间引入不同的消费成本，提高公共服务差异的公平性内涵。最后，房地产税作为地方税在提高地方自主性和改善地方治理的同时，地区间差异也可能随之扩大。一个可能的途径是将一定比重的房地产税划为上级政府收入用于减小地区间差异的扩大，但这需要统筹考虑房地产税对地方自主性的激励和地区间差异两者之间的平衡。

五　结论与讨论

十八届三中全会指出，加快房地产税立法并适时推进改革是深化财税体制改革的重要环节。"推行市场经济必须实行分税制，而分税制中少不了直接税，直接税里少不了住房保有环节税。"（贾康，2015）房地产税作为政府税收和公共服务紧密联系的基层税收，是一种天然的政府治理工具。利用好房地产税的治理属性将极大地提高基层政府治理能力，从而为进一步提高政府公信力和政府执政能力打下最重要的基础。从经济学原理来讲，由基层政府提供基层公共服务可以减少信息不对称，提高公共品供给的效率。引入房地产税的目的是希望基层政府更好地提供公共服务。从公共选择角度看，更好的基层公共服务提供方式可以使执政党获得人民更多的政治支持，从而进一步巩固执政党的执政地位。

我们的研究发现，房产税和财产税在中国的早期历史中即以不同的形式存在并对社会经济的发展产生了重要作用，但与现代房地产税所能发挥的治理属性有所区别。中国的现代房地产税改革在法理基础上存在土地所有权和使用权以及与土地出让金重复征收等问题，我们对这些疑问一一进行了阐述，实际上这些并不会成为房地产税改革的法理障碍。对不同地方政府的收支模拟则充分证明了房地产税具备成为地方政府重要财源的潜力，将房地产税用于当地基本公共服务将可以显著改善和提高相应的公共服务水平。对上海重庆两地试点轻言失败有失偏颇，这取决于我们从什么角度来看待试点的目的。我们同时提出，要成功推进中国的房地产税改革，需要从以下5个方面作为着力点：①充分保证房地产税作为受益税的特性；②使基层具有征收和使用房地产税的自主权；③在设计和征管上充分考虑房地产税在政治上的可接受性、技术上的可行性、管理上的便利性以及房地产税作为税源的收入充足性；④从理顺房地产的税费体系的角度推进房地产税改革；⑤充分发挥房地产税对地方公共财政转型和基层治理的作用。

在现有税制条件下，大部分收入归于中央政府，而大部分支出由基层政府来提供，其中的差额利用转移支付补充。过度依赖转移支付打破了政府收入和支出之间的直接联系，降低了居民对政府收支行为的监督意愿。引入房地产税后，对于居民纳税人来说，缴纳的税收与所能享受的公共服务数量质量将直接相关；对于基层政府来说，公共服务支出将直接影响当地的税基（房产价值），基层财政收入水平与当地公共服务供给的联系被建立起来。因而，基层政府将获得很好的激励去提供更多更好的公共服务，以维持较高的税基水平，增加当地的财政收入。由于居民缴纳的税收与获得的公共服务直接联系，纳税人也具有很高的积极性去监督政府的收支行为，从而真正建立起以全民监督为基础的社会问责。由此形成良性循环：纳税人积极地监督政府，政府在财政激励作用下也会努力提供公共服务供给水平，最终达到纳入居民偏好、优化基层治理的目的。

房地产税的治理特性决定了应该在既有框架内由基层政府具体设计和实施。有人担心，在中国政治权力相对集中的体制条件下基层政府能否获得这样的自主权尚存疑问。实际上恰恰相反，中国近几十年来地方实践的多样性构成了中国各项改革推进的特征。以医疗改革为例，即使在"文化大革命"最激进的时期,中国政府也从来没有要求全国采取同一种模式来实施合作医疗,不同地区、县、公社、大队实行的合作医疗存在很大差别;实践的多样性为探讨不同机制的优越性、可行性提供了可能,基层的实践也一直是最重要的学习源(王绍光,2008)。房地产税的特性更是决定了在不同地区其方案设计和实施应该有所不同,而中国的体制和改革实践允许且提倡这种实践的多样化,为进一步完善房地产税制度提供了重要的前提条件。

对于基层政府来说,开征房地产税既是机遇,也是挑战。基层政府可以通过房地产税获得可观的自有收入财源,同时也面临着如何使用房地产税让其达到制度设计的目的以及将受到更多的预算透明和居民监督的压力。房地产税的开征必然伴随着政府间财政关系的调整。随着作为地方税的房地产税收入规模的增加,基层政府逐步拥有更为充裕的财政收入,原有的收入格局将被逐步打破。这也意味着流转税和所得税在中央和基层政府之间分配方式的变化,其他流转税和所得税的归属可能会有所上移。因此,政府需要将房地产税纳入整个税制改革体系中进行通盘考虑,从完善整个税制的角度进行房地产税制度设计。真正能将房地产税用于地方公共服务至关重要,这是体现房地产税对地方政府治理作用的最关键环节。同时,这也是在中国能够顺利推行和广泛应用房地产税的重要条件。如何保证这一点需要政府的智慧。

参考文献

[1] 安体富:《优化税制结构:逐步提高直接税比重》,《财政研究》2015年第2期。

[2] 安体富、葛静:《关于房产税改革的若干问题探讨——基于重庆、上海房产税试点的启示》,《经济研究参考》2012年第45期。

[3] 安体富、王海勇:《我国房地产市场发展和房地产税收制度改革研究》,《经济研究参考》2005年第43期。

[4] 白彦锋:《房产税未来能成为我国地方财政收入的可靠来源吗》,《经济理论与经济管理》2012年第5期。

[5] 高培勇:《房产税试点期待持续深化》,《经济》2011年第12期。

[6] 龚刚敏:《论物业税对房地产价格与政府行为的影响》,《税务研究》2005年第5期。

[7] 谷成:《房产税改革再思考》,《财经问题研究》2011 年第 4 期。

[8] 郭宏宝:《房产税改革目标三种主流观点的评述——以沪渝试点为例》,《经济理论与经济管理》2011 年第 8 期。

[9] 侯一麟、马海涛:《中国房地产税设计原理和实施策略分析》,《财政研究》2016 年第 2 期。

[10] 侯一麟、任强、张平:《房产税在中国:历史、试点与探索》,科学出版社 2014 年版。

[11] 胡怡建、范椏楠:《我国房地产税功能应如何定位》,《财政研究》2016 年第 1 期。

[12] 华生:《财税改革的根本问题与真实挑战》,《金融市场研究》2013 年第 2 期。

[13] 贾康:《不动产登记制度的国家治理意义》,《上海证券报》2015 年 2 月 4 日。

[14] 贾康:《房产税改革:美国模式和中国选择》,《人民论坛》2011 年第 3 期。

[15] 贾康:《房地产税离我们并不远》,人民出版社 2015 年版。

[16] 贾康:《再谈房产税的作用及改革方向与路径、要领》,《国家行政学院学报》2013 年第 4 期。

[17] 蒋震、高培勇:《渐进式推进个人房产税改革》,《宏观经济研究》2014 年第 6 期。

[18] 况伟大:《住房特性、物业税与房价》,《经济研究》2009 年第 4 期。

[19] 郎咸平:《别学美国征房产税》,《IT 时代周刊》2010 年第 18 期。

[20] 李文:《我国房地产税收入数量测算及其充当地方税主体税种的可行性分析》,《财贸经济》2014 年第 9 期。

[21] 李永友:《房地产税制改革的房价效应和住房福利变化》,《学术月刊》2013 年第 10 期。

[22] 刘蓉、何通艳:《产业结构调整视角下的税收制度改革》,《税务研究》2011 年第 8 期。

[23] 刘蓉、张巍、陈凌霜:《房地产税非减(豁)免比率的估计与潜在税收收入能力的测算——基于中国家庭金融调查数据》,《财贸经济》2015 年第 1 期。

[24] 刘尚希、朱长才等:《资源税、房产税改革及对地方财政影响分析》,《经济研究参考》2013 年第 21 期。

[25] 马国强:《宏观税负变化与税制结构调整》,《税务研究》2011 年第 12 期。

[26] 满燕云:《房产税和土地所有权没有必然联系》,《时代周报》2012 年 9 月 13 日。

[27] 满燕云：《借鉴国际经验完善我国房产税制》，《涉外税务》2011 年第 5 期。
[28] 苏明、施文泼：《我国房地产税制度改革研究》，《经济研究参考》2016 年第 9 期。
[29] 孙翊刚：《中国赋税史》，中国税务出版社 2003 年版。
[30] 王绍光：《学习机制与适应能力：中国农村合作医疗体制变迁的启示》，《中国社会科学》2008 年第 6 期。
[31] 王晓明、吴慧敏：《开征物业税对我国城镇居民的影响》，《财贸经济》2008 年第 12 期。
[32] 韦志超、易纲：《物业税改革与地方公共财政》，《经济研究》2006 年第 3 期。
[33] 夏商末：《房产税：能够调节收入分配不公和抑制房价上涨吗》，《税务研究》2011 年第 4 期。
[34] 邢铁：《户等制度史纲》，云南大学出版社 2002 年版。
[35] 许善达：《房地产税立法需要慎之又慎》，《清华金融评论》2015 年第 10 期。
[36] 阳建勋：《税收调控房地产的正当性及其必要限度——房产税改革试点的税法原则反思》，《税务与经济》2012 年第 3 期。
[37] 杨斌：《关于房地产税费改革方向和地方财政收入模式的论辩》，《税务研究》2007 年第 3 期。
[38] 杨卫华、严敏悦：《应选择企业所得税为地方税主体税种》，《税务研究》2015 年第 2 期。
[39] 张平、侯一麟：《中国城镇居民的房地产税缴纳能力与地区差异》，《公共行政评论》2016 年第 2 期。
[40] 张守军：《中国古代的赋税与劳役（中国文化史知识丛书）》，商务印书馆 1998 年版。
[41] 张学诞：《房地产税改革对地方财政的影响》，《中国财政》2013 年第 17 期。
[42] 郑思齐、孙伟增、满燕云：《征收房产税的民意调查——对四个重点城市的调研数据分析》，《北京林肯中心工作论文》2012 年第 9 期，http：//www.plc.pku.edu.cn/file/upload/2013/07/11/1374525082.pdf。
[43] 郑学檬：《中国赋役制度史》，厦门大学出版社 1994 年版。
[44] 朱青：《完善我国地方税体系的构想》，《财贸经济》2014 年第 5 期。
[45] Almy, Richard. A Survey of Property Tax Systems in Europe, 2001, http：//www.agjd.com/EuropeanPropertyTaxSystems.pdf.
[46] Brunori D, Green R, Bell M, et al., The Property Tax：Its Role and Significance in Funding State and Local GovernmentServices. *Gwipp Working Paper*, 2006.

[47] Hamilton, B. W. Capitalization of Intra – Jurisdictional Differences in Local Tax Prices. *American Economic Review*, 1976, 66 (5).

[48] Hamilton, B. W. Zoning and Property Taxation in a System of Local Governments. *Urban Studies*, 1975, 12 (2).

[49] Joumard, I. Tax Systems in European Union Countries. *Social Science Electronic Publishing*, 2001, 18 (3 – 4).

[50] Malme, J. H., Youngman, J. M., Malme, J. H., et al. *The Development of Property Taxation in Economies in Transition*, Washington, D. C.: World Bank, 2001.

[51] Mikesell, J. L. Fiscal administration: analysis and applications for the public sector, [S. L]: Dorsey Press, 2010.

[52] Netzer, Dick. *Local Property Taxation in Theory and Practice: Some Reflections Property Taxation and Local Government Finance*, Cambridge, MA: Lincoln Institute of Land Policy, 2001.

[53] Oates, W. E. The Effects of Property Taxes and Local Public Spending on Property Values: A Reply and Yet Further Results. *Journal of Political Economy*, 1973, 81 (4).

[54] Oates, W. E. The Effects of Property Taxes and Local Public Spending on Property Values: An Empirical Study of Tax Capitalization and the Tiebout Hypothesis. *Journal of Political Economy*, 1969, 77 (6).

[55] Simon, H. A. The Incidence of a Tax on Urban Real Property. *Quarterly Journal of Economics*, 1943, 57 (2).

[56] Wallis, J. J. (2001). A history of the property tax in America. Property Taxation and municipal Government Finance: Essays in Honor of C. Lowell Harris, ed. Wallace E. Oates, Cambridge: Lincoln Institute of Land Policy.

[57] Zodrow, G. R., Mieszkowski P. Pigou, Tiebout, property taxation, and the underprovision of local publicgoods. *Journal of Urban Economics*, 1986, 19 (3).

[58] Zodrow, G. R. Intrajurisdictional capitalization and the incidence of the property tax. *Regional Science and Urban Economics*, 2014, 45 (1).

第十章 中国城镇居民的房地产税缴纳能力与地区差异[*]

随着我国财税体制改革的逐步深化，开征房地产税成为大势所趋。本章在居民房地产税缴纳能力的理论框架基础上，根据数据模拟分析我国城镇居民的房地产税缴纳能力。基于2010年"中国家庭追踪调查"数据，我们根据区域、住房类型、拥有套数、购房贷款和社会经济地位等因素将家庭分成若干类别，对其缴纳房地产税的能力进行多维度的比较。结果显示，不同地区家庭缴纳房地产税的能力存在较大差异；所以税制要素应该区别设计，尤其是有效税率。由基尼系数衡量的纳税能力差异超过了收入差距，表明设计房地产税要充分考虑家庭收入状况，并实施相应的社会政策以帮助弱势群体。这项研究的实证结果从纳税能力的角度揭示了中国房地产税改革的复杂性。

在税收理论中，充分考虑公平是税政可行和政治可接受的前提，而纳税能力（ability-to-pay, ATP；直译为"支付能力"）的测量与公平的标准直接相关。因此，设计任何税种都必须考虑纳税人的缴纳能力，即税负承受度。

房地产税缴纳能力的研究尚未形成定论[①]。衡量纳税能力的两个潜在指标分别是财富（财产）和消费（Musgrave and Musgrave 1989），但这两个指标在评估时存在着很大的漏洞（Buehler 1945, Netzer 1966）。

---

[*] 本章的主要内容发表于《公共行政评论》2016年第2期（张平、侯一麟：《中国城镇居民的房地产税缴纳能力与地区差异》，《公共行政评论》2016年第2期）。

[①] 本章将"房产税"和"房地产税"交互使用，含义相同，均仅指保有环节的税收。

例如，房产价值并不能精确衡量一个家庭的纳税能力。Mark 和 Carruthers（1983）发现，随着房产的持有时间增长，房产市值和业主收入之间的相关性会逐步减弱。因此，需要找到一个包括工资、资本收益和其他收益的综合收入，这个综合收入与财富或消费相比，会是纳税能力的首选指标。更深层次的分析是用纳税人的净收入衡量纳税能力。然而，收入会随时间变化，某一年的净收入依然不能准确衡量纳税人的真实经济能力。所以，可以进一步认为，永久收入或者数年平均净收入才是更准确的测量指标（Ihlanfeldt 1979，1981，Buehler 1945）[1]。如上所述，衡量业主的房地产税缴纳能力即便在成熟的市场经济中也是一个问题（尽管纳税能力可以通过市场机制充分显现，即买家需要考虑伴随房产价值的潜在年度税收负担），那么，在转型国家存在多种隐形收入、综合收入更难获取的情况下，纳税能力尤其难以量度。因此，在很大程度上，对于中国这样一个还没有开征房地产税的过渡经济体来说，度量纳税能力是房地产税制度设计和实施中的一个关键环节。由于相关文献还比较薄弱，本章试图在这个问题上取得一定的进展。

本章探讨中国城镇家庭的房地产税缴纳能力。中国作为转型经济体，进行房地产税改革有几项特殊之处。首先，中国的房产并不都是从市场购买而得，而是存在着福利分房、房改房和经济适用房等诸多类型，且这些特殊类型占据着相当的比例。这些家庭获得住房后，其收入状况可能变化不大，但房产的市值近年来增长了好几倍，远高于当时的购入成本，所以以市场价值为税基的房地产税可能给这些家庭造成负担。其次，房产的购买模式往往涉及数个家庭，尤其是年轻夫妇。例如：一对年轻夫妇买房，在依靠自身收入的同时，往往需要双方父母动用积蓄帮助支付首付。这种购房模式本是消费者应对高房价高首付的无奈之举；如此购得的房产转作税基，在一定程度上会高估这些购房者的纳税能力。最后，中国的房价在过去的 15 年中上涨很快，"房价－收入"比远远高于大多数发达国家。高税率会使居民的房地产税负担过

---

[1] Ioannides（2004）指出了临时收入和永久收入之间两方面的关系：（1）当下的临时收入包括了一个暂时性的组成部分，这相当于测量永久收入的误差；（2）人们的临时收入不同，因为他们处在自身生命周期的不同时点上，但其永久收入的差别由于排除了不同时点的影响则可能小得多（第437页）。

第十章　中国城镇居民的房地产税缴纳能力与地区差异

重，不具可行性。

我们通过建立衡量纳税能力的框架推导出不同的测算方法，讨论如何将纳税能力原则应用于设计中国的房地产税。在实证分析方面，本章使用包含住房特征和家庭特征的调查数据，利用不同的指标衡量纳税能力，然后进行中国条件下的量化分析。本章的实证结果可以为中国的房地产税改革提供重要的数据支撑，回答房地产税政策设计的相关问题。例如，在不同地区以纳税能力为考虑因素应该怎样进行有效税率的差异化设计？如果需要豁免，什么样的政策有利于提高纵向公平？本章结果同时亦可为其他过渡经济体的房地产税政策提供可借鉴经验。

房地产税涉及面广，本身就是一个复杂的体系，其税基定义、税率确定（如以支定收）和豁免设计等问题都值得深入研究。中国的居民房地产税正处在从无到有的过程中，纳税能力是改革实践和制度设计中不可忽视的要素。我们有意略去房地产税的其他方面，聚焦于考察纳税能力，试图通过这一研究分析中国城镇居民对房地产税的潜在缴纳能力以及不同地区不同家庭间的差异。同时提供纳税能力视角的佐证，说明房地产税作为地方税与其他税种有别，应该不求划一并且提倡地区间差异化设计。

一　现有研究与衡量指标

纳税能力原则（有能力者多纳税）一直是税收标准中重要的考虑因素，与之相对的即是税收受益原则（谁受益谁纳税）。由于穷人比富人更需要保护（公共服务的受益更多），受益原则会导致税收的累退，因此穷人不接受税收受益原则。在18世纪和19世纪早期的税收体系设计中，纳税能力成为税制设计的主要原则（Smith, 1776, Mill, 1865）。[①]由于公共品的非排他性特征，学者转向另一种共识：所有经济主体都应根据其纳税能力为公共产品和服务提供资金。

[①] 斯密在《国富论》中提出了关于一般赋税的四个原则，其中第一个原则就是纳税能力原则："一国国民，都须在可能范围内，按照各自能力的比例，即按照各自在国家保护下享得的收入的比例，缴纳国赋，维持政府。"（郭大力、王亚南译，商务印书馆2014年版，第393页）

如何测量纳税能力一直是学术界和政策制定者讨论的焦点，因为只有恰当衡量纳税能力公平原则之后，才能应用这个原则，而恰恰是衡量指标，一直争论不休。潜在的指标包括财富（财产）、消费、临时或永久收入及其他替代变量（Musgrave and Musgrave, 1989, Utz, 2001）。Buehler（1945）和 Netzer（1966）指出，财富和消费的评估存在着制度性漏洞。Mark 和 Carruthers（1983）则认为房产价值不能较好地衡量收入。要衡量收入，临时收入显然不甚可靠，永久收入或净收入的数年平均值则更为妥当（Ihlanfeldt, 1979, 1981, Buehler, 1945）。

发达国家的房地产税税额占收入的比重一般在 3%—5%。2010 年，美国的房地产税有效税率（税额/房产价值）平均为 1.14%，房地产税税额平均为年收入的 3.25%，以收入计算的缴纳能力则相应为 30（1/3.25%）。[①] 有效税率和缴纳能力在不同的郡差异很大。在数据可得的 800 多个郡中，有效税率最高为 3.02%，而最低仅为 0.14%。房地产税税额占收入的比重在最高的郡平均为 9.52%，在最低的郡平均仅为 0.59%，以收入衡量的缴纳能力相应为 10.5 和 169.5。美国房地产税税负差别的区域分布非常明显，例如，税额占收入最高的 15 个郡都在新泽西州（New Jersey）和纽约州（New York），而这一比率最低的郡大多在路易斯安那州（Louisiana）和亚拉巴马州（Alabama）。在加拿大，房地产税的有效税率为 1%—2%，1998 年房地产税税额占收入的比重平均为 2.9%。但在年收入不到 2 万美元的家庭，这一比重达到了 10%；在其他收入层次的家庭，这一比重基本在 5% 或以下，且收入越高，这一比重越低，显示了对房地产税的缴纳能力与收入的直接关系。[②]

中文文献中有不少研究聚焦于城市居民对房产的纳税能力（向肃一、龙奋杰，2007；吴刚，2009；陈杰、郝前进、Stephens，2011）以及相应的政策设计，例如住房公积金制度对房产纳税能力的影响等

[①] 数据来源：美国税收基金会（Tax Foundation），http://taxfoundation.org/article_ns/median-effective-property-tax-rates-county-ranked-taxes-percentage-household-income-1-year-average。

[②] 数据来源：加拿大统计局，http://www.statcan.gc.ca/pub/75-001-x/00703/6578-eng.html。

第十章 中国城镇居民的房地产税缴纳能力与地区差异

(吴璟、郑思齐、刘洪玉、杨赞，2011)。亦有学者对房地产税的税负公平性进行定性讨论（邓菊秋，2014）或对税负进行定量比较（刘洪玉、郭晓旸、姜沛言，2012）。但使用微观家庭和住房数据对缴纳房地产税的能力进行深入探讨的系统研究还很少见。例如，陈杰等（2011）定量分析了上海市过去若干年间城市住房可支付性状况的演变。他们的结果表明，上海的城市家庭面临很大的住房可支付性问题，如果住房支出占家庭收入的比重过高，将会导致大多数家庭陷入住房诱导的贫困。吴璟等（2011）分析了中国城市居民住房支付能力问题，并对住房公积金制度作用做出了定量评价。他们发现城市居民住房支付能力不足以普遍存在且逐步演化为社会性问题，部分城市的居民住房支付能力甚至严重不足。向肃一等（2007）和吴刚（2009）均基于我国主要城市的经验数据对居民的住房支付能力进行了测算。但这些文献主要侧重于房产本身的支付能力，对房地产税仍未涉及。邓菊秋（2014）基于文献得出，由于房地产税的税收归宿更倾向于累退性，不一定能体现税收的公平原则。刘洪玉等（2012）较早地利用2010年国家统计局"城镇住户基本情况抽样调查"数据对房地产税的税负公平性问题进行了分析，他们发现居民家庭收入与住房价值之间存在明显的不匹配，因此房地产税在不同家庭和不同城市之间的税负也存在明显差异。但他们只使用房价收入比来测量房地产税税负，对税负也限于对不同房产类型和主要城市之间的比较。现有文献对房地产税的缴纳能力仍缺乏多维度的系统分析。

本章针对房地产税讨论纳税能力问题，那么房地产税的纳税能力与其他税种（如流转税中的消费税、增值税以及所得税等）的纳税能力有什么不同？消费者对流转税具有主动的规避权，如果觉得转嫁的消费税或增值税太高，可以选择不购买相应的产品；所得税的负担也与收入直接相关。房地产税则完全不同，房地产税的税负标的是房产，房产不可移动又是生活必需品，所以无论居民的纳税能力如何，均需承担一定的房地产税。因此，结合前文提到的中国房产市场特殊性，在某些情形下就会出现难以承受房地产税的现象，例如：①老年人退休后，现金收入减少；②低收入家庭购买政府补贴的低价房，随着时间推移市值上升；③我国近年有些年轻夫妇收入不足，由双方父母支付首付，再用银行按揭购房。这几类人群中的住房市值与收入不匹配，这个现象的本质是收入与房产价值关联度低。本章用类似于 Mark 和 Carruthers（1983）的方法也得出了同样的结论，即收入对房产价值仅有 20% 的解释力（R^2），加上其他相关变量后解释力可以达到 60%。随着住房使用年限增加，收入与房产价值之间的关系逐渐减弱，因此对于房地产税来说，需要对业主的纳税能力进行深入研究。本章聚焦于在转型经济体背景下开征实施房地产税时，对其可能和可行的纳税能力进行测量。而对税收的其他标准和考量，例如纳税意愿等，将在未来的研究中另行考虑。

我们以投标排序模型（Yinger 1982）为基础通过因素整合推导出计算纳税能力的五种不同的测量方法：（1）基于收入，（2）基于消费，（3）基于财富，（4）基于永久收入，（5.1）基于没有临时预算约束的现金流指标，（5.2）基于具有临时预算约束的现金流指标。[①] 这几类指标分别计算了收入、消费、财富和现金流相对于房地产税额的倍数。以收入指标为例，如果纳税能力等于 40，意味着每年的收入是房地产税额的 40 倍，或者说房地产税额是收入的 2.5%。其他衡量指标计算的纳税能力也均有类似的含义。我们在实证分析中，根据数据可得性，分别利用这几种方法进行计算，检验不同衡量指标间的一致性；也根据住房类型、住房套数、是否仍有房贷以及社会经济地位等因素，比较不同家庭缴纳房地产税的能力。

二 数据、方法和结果

本章使用的数据来源于北京大学中国社会科学调查中心的中国家庭追踪调查（China Family Panel Studies，CFPS）。[②] 我们关注已（从市场、工作单位或其他形式）购买住房的城市家庭。数据来源于 2010 年的入户调查，经过数据整理后，保留 2031 个有效观察值，这些观察值分布

[①] 限于篇幅，这里略去推导过程，感兴趣的读者可向作者索取。根据相关文献，职业和年龄是计算永久收入的重要变量，由于使用的数据限制，本章不计算永久收入。实际上，纳税能力本身测量的即是暂时性的状况，使用现金流指标也是基于这一原因。

[②] 数据调查过程由北京大学中国社会科学调查中心（ISSS）实施，项目资助来自北京大学 985 工程。详细信息可见网站 http://www.isss.edu.cn/cfps/。

在 25 个不同省份。数据信息包含详细的住房特征和家庭特征。其中，住房特征包括市场价值、住房面积和购买年份等；家庭特征则包括收入、消费、财富以为其他各项家庭行为信息。关于该调查获取的房产价值的准确性，有专家认为业主的估计可能会有较大的偏差。但是，Kain 和 Quigley（1972）强调：一般来说，只要样本量大，就能充分抵消业主的估计误差。所以，我们认为上述数据可以使用，下文的结果也从几个方面证明，数据与实际情况基本相符。在上述测量框架的基础上，下文首先根据收入、消费、财富和现金流测算居民的房地产税纳税能力，然后比较分析不同家庭群体的纳税能力，最后通过回归分析考察哪些因素影响纳税能力。

（一）不同的纳税能力衡量指标

我们先计算每个家庭对于首套房的房地产税纳税能力，即如果这些家庭需要为他们现在所居住的房产支付房地产税，根据不同的衡量指标他们承担税收负担的能力如何？我们通过比较不同有效税率下（effective tax rate，ETR）的税收负担后发现，平均而言，0.5% 的有效税率（即房地产税额为房产价值的 0.5%）在当下的中国比较可行[①]。结果表明，当有效税率为 0.5% 时，纳税能力约为 40，相对适当。如前所述，纳税能力为 40 意味着，房地产税额约为家庭年收入的 2.5%（1/40）。与大多数国家的房地产税负担相比（在 2010 年，美国房地产税负担平均约为家庭年收入的 3.25%），这一比重比较合适。具体结果如表 10.1 所示，消费、财富和现金流的衡量指标则分别为消费、财富和现金流相对于对房地产税额的倍数[②]。

我们然后计算包括家庭全部房产后的房地产税纳税能力。正如所预期的那样，与仅考虑首套房相比，考虑所有房产后的纳税能力相应减

---

① 房地产税的税率可以是单一比例税率或累进税率，结合理论分析和现在绝大多数国家的实践，尤其是房地产税作为受益税以及从地方治理的视角来看，单一比例税率相对来说更加合理。因此，本章仅对单一比例税率进行模拟。

② 在数据库中，消费数据直接由问题所得（问题：去年，您家总支出大概是多少钱？）；财富为各项收入、存款利息、股票等各项资产以 5% 计算应得收益、其他房产税以 3% 计算的租金收益之和；现金流为各项收入、存款利息、实际房租收入之和，减去各项家庭日常支出（包括食品、日常用品、出行、通信、赡养、住房按揭、车辆按揭、其他按揭以及租房支出）。

小。我们把家庭根据其房屋拥有数量分为三种类型：一套、两套、三套及以上。平均来说，拥有两套房的家庭，其纳税能力低于只有一套房的家庭；但拥有三套或更多房产的家庭，其纳税能力则大于拥有两套房的家庭。在中国当下的背景下，对这一有趣发现的解释是：不少家庭持有两套住房并非因为他们富有或者用于投资，而仅仅是由于历史文化或传统习俗等原因作为给未成年子女的住房准备。在房改过程中，公务员或国企职员往往可以免费获得或以低价购得一套单位分房。一些家庭拥有的两套住房即来自夫妻双方各自的单位分房，他们相对于只有一套房的家庭在收入方面未必有明显优势。然而，拥有三套及更多住房的家庭，很多是有意购买较多住房，或是因为家庭成员需求高，或是作为在价格飙升的房地产市场中的投资。这些家庭的收入或财富往往比其他家庭高。

表 10.1　房地产税的纳税能力（不同税率和住房拥有量）

第一部分：首套房负担

有效税率	1%	0.5%	0.3%	0.1%
收入指标	21.14	42.28	70.47	211.42
消费指标	21.75	43.50	72.49	217.48
财富指标	21.29	42.57	70.95	212.86
现金流指标	20.30	40.60	67.67	203.02

第二部分：全部房产负担（有效税率 0.5%）

家庭类型	三类家庭合并	仅有一套	两套	三套及以上
收入指标	38.07	41.57	22.99	28.62
消费指标	39.68	42.13	29.30	33.91
财富指标	38.39	42.20	23.33	30.40
现金流指标	36.46	40.26	21.94	27.53

注：有效税率为房地产税额与房产的市场价值之比率。

图 10.1 显示有效税率为 0.5% 时，不同衡量指标下的房地产税纳税能力分布。四种不同方法计算出的结果分布非常相似。图 10.2 显示有效税率为 0.5% 时，不同房产拥有量的家庭对房地产税的纳税能力分布。拥有两套和三套以上房产的家庭对房地产税的纳税能力要小于只有

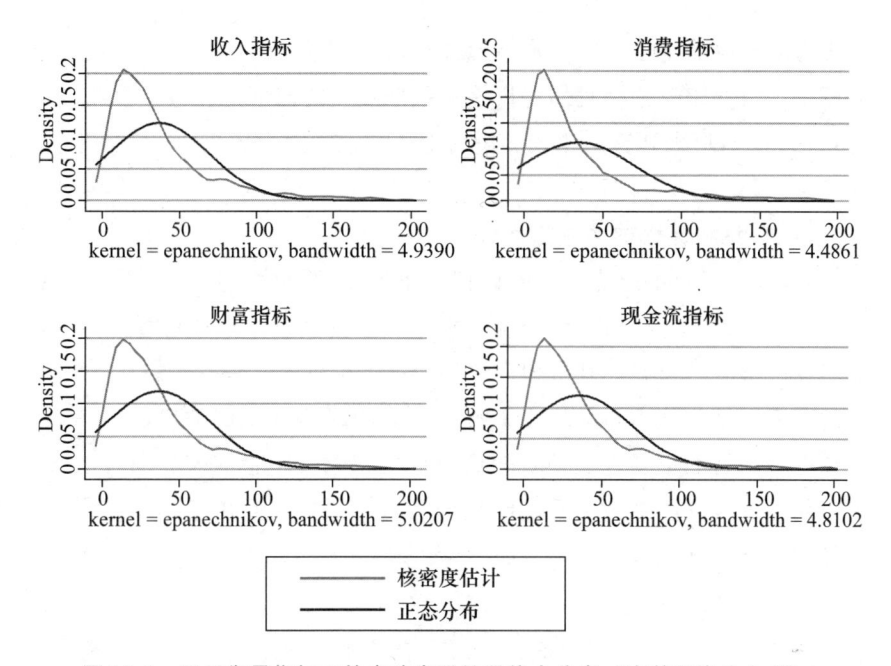

第十章 中国城镇居民的房地产税缴纳能力与地区差异

图 10.1 不同衡量指标下的房地产税纳税能力分布（有效税率为 0.5%）

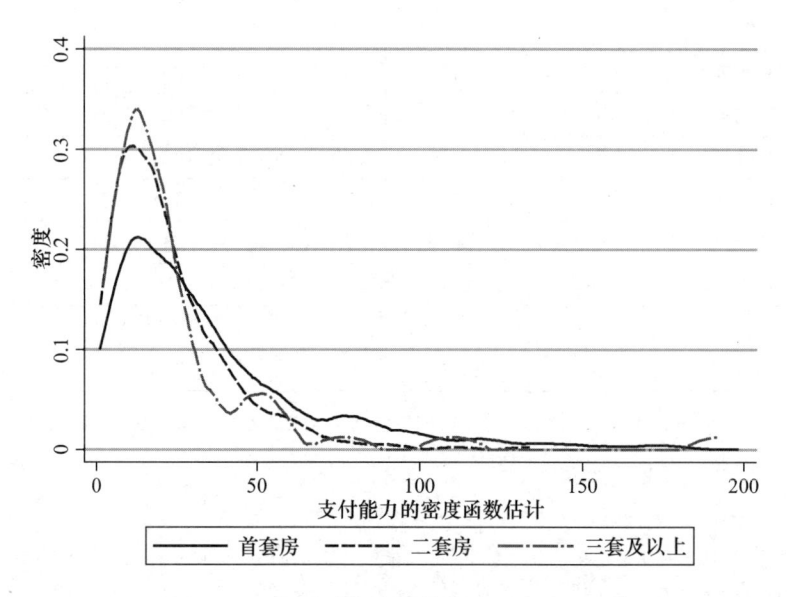

图 10.2 不同房产拥有量的家庭对房地产税的
纳税能力分布（有效税率为 0.5%）

一套房的家庭。由于不同衡量指标计算出的结果相似性较高，在以下的分析中，为便于讨论，我们将仅使用基于收入的衡量指标，以有效税率为 0.5% 的情形来计算和比较居民房地产税纳税能力。

（二）纳税能力的多维度比较

表 10.2 展示纳税能力在不同情境下的比较。我们先比较不同类型的住房：单元房、平房、四合院、别墅、联排别墅、小楼房等[①]。住单元房或四合院的家庭，其房地产税纳税能力远低于平均水平。住在小楼房的家庭的纳税能力与平均水平相当。表中平房居民的纳税能力很高，是样本中平房的市场价值相对较低造成的，未必是这些家庭的收入高。表中住别墅或联排别墅家庭的纳税能力也小一些，是由于样本量太小，差异在统计上并不显著，不说明问题。

表 10.2　　　　　　不同特征家庭的房地产税纳税能力

特征	样本量	纳税能力	特征	样本量	纳税能力
房产类型			是否原为单位住房？		
单元房	1669	32.25	是	705	48.07
平房	167	91.03	否	1320	32.62
四合院	7	32.88	是否有住房按揭贷款？		
别墅	6	*11.07	是	235	27.77
联排别墅	4	*4.32	否	1796	39.42
小楼房	116	38.57	您家是否存在住房困难情况？		
其他	62	56.49	是	277	*41.68
总计/平均	2031	38.07	否	1754	*37.50

注：* 表示没有显著差异。别墅和联排别墅的样本很小，这是这两者结果不显著的重要原因。

[①] 根据数据中的定义：(1)"单元房"指单元楼房里的一个或多个住宅单元。(2) 平房指茅草房、砖瓦房、土坯房等。(3) 四合院为"口"字形结构的平房，如果结构为"口"字形，其中有一边或以上为二层或以上，则算作"小楼房"。(4) 别墅，专指城市居民在别墅区购买或自建的一层或多层独栋住宅。(5) 联排别墅，指区别于单元房和别墅的、具有独立的进门结构、楼层在 1—4 层之间的、与邻居的住宅在建筑上为一个整体的住宅。(6) 小楼房主要指自建或购买的 2—7 层供自家居住的楼房。

第十章 中国城镇居民的房地产税缴纳能力与地区差异

我们接着比较房产是否为原工作单位住房。如果原为单位分房，往往地理位置较好。随着经济发展这类住房市场价值较高，而现居住家庭并不一定具有相应的高收入和纳税能力。因此，尽管这类家庭的房产市场价值很高，但可能没有足够的收入支撑高额的房地产税，我们预期这些家庭的纳税能力会比较低。然而，结果恰恰相反：这些家庭的房地产税纳税能力高于没有单位分房的家庭。我们推断，之所以出现这样的结果，是因为当时可以获得单位分房的家庭在一定程度上均属于体制内人员。他们并不是社会的弱势群体；相反，随着经济的快速增长，他们大多成长为社会的中产阶级或地位更高的群体。

另外，有和没有住房贷款的家庭的比较，与预期相符：仍有房贷的家庭的纳税能力，远低于没有房贷的家庭。至于是否有住房困难的家庭的比较，由于存在住房困难家庭（大多是低收入人群）的房产价值一般也较低，结果没有统计上的显著差异，不可用。

表10.3显示样本中各省城镇居民在0.5%的有效税率下对房地产税的平均纳税能力。可以看出，不同省份之间的纳税能力有很大差异。即使只针对首套房，北京和上海的纳税能力可分别低至10和13；而吉林、黑龙江和四川的纳税能力则接近80。我们分东中西部不同地区来看时，东部地区对房地产税的纳税能力与中西部也有明显差距。对于首套房和所有房产的房地产税负担来说，东部地区的纳税能力比平均水平要低30%。纳税能力在地区间的巨大差异充分突出了房地产税的地方税特征。对于作为地方税的房地产税，地方政府可以考虑采取不同的税收制度设计和不同的税率。因此，在纳税能力基础上，若使每个省份的纳税能力约为全国的平均水平，我们初步计算了各省可行的房地产税有效税率。①由此计算得出，纳税能力低的省份的可行有效税率应该较低，反之亦然。例如，要使各省市对房地产税的纳税能力处于合理的全国平均水平（40左右），北京和上海可行的有效税率分别为0.12%和0.15%，而吉林、黑龙江和四川的有效税率可以接近1%。全国平均的有效税率则为0.52%。

---

① 需要说明的是，在房地产税征收实践中，可以是不同的基层（区县）政府采纳不同的税率，即房地产税作为地方税的"地方"是指基层政府。这里为了便于比较，我们以省为单位进行计算。

表 10.3　不同省份的房地产税平均纳税能力与差异化税率

编号	省份	样本量	首套房	所有房产	在平均纳税能力下的可行有效税率 首套	在平均纳税能力下的可行有效税率 多套
11	北京市	24	10.33	8.66	0.12%	0.11%
12	天津市	45	20.04	15.42	0.24%	0.20%
13	河北省	45	39.70	32.64	0.47%	0.43%
14	山西省	58	42.88	36.74	0.51%	0.48%
21	辽宁省	360	40.54	36.80	0.48%	0.48%
22	吉林省	57	78.31	75.18	0.93%	0.99%
23	黑龙江省	207	77.86	72.56	0.92%	0.95%
31	上海市	352	13.09	11.74	0.15%	0.15%
32	江苏省	16	34.30	21.45	0.41%	0.28%
33	浙江省	14	20.64	20.23	0.24%	0.27%
34	安徽省	23	50.30	46.35	0.59%	0.61%
36	江西省	23	47.38	43.06	0.56%	0.57%
37	山东省	39	31.78	29.35	0.38%	0.39%
41	河南省	170	42.25	39.07	0.50%	0.51%
42	湖北省	94	30.07	26.54	0.36%	0.35%
43	湖南省	130	59.00	48.62	0.70%	0.64%
44	广东省	147	49.36	44.69	0.58%	0.59%
50	重庆市	34	31.72	29.77	0.38%	0.39%
51	四川省	34	79.82	77.41	0.94%	1.02%
52	贵州省	20	55.13	46.73	0.65%	0.61%
53	云南省	9	51.34	51.34	0.61%	0.67%
61	陕西省	20	63.22	47.53	0.75%	0.62%
62	甘肃省	104	43.72	39.68	0.52%	0.52%
东部		1042	30.25	26.96	0.36%	0.35%
中部		762	56.51	51.11	0.67%	0.67%
西部		221	50.45	45.78	0.60%	0.60%
总计/平均		2025	42.28	38.07	0.52%	0.51%

注：(1) 本表使用以收入为基础的计算方法，纳税能力基于有效税率0.5%计算。一些省份（内蒙古、福建、广西、海南、西藏、青海、宁夏、新疆）由于样本太小被删去。"在平均纳税能力下的可行有效税率"是根据全国纳税能力的平均水平调整后的各省可行的有效税率。

(2) 可以看出，本章的样本存在明显的地区不均衡性，这是一个可能的问题所在。但本章的目的并不是通过该样本精确计算出每个省份的税率，而是通过计算表明不同地区间对房地产税纳税能力的巨大差异，因此某些省份的数据准确性问题不会从根本上影响本章的研究意义。实际上，最终房地产税的纳税能力（以及相应的税率）在同一省份内的不同地区也会有较大的差异。

(三) 纳税能力的决定因素

我们下面通过回归分析，讨论房地产税纳税能力的潜在决定因素，同时考察房地产税在不同情况下对收入不均等（用基尼系数衡量）的影响。回归方程是：

$$ATP = \beta_0 + \beta_1 Housing + \beta_2 Family + \beta X + \varepsilon$$

其中，$Housing$ 表示住房特征，$Family$ 表示包括收入水平、社会经济地位等方面的家庭特征。X 是一组控制变量，包括社区特征和社会环境等指标。延续上文中对纳税能力的衡量方法，这里的因变量 ATP 为收入相对于房地产税额的倍数，即：收入/（房产价值×0.5%）。表10.4 提供了回归分析中主要变量的统计信息。

表 10.4　　　　　　　　主要变量的统计信息

变量	样本量	平均值	标准差	最小值	最大值
纳税能力（首套房税负）	2011	42.26	50.7	0	520
纳税能力（所有房地产税负）	2031	38.07	47.4	1.2	460
建筑面积（平方米）	2029	83.45	40.38	15	465
迁入年份	2006	1999	8.05	1953	2010
房产类型	2031	1.57	1.53	1	7
其他住房数量	2031	0.24	0.50	0	4
外出工作	2031	0.10	0.31	0	1
住房贷款	2031	0.12	0.32	0	1
住房条件	2028	5.13	1.23	1	7
政府补助对象类型					
低保户	2031	0.04	0.19	0	1
军属	2031	0.01	0.08	0	1
残疾人员家属	2031	0.01	0.08	0	1

表10.5 为不同模型下的回归结果，可以看出不同回归模型的结果之间一致性较好。结果表明，有大房子的家庭对房地产税的纳税能力较低。搬进现有住房较晚的家庭对房地产税的纳税能力也较低。这是因为

买房时房价高,同时房主年龄也可能较年轻,经济状况还相对比较紧张。住房贷款和房屋条件在回归分析中并不显著。若家庭拥有一套以上的住房,正如所预期的,拥有其他住房将增加房地产税负担,从而使得纳税能力变小;然而,对于首套房的房地产税负担来说,拥有多套房的家庭具有更高的纳税能力,表明多套房家庭比之单套房家庭,在收入上充裕。这一结论与表10.1中的比较分析结果是一致的。由于拥有三套及以上住房数量的家庭样本量很小,我们很难详细分析随着住房数量的增加对应的家庭特征变化的轨迹。这其中隐含的重要经济社会现象值得进一步研究。有成员外出打工的家庭、低保户、有残疾人的家庭,他们的房地产税纳税能力远低于平均水平。这些家庭更多的是穷人或是有其他生活上的困难,他们对房地产税的纳税能力比一般家庭低30%,甚至只有平均值的一半。

表 10.5　　　　房地产税纳税能力的决定因素分析
〔因变量:收入/(房产价值×0.5%)〕

变量	(1)	(2)	(3)	(4)	(5)首套房负担
建筑面积	-0.168***		-0.139***	-0.157***	-0.193***
	(0.027)		(0.027)	(0.027)	(0.029)
迁入年份	-0.300**		-0.191	-0.321**	-0.442***
	(0.126)		(0.130)	(0.124)	(0.132)
住房贷款	-0.711		-1.059	1.245	2.481
	(2.94)		(3.07)	(2.94)	(3.09)
住房条件	1.185		-0.103	1.113	1.362
	(0.838)		(0.846)	(0.835)	(0.876)
拥有其他住房		-10.34***	-10.06***	-8.464***	7.867***
		(1.948)	(1.951)	(1.858)	(1.995)
外出工作		-13.96***	-14.70***	-11.17***	-8.543***
		(3.202)	(3.117)	(2.981)	(3.119)
尚未成家		-15.83	-14.17	-8.596	-7.412
		(12.46)	(12.19)	(11.55)	(12.04)

续表

变量	(1)	(2)	(3)	(4)	(5) 首套房负担
低保户		-13.48***	-21.70***	-19.54***	-19.72***
		(5.12)	(5.04)	(4.78)	(5.05)
军属		7.618	10.07	7.622	4.749
		(12.59)	(12.34)	(11.66)	(12.16)
残疾人员家属		-18.81	-21.95*	-24.59**	-27.98**
		(12.14)	(12.36)	(11.74)	(12.25)
常数	609.9**	26.06***	443.2*	665.0***	903.2***
	(249.9)	(9.4)	(259.2)	(247.2)	(262.1)
省份固定效应	是	是	否	是	是
观察值	2001	2031	2001	2001	1978
R^2	0.255	0.181	0.169	0.275	0.281

注：前4列的因变量为对所有住房的房地产税纳税能力，第5列为首套房的房地产税纳税能力。回归中同时控制了房产类型但结果未列入表格。括号中为标准误差，统计显著标记为 *** $p<0.01$，** $p<0.05$，* $p<0.1$。

表10.6 不同区域收入和房地产税纳税能力的基尼系数

基尼系数	总计	东部	中部	西部
第一部分				
收入	0.464	0.469	0.429	0.466
房地产税后收入（首套房）	0.472	0.483	0.434	0.461
房地产税后收入（所有住房）	0.472	0.483	0.432	0.474
纳税能力调整后收入（首套房）*	0.463	0.469	0.428	0.453
纳税能力调整后收入（所有住房）*	0.464	0.469	0.429	0.466
第二部分				
纳税能力（首套房）	0.502	0.490	0.458	0.478
纳税能力（所有住房）	0.514	0.497	0.476	0.492
调整后纳税能力（首套房）*	0.486	0.476	0.441	0.463
调整后纳税能力（所有住房）*	0.497	0.484	0.458	0.477

注：* 因为低保户和有残疾人家庭对房地产税的纳税能力远低于其他家庭，我们认为需要适当的政策来降低他们的税收负担。我们根据平均纳税能力来调整这些家庭的房地产税额，即对于首套房和所有房产的房地产税，他们分别支付1/42.28和1/38.07的收入负担。对于调整后的纳税能力，我们将这些家庭对房地产税的纳税能力调整为平均水平（首套房为42.28，所有房产为38.07），然后计算将这些家庭房地产税税负调整后的相应基尼系数。

低保户和残疾人家庭的生活已经比较困难和艰辛,房地产税会对他们的纳税能力造成很大挑战。从这个角度看,需要设计、实施相应的社会政策对这些特殊家庭的税收负担予以免除或至少减轻部分负担。从社会公平的角度出发,我们使用基尼系数计算如果对这些弱势群体没有特殊的豁免政策,房地产税会如何增加税后的收入不平等程度。根据表10.6中的结果,样本中家庭收入的基尼系数为0.464,中部地区相对较小为0.429。这一结果与现有官方统计和学者估计基本一致。征收房地产税后,家庭收入的基尼系数从0.464增加至0.472。如果我们根据平均纳税能力来调整低保户和残疾人家庭的房地产税额,即对于首套房和所有房产的房地产税,他们分别支付1/42.28和1/38.07的收入负担。调整后的税后基尼系数减小到了税前的水平(0.464),这证实了相应社会政策的必要性。若考察纳税能力的基尼系数,与家庭收入的基尼系数相比,我们会发现纳税能力的差异超过了收入差异。弱势群体家庭经过调整后,纳税能力的基尼系数会相应减小,但其绝对值仍然较高(超过了收入基尼系数),表明房地产税的纳税能力作为一个重要的公平问题在政策设计中需要审慎考虑。

除了社会政策之外,同样可以通过设计一些减免方案来达到考虑低收入者或特殊课税对象的目的。当前普遍存在的减免方案包括①家庭首套减免和②按人均面积减免,这两种方案分别存在着如何定义家庭和对房产的档次和区位缺乏考虑等问题。相对于这两种方案,我们认为③按人均价值减免可以较好地兼顾这些问题。这里分别对这三种不同减免方案下的房地产税缴纳能力进行了测算。在本章的样本中,若按这些减免方案进行征收,最终需要缴纳房地产税的家庭均不足20%,因此这次测算的仅仅是豁免后的这20%家庭(400户左右)的纳税能力。图10.3显示了这三种不同减免方案下的房地产税缴纳能力分布;表10.7为不同免除方案下纳税能力和税收收入的基尼系数。在不设计豁免方案时,房地产税纳税能力和税后收入的基尼系数分别为0.514和0.472(表10.6)。采用一定减免方案之后,纳税能力和税后收入的基尼系数均得到了显著降低。相对来说,采用人均价值免除的方案时,纳税能力的基尼系数仍然较高。这是由于这里的人均价值免除额简单地采取了由各省的住房销售平均单价乘以 50 平方米所得,忽视了省内地区间差异。这进一步说明了不同地区的房地产税需要进行差异化制度设计。无论采用何种免除方案,豁免的具体标准还需要根据基层居民住房和收入的实际情况进行详细的测算,这也意味着房地产税政策需要给予基层政府相当的自主权。①

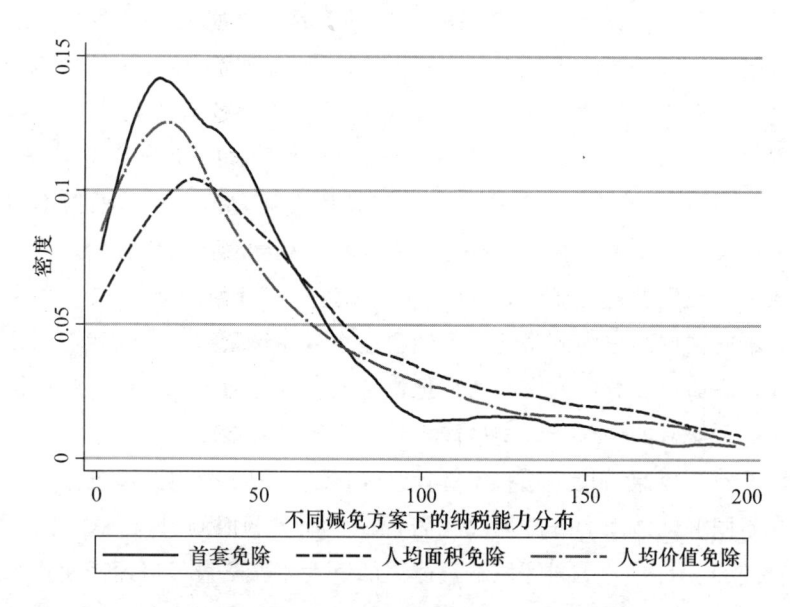

图 10.3　不同减免方案下的房地产税缴纳能力分布(有效税率为 0.5%)

表 10.7　不同免除方案下纳税能力和税收收入的基尼系数

不同的免除方案	房地产税缴纳能力	房地产税后收入
首套免除	0.448	0.462
人均面积免除	0.441	0.463
人均价值免除	0.491	0.462

---

① 限于篇幅,这里重点是对纳税能力在不同减免方案下的变化进行初步测算,与房地产税缴纳能力紧密相关的税负归宿和再分配效应等问题我们将在其他文章中专门讨论。

三 结论

中国作为转型经济体，尚处于深化财税体制改革的过程中。针对即将到来的房地产税改革，本章构建了衡量房地产税纳税能力不同指标的测量框架。不同的测量方法表明，由于涉及的各衡量要素（收入、财富、消费和现金流）之间密切相关，当前的纳税能力决定性因素还是家庭收入。这些指标之间的差别不大，计算出的结果相似性较高。这一结论同时也表明，关于房地产税的减免政策设计应该以收入为依据来考虑。

使用2010年北京大学中国家庭追踪调查的数据，我们根据不同区域、住房类型、住房套数、是否仍有房贷、社会经济地位等因素将家庭分成不同类别，对房地产税的纳税能力进行了多维度的比较。结果显示，不同区域和家庭的房地产税纳税能力存在很大差异。在我们的预期中，住房为单位分房的家庭对房地产税的纳税能力会比较低，然而结果表明这些家庭的房地产税纳税能力反而高于没有单位分房的家庭。考虑到随着经济快速增长，这些家庭社会经济地位的变化以及发展过程中资源在不同群体之间的分配模式（资源分配向体制内倾斜），这一发现亦是合理的。此外，不同区域纳税能力的巨大差异凸显了房地产税作为地方税进行不同的政策设计和征收管理的必要性。我们也利用回归分析考察不同家庭对房地产税纳税能力的潜在决定因素。所有结果均显示不同家庭对房地产税纳税能力的差异，这表明在进行房地产税设计时，需要相应的社会政策来帮助弱势群体。即便在对弱势家庭减小房地产税负担的条件下，由基尼系数衡量的纳税能力差距依然较高。因此，房地产税的设计需要充分考虑不同家庭的纳税能力。

总之，我们的研究结果证实了不同房产类型和社会经济地位的家庭对房地产税纳税能力的预期差异，同时亦有一些意外而合理的发现。本章对房地产税纳税能力的定量分析显示了我国正在进行中的房地产税改革的复杂性，可以为房地产税改革提供重要的实证数据支撑，回答房地产税政策设计中的部分问题。例如，表10.3中的结果告诉我们，以纳税能力为考虑因素，不同地区应该设计差异化的有效税率。我国所有税种的税率目前均由中央决定、全国统一，引入房地产税必然导致我国税收决策的分权化。正如引言中所说，房地产税不同于其他税种，应该不求划一而不是全国统一。仅从纳税能力一个方面即可看出，若房地产税由中央统一决定税率，对不同地区的居民形成的税收负担将差异巨大。因此，无论房地产税的税制要素如何设计，从房地产税的政府层级归属来看，房地产税将是地方税，且应进行充分的差异化制度设计。

参考文献

［1］陈杰、郝前进、Stephens：《上海市住房可支付性评价（1995—2007）》，满燕云等：《中国低收入住房：现状与政策设计》，商务印书馆2011年版。

［2］邓菊秋：《房地产税税负公平性研究述评》，《公共经济与政策研究》2014年第2期。

［3］刘洪玉、郭晓旸、姜沛言：《房地产税制度改革中的税负公平性问题》，《清华大学学报》（哲学社会科学版）2012年第6期。

［4］吴刚：《城市居民住房纳税能力研究——基于2000—2008我国10城市的经验数据》，《城市发展研究》2009年第9期。

［5］吴璟、郑思齐、刘洪玉、杨赞：《中国城市居民住房纳税能力问题与住房公积金制度作用评价》，满燕云等：《中国低收入住房：现状与政策设计》，商务印书馆2011年版。

［6］向肃一、龙奋杰：《中国城市居民住房纳税能力研究》，《城市发展研究》2007年第2期。

［7］Buehler, A. G. 1945. "Ability to pay," *Tax Law Review* 1.

［8］Ihlanfeldt, K. R. 1979. "Incidence of the Property – Tax on Homeowners – Evidence from the Panel Study of Income Dynamics." *National Tax Journal* 32（4）.

［9］Ihlanfeldt, K. R. 1981. "An Empirical – Investigation of Alternative Approaches to Estimating the Equilibrium Demand for Housing." *Journal of Urban Economics* 9（1）.

［10］Ioannides, Y. M. 2004. "Neighborhood income distributions." *Journal of Urban Economics* 56（3）.

［11］Kain, J. F., and J. M. Quigley. 1972. "Note on Owners Estimate of Housing Value." *Journal of the American Statistical Association* 67（340）.

［12］Mark, Jonathan, and Norman Carruthers. 1983. "Property values as a measure of ability – to – pay: An empirical examination." *The Annals of Regional Science* 17（2）：45 – 59. doi：10.1007/BF01284380.

[13] Mill, J. Stuart. 1865. *Principles of Political Economy: with Some of Their Applications to Social Philosophy*. Vol. 2: Longmans, Green.

[14] Musgrave, R. A., and Peggy B. Musgrave. 1989. *Public Finance in Theory and Practice*. 5th ed. New York: McGraw – Hill Book Co. .

[15] Netzer, Dick. 1966. *Economics of the property tax*. Washington: The Brookings Institution.

[16] Smith, Adam. 1776. "The Wealth of Nation." *Modern Library Edition*, New York.

[17] Utz, Stephen. 2001. "Ability to Pay." *Whittier L. Rev.* 23.

[18] Yinger, John. 1982. "Capitalization and the Theory of Local Public – Finance." *Journal of Political Economy* 90（5）.

第十一章　中国房地产税改革的定位与地方治理架构探讨

本章从地方治理的角度来探讨地方财政改革的缘起与落脚点，在地方财政体系和政府治理的整体架构中探讨房地产税的定位。在中国地方财政体系的建构中，税制结构优化、地方财政可持续性和公共服务供给等三个方面均证实了房地产税改革的必要性和紧迫性。从充分性上，房地产税将是财产税的最主要税种，亦是最可能成为地方政府主要收入来源的潜在税种；从必要性上，房地产税改革是要达到改善政府治理、提高公共服务水平势在必行的一步。房地产税作为以受益税为特征的高效率地方税种，可以成为财权与事权匹配的天然工具，形成地方财政收支相连的治理体系。结合中国转型经济体的特殊性，房地产税改革的制度设计需要遵循地方自主、差异税率和渐进改革的思路。

十八届三中全会提出的推进国家治理体系和治理能力现代化的要求为中国治理模式的变迁进行了方向性判断。中国作为一个大国，幅员辽阔、人口众多。地方政府最重要的职能是为当地居民提供宜的公共服务。从现代国家治理的视角来看，中国的地方政府在这一点做得还远远不够，与中国作为世界第二经济体的地位亦不相称。无论从人均公共服务支出或是公共服务占 GDP 比重的角度来看，中国地方政府提供的基本公共服务的数量和质量仍然相对较低。这与整个财政体制以及地方财政体系息息相关。中国的经济社会发展到今天，进一步完善政府职能、改进政府治理手段正当其时。

世界上很多国家都以房地产税作为财产税的重要组成，且多数成为连接地方政府收支和提高治理能力的工具。但在中国开征房地产税的基本理论根据是什么，仍然缺乏很有说服力的说明。尤其是在中国房地产市场和财税体制改革的特殊背景下，对于房地产税改革存在很大的争议。社会上关于房地产税流传的一些不实说法更增添了房地产税的"恶税"氛围。一种说法是，中国的房地产税与多数人无关，只有极少数拥有很多房产的居民才需要缴纳房地产税；一种说法是，房地产税应该采用根据房产套数大幅度累进的方式征收，完全成为"劫富济贫"的工具；还有一种说法是，房地产税完全是政府敛财的工具，与所有税一样仅仅是政府缺钱时对老百姓增加的额外税负。这些说法在思想上使人们对房地产税改革的初衷和设想造成了很大误解和混乱，不加以解释会对房地产税改革的推进造成不必要的阻力。

由于房地产税涉及面广泛，一些学者认为，中国房地产税改革的时机并不成熟，或者现在还不是最好的时机，抑或仍可以观察一段时间再说。中国推进房地产税改革在当下是否有这样的必要性？房地产税改革的目的是什么，调节房价，增加财政收入，还是改进政府治理？尽管存在不少反对开征房地产税的声音（杨斌，2007；郎咸平，2010；许善达，2011；夏商末，2011），基于房地产税作为受益税的特征，从税制建设和政府治理的完善等角度出发，很多中国学者支持开征房地产税（安体富，2005，2010；贾康，2011；高培勇，2011，2014；刘尚希，2013；满燕云，2011；马国强，2011；谷成，2011；刘蓉，2011，2015）。根据政府的官方表态，房地产税的政策目标包括调节收入分配，促进社会公平，引导合理住房消费和促进节约集约用地①。本章从地方治理的角度来探讨地方财政改革的缘起与落脚点，在地方财政体系和政府治理的整体架构中探讨房地产税的定位。我们试图回答以下两个问题：①中国的地方财政体系为何需要房地产税？②如果房地产税作为地方税，从地方治理的视角出发，其政策设计的税制要素在哪些方面是我们的重要着眼点？本章通过比较美国地方政府在整个

---

① 财政部、国家税务总局和住房和城乡建设部有关负责人就房产税改革试点答记者问（2011年1月27日）时，表示"对个人住房征收房产税，有利于合理调节收入分配，促进社会公平……有利于引导居民合理住房消费，促进节约集约用地"。

财政体系中的重要性及其在提供基本公共服务方面所起到的作用，阐述中国地方财政体系改革的必要性。更重要的问题是，要达到通过房地产税的作用机制提高地方治理水平的作用，如何进行房地产税的制度设计？本章将通过理论阐述、多维度比较以及数据测算回答这一问题。例如，设计政策时不求划一，在政策实施时给予地方是否开征房地产税和税制要素如何设计充分的自主权。基于中国在税制结构、地方财政可持续性、公共服务供给等方面的差异，我们试图提出以地方的差异化设计作为有利于解决诸多问题的优化路径，应对房地产税改革可能遇到的各种问题和风险。本章的余下部分作如下安排：首先从税制结构优化、地方财政的可持续性和公共服务供给的角度分析房地产税对地方财政体系建构的重要性。第二部分阐述房地产税与政府治理的关系。第三部分为基于中国特色的房地产税改革制度设计思路的分析。最后为本章的结论。

一　地方财政体系的建构

（一）税制结构优化（收入结构）

财政在国家治理中起着基础性作用，税制则是国家财政体系的支撑。我国税制结构严重失衡，商品税等间接税比重偏高，所得税等直接税比重偏低（安体富，2015）。如图 11.1 所示，分税制改革后，中国的商品税比重一直处于高位。虽然近年来商品税比重有所下降，仍然占总税收收入的 50% 左右，而所得税比重一直在 30% 以下。2013 年，财产税的主要税种房产税，仅占全国税收收入的 1.4%，占地方政府税收收入的 2.9%。直接税的比重远远低于税制优化的水平。税制结构失衡会对经济社会发展带来各种不良影响。商品税属于生产税，包含在价格之中，会影响企业盈利和居民收入水平，不利于我国居民消费需求的扩大（周克清，2012）。间接税对贫富差距还会产生逆向调节。我国的税收制度整体上对收入分配呈现逆向调节作用，不利于缩小贫富差距（闻媛，2009；周克清、毛锐，2014）。间接税与价格捆绑在一起，与价格水平变动正向相关，易于引起通货膨胀（储德银、吕炜，2016）。从经济增长的视角来看，间接税在大部分地区税制结构中占比过高，不利于经济增长，导致了经济效率损失，且在一定程度上加剧了地区差距（常世旺、韩仁月，2015）。因此税制结构优化的方向在于逐步降低间接税比重以促进经济增长。

以流转税为主体的税制结构使税制整体呈现出累退性，个人所得税对工薪收入的过分关注增强了收入分配逆向调节。作为直接税中另一项重要税种的财产税则处于缺位状态，很难发挥调节收入分配的作用。尤其是在财富分配极大不公的情形下，财产税的缺失导致富裕家庭大量财产游离于政府税收制度调节之外（闻媛，2009）。税制结构优化所需的征管条件已基本具备（崔军、朱晓璐，2014；安体富，2015），改革税收制度、优化税制结构，提高所得税和财产税的地位将是未来税制结构的优化方向（樊丽明、李昕凝，2015）。

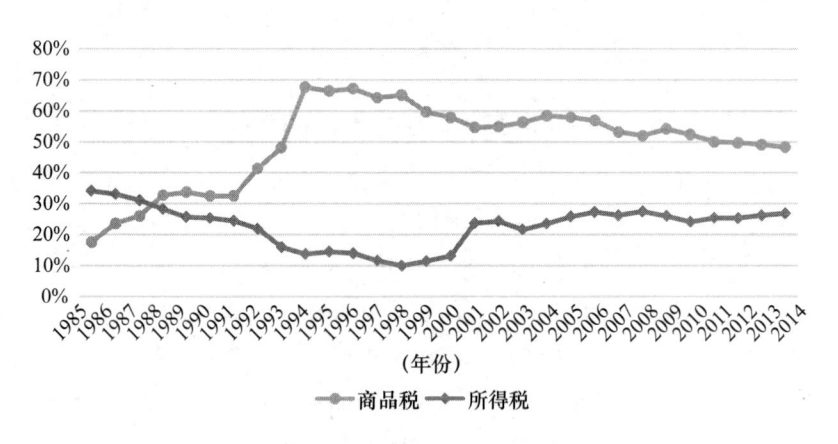

图 11.1　中国历年商品税和所得税比重（1985—2014）

资料来源：根据 2015 年《中国统计年鉴》计算。其中商品税包括增值税、消费税和营业税；所得税包括个人所得税和企业所得税。

在 2014 年，以增值税、营业税、消费税为主体的间接税占比达 60% 以上，以企业所得税、个人所得税为主体的直接税占比仅为 30% 左右。从税制结构的角度来看，中国亟须由过度依赖间接税逐步向直接税的转变。直接税一般不可转嫁，可以促使每个人监督政府。从财产的分布来看，中国当前 1% 的家庭占有全国约三分之一的财产，而底端 25% 的家庭拥有的财产总量仅在 1% 左右，这些财产中约 70% 以房产的形式持有。① 因此，要调节中国的财富差距，财产税意义重大，而房地产税将是财产税的最主要税种，亦是最可能成为地方政府主要收入来源的潜在税种。下文中的分析也进一步表明，房地产税自身的相关特征也有助于使房地产税成为解决财权与事权匹配问题的重要工具。

(二) 地方财政的可持续性（收入持续性）

随着城镇化和房地产市场的快速扩张和增长，中国地方政府的土地财政有愈演愈烈之势。土地财政已经逐步成为中国地方政府的主要收入来源。如表11.1和图11.2所示，1998年以来，土地出让金（预算外）占地方一般预算收入（预算内）的比重持续上升。2010年土地出让金占地方一般预算收入的比重达到67%，之后虽有所回落仍在50%左右。在某些省市，土地出让金收入甚至超过了地方一般预算收入。对土地财政的严重依赖已经成为中国地方政府众所周知的特征。

表11.1　中国历年地方一般预算收入和土地出让金

年份	地方一般预算收入（亿元）	土地出让金（亿元）	土地出让金/一般预算收入
1998	4983.95	507.70	10.2%
1999	5594.87	514.33	9.2%
2000	6406.06	595.58	9.3%
2001	7803.30	1295.89	16.6%
2002	8515.00	2416.79	28.4%
2003	9849.98	5421.31	55.0%
2004	11893.37	6412.18	53.9%
2005	15100.76	5883.82	39.0%
2006	18303.58	8077.64	44.1%

---

① 数据来源：2016年经济日报社中国经济趋势研究院的《中国家庭财富调查报告》（新华网，http://news.xinhuanet.com/2016-04/28/c_1118765095.htm）和2015年北京大学的《中国民生发展报告》（中国网，http://www.china.com.cn/cppcc/2016-01/20/content_37621220.htm）均证实了这一结论。

续表

年份	地方一般预算收入（亿元）	土地出让金（亿元）	土地出让金/一般预算收入
2007	23572.62	12216.72	51.8%
2008	28649.79	10259.80	35.8%
2009	32602.59	17179.53	52.7%
2010	40613.04	27464.48	67.6%
2011	52547.11	32126.08	61.1%
2012	61078.29	28042.28	45.9%

资料来源：历年《中国统计年鉴》和《中国国土资源统计年鉴》。

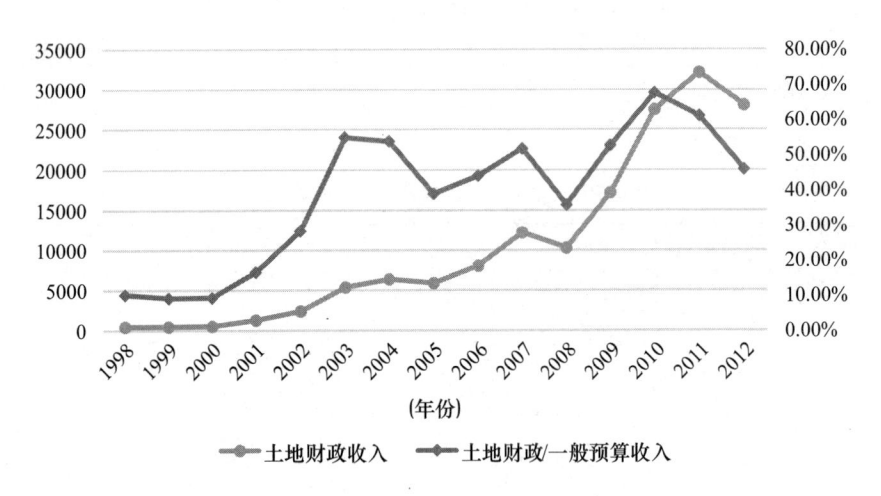

图11.2 中国土地财政的发展趋势（1998—2012）

土地财政虽然一定程度上提高了地方政府发展经济的积极性（杜雪君与黄忠华等，2009），但是也造成了很多消极影响。例如，土地财政收入的形成直接推动了空间城镇化的快速扩张；受现行地方官员考核机制制约的土地财政支出结构又现实地决定了地方政府积极带动空间城镇化，消极应对人口城镇化（崔军与杨琪，2014）。引发土地财政的根本原因则包括分税制集中财权、投资冲动、地方政府官员晋升竞争和房地产价格上涨等因素（宫汝凯，2012；刘佳、吴建南等，2012；李郁、洪国志等，2013；孙秀林、周飞舟，2013；范子英，2015）。

土地财政造成的各种问题已经在社会的方方面面逐步显现,也为各方所诟病。随着土地财政的不可持续,以及财政收入增长的式微,政府自身也开始想方设法解决这一问题。房地产税能否替代土地财政,成为地方政府的主体税种?相关的测算表明,上海、重庆两地现行的房产税试点对财政收入贡献甚至可以忽略不计,这与试点政策的具体设计有关。从房地产税的财政收入潜力来看,房地产税在某些地区可以达到基层财政收入的50%以上,完全有潜力成为地方政府稳定的主体收入来源(侯一麟、任强、张平,2014)。

(三) 公共服务供给(支出结构)

从政府事责划分的角度来看,地方政府具有了解居民偏好的信息优势。因此,地方政府提供合宜的公共服务是其最重要的政府职能。根据社科院发布的《中国财政政策报告》,"全口径"来看,2012年政府支出中的投资和建设性支出占比超过50%,远高于发达国家10%左右的比重;而我国社会福利性支出比重约为40%,远低于发达国家60%—70%的比重。[①] 另外,土地财政收入的增加进一步促进了城市道路等地方经济性公共物品供给增长率的提高,而对诸如教育、医疗、卫生等非经济性公共物品供给的增长的影响则不明显甚至为负(田传浩、李明坤等,2014)。

社会福利性支出比重是国家治理体系和治理能力现代化的重要组成部分。尤其是对地方政府来说,在教育、医疗、社会保障等社会福利性支出还远远不够。例如,2014年省以下地方政府一般公共预算支出中,教育、医疗和社会保障的支出比重分别仅占16.8%、7.8%和11.8%。[②] 从地市县政府支出的结构来看,根据已有的数据,1998—2007年,教育、医疗和社会保障在地市县政府支出中的比重分别仅占17%、4%和5%,其中,地本级政府这三项支出的比重分别约为10%、4%和8%,区县级的比重分别约为24%、4%和3%。地方政府这些年来福利性支

[①] 数据来源:新华网,http://news.xinhuanet.com/fortune/2014-02/15/c_126138674.htm。

[②] 这里的"省以下地方政府"包括省及以下政府。数据来源于2015年《中国统计年鉴》表7.3。中央政府一般预算支出中这三者的比重仅分别为0.9%、0.1%和0.5%。

出的增长也相对缓慢，医疗在之前比重较低的情形下有略微提升，但教育的比重甚至有所下降。

完善税制的最终目的应是增进全社会和每个纳税人的福祉。我国的多数地方政府向来以重视发展型支出而轻视服务型支出著称，忽视了地方政府的主体功能应该是为居民提供良好的公共产品和服务。政府要担负起相应的公共服务供给功能，但随之而来的是财力问题。刚刚公布的2015年全国财政收支数据表明，全年收入比上年仅增长8.4%，但支出比上年增长15.8%，收支缺口首次突破2万亿。因此，从充分性上，房地产税可以成为地方政府重要财源，从必要性上，房地产税改革亦是要达到改善政府治理、提高公共服务水平势在必行的一步。

（四）地区差异的税收定价（支出差异）

中国各地的政府支出水平差异巨大，随之而来的是省际公共服务水平差异较大且呈现扩大趋势（刘德吉等，2010；任强，2009）。从省内不同区县来看，我们用变异系数（coefficient of variation）测量省内不同区之间和不同县之间的人均总支出的差异。① 图11.3是省内不同区和不同县的人均支出变异系数的盒状图（Zhang & Ren, 2016）。盒状图的主体中的刻度线为不同省份变异系数的中位数，盒状上沿为75%分位线，下沿为25%分位线。散点图为少数的外部异常值，盒状图上下的线为除了异常值外的最大值和最小值。可以看出，不少省份的省内差异较大，尤其是不同县之间的差异更加明显。政府的人均支出差异体现在教育医疗等具体的公共服务上则更为明显。

公共服务实现地区间的均等化已成为政府长期以来的政策目标（安体富、任强，2007；项继权、袁方成，2008），而且政府所提供的公共服务本来应当向包括城市居民和外来转移人口在内的所有居民提供（高培勇，2016）。但实际情况并未如此，不同地区存在很大的公共服务差异，同一个地区不同居民能够获得的公共服务也大相径庭，当前中国很多大中型城市都面临着这样的问题。不同区域之间公共服务的质量和数量的差距，以及同一地区不同群体对公共服务的可及性差异使得居

---

① 变异系数的计算公式为：变异系数 CV = 标准偏差 SD / 平均值 Mean。

民对社会不平等的感受更加强烈，且将这种不平等的原因完全归结于政府的相关政策。这在很大程度上缘于城市的公共服务没有良好的定价机制，居民将公共服务差异完全归结于政府的公共支出投入差别。

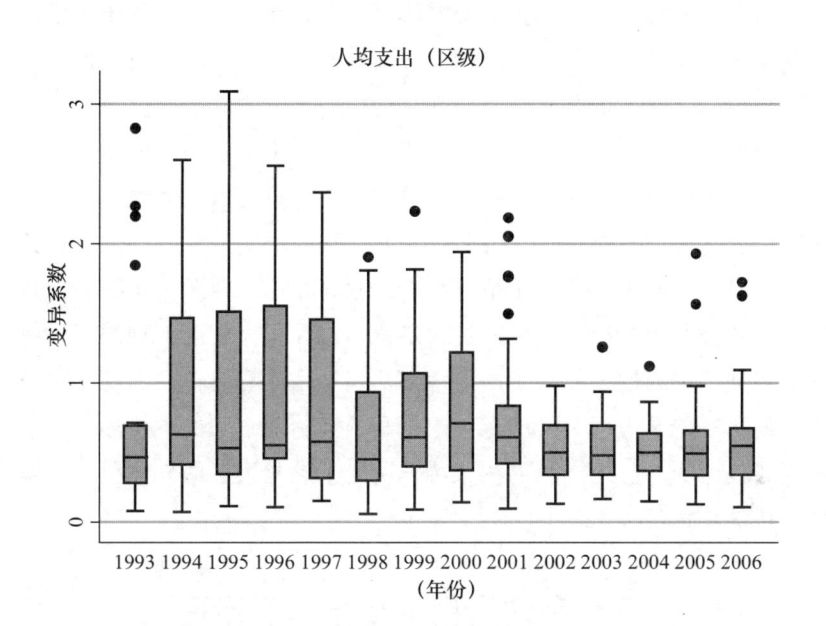

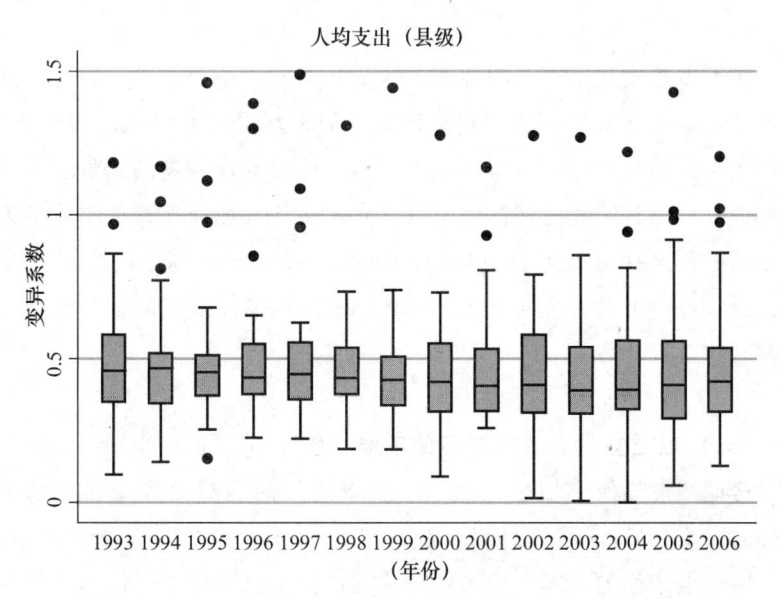

图 11.3 省内不同区县的人均支出差异（变异系数）

消费者不会抱怨私人市场中产品的等级差异，这是由于消费者需要为自己消费偏好付费。而公共服务作为公共品由于存在非竞争性和非排他性的特征，很难进行精确的定价。但如果一个地方政府拥有完整的财政收入和支出的权力，即相应的财政自主权，那么该地区的居民缴纳的税收实际上就是为了获得公共服务所支付的价格。中国以间接税为主的税制结构以及收入多数归中央而支出责任归地方的政府间财政关系决定了不同地区间的公共服务差异缺乏相应的税收定价。居民缴纳的税收多数归于中央政府，其中很大一部分通过转移支付的方式到达地方政府用于提供公共服务。这一迂回的路径切断了居民缴纳的税收和可获得的公共服务之间的联系。即由于地方政府不存在相应的财政自主权，使得政府提供的公共服务缺乏对应的税收定价。这在很大程度上抑制了财政制度的治理工具属性，使得中国的地方治理水平难有起色。因此，对公共服务的地区差异进行必要的税收定价是提高治理水平的重要环节。下文的阐述也说明，房地产税的相关特征决定了它是天然的地方税，亦是税收定价的首选税种。

二　房地产税改革与政府治理

在大多数发达国家，房地产税收入主要归于地方政府，同时将其用于地方基本公共服务。其理论基础是：如果基层政府太依靠转移支付，会产生居民的偏好显示、运作效率和基层政府责任缺失的现象。在基层建立税收与公共服务之间的紧密联系是民主治理和财政管理中非常重要的问题。从这种意义上讲，房地产税既会影响收入端，也会影响支出端；房地产税可通过公共选择机制影响基层政府治理、调整政府间关系及政府的运行效率。

（一）以受益税为特征的高效率地方税种

房地产税如何"取之于民，用之于民"的受益税特征在文献中有充分的讨论（Hamilton，1975，1976；Oates，1969，1973）。在大多数广泛采用房地产税的国家和地区中，房地产税一般被用于当地基本公共服务。由于房地产税与当地公共服务紧密相连，对于房地产税较高的地区，房地产税纳税人（即当地居民）可以享受到更好的公共服务，如所在社区的环境会更好，有更好的公园和道路，一般其所在学区的教学质量也会更优。以此形成一个自由选择的过程（公共选择）：高房地产税，优质公共服务；或是低房地产税，低质公共服务。

由于地方政府对当地居民的公共服务需求比高层级政府具备更好的信息优势，房地产税与公共服务相联系的受益税特征使得房地产税由地方政府管理更有效率。公共服务的受益地理边界以及政府匹配纳税人和受益者的难易程度决定了房地产税的征管地域大小。因此，作为地方税的房地产税可以降低税收的政治成本和管理成本，减少对经济行为的扭曲，提高经济效益（Wallis，2001）。当房地产税可以较好地与相应的公共服务直接联系时，居民的纳税意愿也会有很大提高，从而降低政府的征管成本。

（二）财权事责相匹配的天然工具

财权财力与事权事责的匹配是提高政府财政效率和治理水平的关键着眼点。尤其在中国地方政府一直以来财权财力不足而支出责任过大的背景下，财权事权的匹配是财政学者持续关注的焦点。房地产税的税基是房产，与其他税基（包括直接税和间接税的各个税种）相比，其重要特征是作为生活必需品、不可移动且是家庭财产的重要组成部分。房地产税税基的不可移动使得政府可以很好地将房地产税纳税人和公共服务受益者进行匹配，这构成了房地产税作为受益税的重要基础。也正因如此，地方政府承担提供相关公共服务事责的同时，房地产税作为其重要收入来源可以成为财权事责相匹配的天然工具。

另外，房地产税作为财产税，不同发展程度的地区房地产市场价值（税基）差异巨大，因此会造成地区间财力的较大差异。但与此同时，对于居民来说，不同收入群体的消费偏好差异也很大。跨入中产收入以上的群体不再满足于基本生活需求，他们往往要求更高质量的公共产品和服务，如高质量的基础教育、道路设施、社区环境等。因此，在房地产税税额较高的地区同时也有更高的公共服务支出需求，财权和事责得到了天然的匹配。当然，地区间差异扩大在一定程度上也是房地产税作为地方税种可能造成的弊端之一。为避免基本公共服务差异过分扩大，在房地产税改革的同时，需要相应的配套政策，如转移支付等财力调节措施，来缓解地区间财力差异的扩大。

(三) 收支相连的治理体系

房地产税作为受益税，其收入用于基本公共服务的特征，可以形成收支相连的居民监督、政府治理和社会和谐的良好治理体系。对居民来说，如果需要缴纳房地产税且由地方政府支配，因为房地产税的支出与自己能够获得的相关公共服务数量和质量直接相关，这会在很大程度上促进社区居民对政府的监督。房地产税由地方政府征管和使用进一步使这种监督成为可能，政府透明度不断增加的要求和居民逐步参与政府相关政策制定的背景也为此提供了正当性的支撑。同时，纳税人意识缺乏也是当下中国的公民社会的重要问题。如前文所述，中国的税制结构以间接税为主，绝大多数个人很少接触税务部门。即便收到工资时清楚自己缴纳了所得税，消费时知道其中包含了自己缴纳的增值税和消费税等税种，但很少会将这些税负与自己所获得的公共服务联系起来。实际上，这些税种根据分税制的安排也确实大多归于中央政府，然后再以转移支付等各种形式分配到不同的地方政府手中。房地产税作为地方税将极大地提高居民的纳税人意识和对政府的充分监督，促进政府的制度化管理和透明度提升。

对政府来说，房地产税的收入财力用于基本公共服务的支出责任。良好的公共服务供给又会被资本化到房价之中，使本地区的房地产市场价值提高，从而增加房地产税的税基。这样可以形成一个良性循环：政府提供公共服务，公共服务供给使本地区房价升值，税基增加使房地产税收入提高。这样的循环可以使政府有充分的动力来提供公共服务支出，在一定程度上改变当下地方政府过于重视发展型支出轻视服务型支出的问题。从这一视角来看，现行的上海重庆试点方案由于纳入征税对象的房产比重很低（仅1%左右），且收入用于保障房建设，从收入充足性和支出对象来看均未起到房地产税作为受益税通过收支相连的属性提高政府治理的作用。因此，仅基于这两地试点的结果对房地产税做价值评判显然有失偏颇。

对社会来说，房地产税改革牵涉面广泛且与居民生活息息相关。由于不同地区的发展程度差异，其相应的公共服务供给水平也大相径庭。例如，北京上海的如基础教育、道路设施等基本公共服务已达到发达国家水平，而中西部一些地区公共服务还很落后。这种巨大的地区差异之所以较易引起社会的普遍不满，是由于在一定程度上不同地区的居民并没有为相应的公共服务"付费"。房地产税作为受益税，可以很好地在不同的公共服务之间引入不同的消费成本，提高公共服务差异的公平性内涵。这里的"公平"意味着享受高水平公共服务的同时也需缴纳较高的房地产税，甚至同一个城市的不同地区也会根据不同房地产税税负提供差异化的公共服务。居民也可以根据自己的偏好选择相应的居住区域。房地产税的开征可以形成不同税率水平和不同质量的公共服务的地区差异，为居民提供可选择性更多也更加"公平"的多元化社会。

三　中国房地产税改革的推进思路

中国的房地产税改革还处于立法和摸索阶段，已有的理论以及模拟实证研究也为房地产税的税制要素设计提供了重要支撑（张克，2014）。尽管房地产税改革从政府治理的角度来看具有多方面的好处，但中国房地产市场以及财政体制的复杂性和特殊性使得房地产税改革不可能一蹴而就，进行改革的制度设计时需要谨慎推进。《中国房地产税税制要素设计研究》中提出应当积极、稳妥地推进实施房地产税，最大限度地做到公平，同时充分考虑经济效率和税收征管的可行性（侯一麟、任强、马海涛，2016）。考虑到中国的实际国情，在房地产税改革的推进过程中应该注重以下几点。

（一）地方自主，不求划一

关于房地产税改革除了是否应该开征的争议之外，对于具体的税制要素设计也还存在多方面的争议。例如，是否对包括小产权房和经济适用房等所有房产类型一并征税？税率区间如何设计比较合理？如何设计减免方案，首套减免、人均面积减免，还是人均价值减免？

我国现行多数税种的税率均由中央决定、全国统一，我们也常延续大一统的视角来分析房地产税，忽略了房地产税在不同基层政府可行性的差异。由于区域间的巨大差异，以全国统一的视角看，其中的有些问题就变得无法回答。正是由于这些原因以及缺乏具体数据，对房地产税改革的现状和问题仍处于零散讨论的状态。所以我们讨论房地产税这项制度时，固然应该重视改革的时间点，但同时也该重视其地域差异。在统一的顶层设计框架基础上，房地产税作为地方税与其他税种有别，应该不求划一并且提倡地区间差异化设计。例如，不同的房产类型是否计入等问题，不同地方政府可根据当地实际情况进行地方化的制度设计。因此，需要从理论上考察在现有税收体制下房地产税的经济社会影响在不同地区的差异。从政策角度看，房地产税的地方性特征，使得房地产税的设计不可简单模仿照搬，这对地方政府的制度设计能力将是一个挑战。

（二）差异税率，因地制宜

实证研究表明，不同地区家庭缴纳房地产税的能力存在较大差异（张平、侯一麟，2016）。这一差异充分突出了房地产税的地方税特征，地方政府需要基于纳税能力考虑采取不同的税收制度设计和不同的税率。相关的测算发现，基于纳税能力设计相应税率时，我们所熟知的北京、上海等发达地区的税率反而更低。这似乎与我们的直观感受相反，实际上这取决于收入等因素与当地房价的相对高低。这里差异化税率的目的是使得不同地区居民的房地产税税额占收入的比重相同，充分符合了税收的横向公平原则。这一结果进一步说明了差异化税率、因地制宜的重要性。

相对于横向公平问题，减免方案的设置则应基于纵向公平原则。针对"家庭首套减免"、"人均面积减免"和"人均价值减免"等不同的减免方案，相关研究中提到前两种方案分别存在着如何定义家庭和对房产的档次和区位缺乏考虑等问题，而"人均价值减免"相对可以较好地兼顾这些问题。而从实践的角度看，"人均面积减免"方案的具体减免面积也应根据各地居住条件的差异进行区别设计；"人均价值减免"的具体额度则可以根据各地房价水平与一定面积的倍数计算而得。因此，在房地产税改革的实施中，在学者讨论不同设计方案优劣的基础上，各地区完全可以因地制宜地采取适合当地实际情况不同的政策设计方案。

(三) 渐进改革，适时推进

在房地产税改革的推进策略方面，由于各地的社会经济发展水平差异很大，应该从居民的福利效应与政府的意愿指数及社会的接受度等三个方面来综合考虑，以渐进改革的方式适时推进。例如，评估环节常常被认为是房地产税的重要问题，是公平性等其他问题的起点，是否具备相应的评估基础保障这一环节的公正非常重要。再如上文提到不同收入层级的群体对公共服务的质量需求差异的存在，使得开征房地产税在不同地区对居民的福利效应以及社会的接受度均有较大差异。因此，必要性较高和条件成熟的一些区域适当先行，不确定性较高的地区可以暂缓实施。

在税制要素设计方面，大范围免除会使税基大规模减少。例如，我们的测算表明，首套免除可征得的房地产税税额仅为无免除时的22%，说明首套免除的方案基本上抹掉了税基；人均面积免除10平方米、30平方米和50平方米时可征得的税额分别为无免除时的75%、35%和17%。但是，中国作为转型经济体具有房价收入比偏高和存在诸多房产类型等特殊性，考虑到部分仅有一套房的低收入家庭群体及新开征房地产税政策施行的可接受度，在中国的环境下不可能一步到位所有房产全部征收，需要一个循序渐进的过程。因此，这里存在一个房地产税的充分性和居民的税收负担可接受性之间的权衡：从居民的承受能力来看，房地产税的推进需要一定的免除为前提；从房地产税作为地方重要收入来源改善地方治理的目的来看，房地产税作为完善地方税的首选，要达到"建立地方政府收入增加、公共服务改善和居民财产价值升值的良性循环"（楼继伟，2015）的作用，必须以税基和税额的充分性为前提。因此，兼顾居民的承受能力和房地产税作为基层财政收入的充分性是提升地方治理水平的前提。房地产税的改革是一个渐进的过程，需要以一定的免除为起点，逐步减小免除额、缩小免除范围，最终发展为宽税基低税率的地方政府重要税种。多数人建议房地产税应该为较大的人均面积免除为起点（如人均60平方米），但实际上，在人均免除30平方米时，税基也仅剩下三分之一。因此，侯一麟、任强、马海涛（2016）认为以市值减免时，对自住房产的减免值应不超过三分之一的人均面积乘以中位房价,而出租房、空置房、度假房、在建房等则不应在减免之列。

当然,具体的减免方案,推进速度和时间均可根据各地经济社会条件差异自主调节。真正能将房地产税用于地方公共服务至关重要,这是体现房地产税对地方政府治理作用的最关键环节。同时,这也是在中国能够顺利推行和广泛应用房地产税的重要条件。如何保证这一点需要政府的智慧。

四 结论

中国年收入在10万元以上的家庭数量迅速增长,大多数家庭进入了拥有相当资产的时代,而这些资产中70%以房产的形式持有。公民资产拥有量的变化带来了对居民和政府两方面的影响。对于居民来说,不同收入群体的消费偏好差异很大。跨入中产收入以上的群体不再满足于基本生活需求,他们往往要求更高质量的公共产品和服务,如高质量的基础教育、道路设施、社区环境等。这对现代政府提出了更高的要求,提高治理能力和水平刻不容缓。十八届三中全会则适时提出,推进国家治理体系与治理能力现代化。

对于政府来说,公民拥有相当数量的资产和财富直接改变了税制要素中税基的结构。很多的研究测算表明,我国的财富分布不平等程度远远高于收入的不平等程度。依赖原有的以间接税为主的税制结构已经很难真正起到调节资源分配和保证社会公平的作用。间接税的纳税义务人与赋税人可以分离,纳税人可以转嫁税负,且会损害自由竞争和交换。而直接税公开征收,可转嫁的空间比间接税小得多,因此税收的痛苦指数高,但同时也促使每个人监督政府。

本章从地方治理的角度来探讨地方财政改革的缘起与落脚点,在地方财政体系和政府治理的整体架构中探讨房地产税的定位。结果充分说明,从税制结果优化、地方财政可持续性和公共服务供给等角度来看,房地产税改革对地方财政体系的建构具备充分的必要性和紧迫性。从充分性上,房地产税将是财产税的最主要税种,亦是最可能成为地方政府主要收入来源的潜在税种;从必要性上,房地产税改革亦是要达到改善政府治理、提高公共服务水平势在必行的一步。房地产税作为以受益税为特征的高效率地方税种，可以成为财权与事权匹配的天然工具，形成地方财政收支相连的治理体系。结合中国转型经济体的特殊性，房地产税改革的制度设计需要遵循地方自主、差异税率和渐进改革的思路。

另外，从财产权的角度来看，"财产权是道德与善行的催化剂，是野蛮与文明的分水岭"（刘军宁，1998，第40页；周安平，2006）。财产权的确立是一个现代国家文明进步的标志。2007年通过的《物权法》以及各类产权保护与界定的法律法规都标志着我国在财产权方面不断取得的进展。征税的前提是确权，房地产税的开征有助于居民加深对财产权的理解。但产权可以分为完全所有权和部分所有权，房地产税的开征并不意味着对财产权的完全确认。房地产税的税额可分为两块，一块是对拥有的财产的征税，一块是对相应公共服务的收费。例如，小产权房等房产需要缴纳相应的房地产税，确认的是居住人享受相应公共服务的权利，而不是对小产权房财产权的确认确权。对小产权房等房产的产权解决办法我们将另文专述，房地产税的开征将在一定程度上加快这一进程。

因此，以房地产税为代表的财产税从多个角度来看均是应运而生，房地产税的施行意义重大，刻不容缓。

参考文献

[1] 安体富：《优化税制结构：逐步提高直接税比重》，《财政研究》2015年第2期。

[2] 储德银、吕炜：《我国税制结构对价格水平变动具有结构效应吗》，《经济学家》2016年第1期。

[3] 崔军、杨琪：《新世纪以来土地财政对城镇化扭曲效应的实证研究——来自一二线城市的经验证据》，《中国人民大学学报》2014年第1期。

[4] 崔军、朱晓璐：《我国税制结构转型改革的目标框架与基本思路》，《公共管理与政策评论》2014年第3期。

[5] 杜雪君、黄忠华：《土地财政与耕地保护——基于省际面板数据的因果关系分析》，《自然资源学报》2019年第10期。

[6] 杜雪君、黄忠华等：《中国土地财政与经济增长——基于省际面板数据的分析》，《财贸经济》2009年第1期。

[7] 樊丽明、李昕凝:《世界各国税制结构变化趋向及思考》,《税务研究》2015 年第 1 期。

[8] 宫汝凯:《分税制改革、土地财政和房价水平》,《世界经济文汇》2012 年第 4 期。

[9] 侯一麟、任强、张平:《房产税在中国:历史试点与探索》,科学出版社 2014 年版。

[10] 刘佳、吴建南等:《地方政府官员晋升与土地财政——基于中国地市级面板数据的实证分析》,《公共管理学报》2012 年第 2 期。

[11] 刘军宁:《共和·民主·宪政——自由主义思想研究》,上海三联书店 1998 年版。

[12] 楼继伟:《深化财税体制改革》,人民出版社 2015 年版。

[13] 孙秀林、周飞舟:《土地财政与分税制:一个实证解释》,《中国社会科学》2013 年第 4 期。

[14] 田传浩、李明坤等:《土地财政与地方公共物品供给——基于城市层面的经验》,《公共管理学报》2014 年第 4 期。

[15] 闻媛:《我国税制结构对居民收入分配影响的分析与思考》,《经济理论与经济管理》2009 年第 4 期。

[16] 张克:《从物业税设想到房产税试点——转型期中国不动产税收政策变迁研究》,《公共管理学报》2014 年第 3 期。

[17] 张平、侯一麟:《中国城镇居民的房地产税缴纳能力与地区差异》,《公共行政评论》2016 年第 2 期。

[18] 周安平:《公民财产权与国家行政权之法治关系——以房屋拆迁为分析背景》,《华东政法大学学报》2006 年第 1 期。

[19] 周克清:《税制结构与居民消费关系的实证研究》,《消费经济》2012 年第 5 期。

[20] 周克清、毛锐:《税制结构对收入分配的影响机制研究》,《税务研究》2014 年第 7 期。

[21] Hamilton, B. W. (1975). Zoning and Property Taxation in a System of Local Governments. *Urban Studies*, 12 (2).

[22] Hamilton, B. W. (1976). Capitalization of Intra‐Jurisdictional Differences in Local Tax Prices. *American Economic Review*, 66 (5).

[23] Oates, W. E. (1969). The Effects of Property Taxes and Local Public Spending on Property Values: An Empirical Study of Tax Capitalization and the Tiebout Hypothesis. *Journal of Political Economy*, 77 (6).

[24] Oates, W. E. (1973). Effects of Property Taxes and Local Public Spending on Property Values – Reply and yet Further Results. *Journal of Political Economy*, 81 (4).

[25] Zhang, Ping, and Qiang Ren. (2016). Provincial – Local Fiscal Relations in Recent China: Local Fiscal Autonomy and Inter – jurisdictional Disparities. *Public Finance and Management*, 16 (3).

第十二章　全书结论：美国实践在中国探索中的综合考量

本章聚焦于美国房地产税的税制要素设计及中国的房地产税改革设想，分析美国房地产税的实践在中国的探索中如何进行综合考量。其基本思路为，在强调国情特殊性的同时，我们需要充分尊重理论的一般性，但具体借鉴时又要特别注意去粗取精，切忌全盘照搬。最后，本章以对中国房地产税相关的当前政策进行初步讨论并提出进一步的展望结束全书。

美国房地产税的实践充分证明了房地产税作为一个地方税种，其独特的受益税特征以及相应的税制要素设计使得房地产税成为天然的治理工具，在美国互相叠加错综复杂的地方政府结构中为地方治理的完善和有序发挥着极其重要的作用。中国的政治经济结构、文化历史传统以及政府治理的方式与美国都有着相当大的差异。那么，美国的房地产税实践及其在地方治理中的作用能否在中国得到相应的运用？与其他领域类似，在所有关于发达国家经验借鉴方面的讨论，都会有两种截然不同的观点。一是强调中国特色，凸显中国国情的特殊性，认为发达国家的国际经验参考价值较小。二是强调发达国家掌握最先进的管理技术，认为应该充分吸收借鉴其先进的经验和理念，这样才能不断向前发展甚至赶超发达国家。

比较这两种观点，在借鉴发达国家经验时，我们到底应该听取哪种观点？发达国家经验借鉴的界限在哪里？综合考虑管理技术的一般性和不同国情的特殊性，经验借鉴的基本思路应该是：在强调国情特殊性的同时，我们需要充分尊重理论的一般性，但具体借鉴时又要特别注意去

第十二章　全书结论：美国实践在中国探索中的综合考量

粗取精，切忌全盘照搬。本章聚焦于美国房地产税的理论和制度设计以及中国的房地产税改革设想，分析美国房地产税的经验在中国的探索中如何进行综合考量。最后，本章以对中国房地产税相关的当前政策进行评估和提出进一步的展望结束全书，以飨读者。

一　理论的一般性

中国经济总量的增长和国际地位的提升使得我们对国家的发展和未来更有信心，从制度的层面也对中国的发展特色更加有道路自信。但是，这也使得部分认识出现了一种错误倾向。这种认识往往对自身政策过度自信，过于强调国情本身，有否定一切外部世界经验的倾向，更严重的是有时候竟然会忽视理论的一般性，将某些实践特色凌驾于一般性的理论之上。这些情况下，最终产生各式各样的问题也就是必然的了。

中国改革开放之后的实践充分证明了理论一般性对中国改革的重要意义。中国的改革开放经历了从对姓社姓资的争论，到后来逐步认识到市场经济建议的原理的一般性，再到最终确认建设社会主义市场经济作为中国经济发展的重要目标。另一个例子是财政分级制（fiscal federalism）在中国的发展。尽管中国与美国的政治体制有很大差异，利用财政分权调动地方政府的积极性，促进资源优化配置和经济持续稳定增长的作用则是相通的。中国的改革开放和对经济增长方式的探索离不开对理论一般性的充分认知，离不开突破国情和原有体制的限制对相关理论的正确运用。

房地产税的改革同样如此，房地产税对地方治理的作用并不是美国特有的，而是在很多发达国家都有所体现。前文的多个章节均是从理论的一般性来讨论房地产税与地方治理的关系，同时结合中国国情提出在税制要素设计的不同方面体现当地的实际情况，使房地产税的设计更好地服务于地方治理。在第七章中对中国房地产税改革的理论探索也可以看出，从房地产税到公共服务、再到房产价值（税基）和税收收入、最终再到更好的公共服务，这样的理论逻辑链条是不受具体的历史文化等因素所左右的。这并不是说历史文化等因素就不重要，而是说核心的理论原理是一致的，不同国家的制度国情可能影响到的是这一理论在实践中能够发挥的可能性程度和。因此，不能用所谓国情特色阻碍自己去学习和借鉴国外的重要理论和经验。充分重视理论的一般性，研究如何在不同的制度环境下最大地发挥其作用才是应该提倡的学者态度。

二 实践借鉴的去粗取精

理论的一般性需要我们打破原有体制的限制，从基本原理出发，着眼于理论上的普适性和通用性。但是强调理论原理的一般性并不是说所有的政策细节都要借鉴已有的经验，因此，在避免全盘否定的同时，也切忌全盘照搬。尤其是在房地产税的实践借鉴中，需要审慎地去粗取精，仔细评估每一项政策的得失以及这项政策当时设计与实施时的背景和影响。

例如，在美国的房地产税实践中，减免政策除了针对老人、低收入家庭等弱势群体外，对政府、学校、医院和教堂等非营利组织的房产也有不同程度的房地产税减免。这些减免政策的初衷是照顾弱势群体或是鼓励非营利组织的发展，但这些政策中存在的不公平和低效率等弊端也逐步显现。那么，中国的房地产税改革是否也需要对减免方案进行类似的设计？尤其是对政府、学校、医院等组织的房产是否也应该减免房地产税？实际上，学者和实践部门的相关人员都已经认识到美国这些减免政策的种种弊病，但由于房地产税减免的政策惯性极大，尤其是在民主社会中，这样的政策很难轻易取消，因此得以一直延续。在理解了美国房地产税减免政策相关背景的基础上，作为在一开始具备了选择权的中国房地产税，为什么还要重复这弊端重重且其他国家都已经想取消的政策呢？因此，中国的房地产税对相关房产的减免政策需要审慎而行，尤其是对政府、学校、医院等组织的房产，不妨以无减免作为政策的开端。这样做至少有三大好处。第一，对这些公共部门无减免可以有效提高土地使用效率，避免浪费。这一点在美国的表现非常直观，在路边时常看到一些大学的农学畜牧等学院拥有着大片大片的土地，这正是因为这些大学的土地拥有房地产税减免，利用这一优势低效占据着大片土地。当然，大学的农学、畜牧或森林等学院储存一些土地是必要的，但由于没有房地产税等成本的考虑，很多时候确实造成了无谓的浪费。第

第十二章 全书结论：美国实践在中国探索中的综合考量

二，将政府等部门的房产同样纳入房地产税的征收，可以使税基更宽，对经济运行的扭曲减少，效率提高。宽税基的情况下也可以使税率更低，居民更易接受。政府自身也要缴纳房地产税，政府大楼也要根据市场价值评估征收房地产税，让政府将办公用房用地每年需要缴纳的房地产税纳入预算支出。这可以在很大程度上避免小县城的"白宫"现象等政府大楼的盲目扩张和过度奢侈，促进财政资金的有效利用。第三，对政府等部门的房产同等看待，会在很大程度上提高居民的公平感。这对于房地产税在中国开征可能面临一定阻力的情况下尤其重要，这可以减少政府与居民始终处于对立立场的看法，也符合当下政府特权在不同领域要逐步退出的大趋势。

对于那些确实是弱势群体的家庭，房地产税减免的方式也不一定就是直接减免，而是可以充分借鉴美国的相关经验，通过所得税抵扣的方式实现房地产税减免的目的，对一些家庭的房地产税允许在所得税中进行相应抵扣。与直接免除低收入家庭的房地产税相比，以所得税抵免的方式至少有两大作用。一是可以使减免设计不影响地方政府收入，让地方政府有更大的动力去推进相关政策的实施。这本质上其实是一种政府间财力转移的过程，即以联邦政府或州政府少征收所得税的方式使得地方政府获得更多的房地产税收入。二是由于只有收入低于某个标准的家庭才可以获得抵免，通过所得税抵扣的方式可以使得房地产税的抵免有一定限额，防止低收入家庭滥用房地产税抵免，选择居住于超出自身收入能力的房产，造成资源分配的扭曲和社会不公。在中国当前房地产市场价格高启，居民其他消费被压缩的情况下，这样的设计尤其重要。当然，简单的所得税抵扣方式进行房地产税减免可能会造成在一定收入范围内，收入越高却可以获得越多的所得税抵扣的现象。因此，政策设计上需要通过设计一定的参数来冲抵这一趋势，从而同时达到房地产税的所得税抵扣具有限额且收入越高抵扣越少的目的。美国的相应政策进行了较好的设计，值得参考。政策的设计思路为，以一定的抵免限额作为基础，每个家庭能够抵免的房地产税税额为该限额减去所得税税额，这样就可以达到收入越高房地产税减免越少的目的，对于所得税税额达到或高于抵免限额的家庭也就没有房地产税减免。当然，对于完全没有收入的群体，通过一定的政策设计应可以获得最多的抵扣。

第十章中关于中国城镇居民对房地产税纳税能力的分析也表明，鉴于中国房地产市场发展、房产类型和历史文化等方面的原因，居民对房地产税的纳税能力与美国相比有很大差异，在税率的设计上需要充分考虑各种不同因素进行地区间差异化设计。因此，中国的房地产税改革在税制要素的设计方面不必照搬美国的实践，而是充分考虑中国的房地产市场与居民对房地产税的纳税能力和纳税意愿等因素，在尊重理论原理一般性的基础上，进行地区差异化和个性化设计，从而通过房地产税改革促进地方治理体系和治理能力的现代化。

三 对中国当前政策的评估与展望

房地产税的讨论已经断断续续历经十多年，对于房地产市场和房地产税相关的政策也屡屡出台。现在的房地产市场价格处于高位，居民对房地产税政策就显得更为敏感，房地产税对房地产市场的影响也可能更加具有不确定性，人们对房地产税会使房地产市场价格下跌的担忧也进一步增加。因此，本节试图对中国当前与房地产市场和房地产税相关的政策进行评估，同时对未来房地产税的改革进行方向性展望。这里主要讨论近期相关政策的影响，同时提出一些问题和展望，以此结束全书，以期与读者共同思考和进步。

（一）房价的未来走势与房地产税对房价的影响

中国当前的房地产市场已经形成一、二线城市和三、四线城市完全分化的基本格局。在过去的5年里，尽管一、二线城市的房价仍在不断上涨，但大多数三、四线城市的房价基本没有上涨或已经开始逐步下跌，可以说，大多数三、四线城市已经越过了房价的短中期最高点。这里在简要探讨房价未来走势的基础上阐述房地产税对房价可能带来的影响以及存在的哪些因素决定了影响的方向。

我们首先讨论房价的未来走势。毫无疑问，中国房价的未来走势将依然延续不同级别的城市严重分化的格局。对多数三、四线城市来说，由于库存量大，供给过剩主导着市场，房价未来走势的判断相对比较清晰。除了极个别具有发展潜力对人口具有吸引力的特殊地区

第十二章 全书结论：美国实践在中国探索中的综合考量

外，大多数三四线城市的房价走势根据当地房地产市场状况将基本呈现不涨或下跌的格局，直到库存出清供求关系重新均衡。对一、二线城市来说，由于影响因素更加复杂，房价的未来走势显得难以研判，市场中充斥着各种不同的说法。我们这里从分析思路的角度来进行阐述。对于一、二线城市的房价，相当一部分研究利用房价收入比和房价租金比等比重与世界上其他主要城市进行比较，从而得到中国的房价存在泡沫的判断。

这些研究在一定程度上忽视了中国作为转型经济体的特征。第一，在大城市中相当一部分打工的群体并没有在当地购置房产且定居的打算，由于收入确实不够高或是户籍制度的限制，他们往往打算通过在大城市打工数年挣够一定收入后仍然回到老家。他们尽管在大城市工作，但并不是购置房产的群体，计算房价收入比时所用的平均收入应该是能够或者将要购置房产的群体的平均收入，而不是包括了所有当地人群的平均收入。例如，在北京、上海，如果不依靠原生家庭，可能只有那些硕士以上学历或同等高收入的人群才能在当前的房价水平下购置一套房产。因此，我们或许应该用这些大城市中一部分高收入人群（例如30%）的平均收入计算房价收入比，这样才离真实情况更加接近。基于这一原因，不少人所提到的大城市高房价使得部分人群无法承担而不得不离开因而推断房价过高和有泡沫在理论上是不成立的。实际上，如果进行国际比较，像纽约波士顿这样的大城市，一个普通的白领（更不用说蓝领）要想在当地购置房产也极为困难，由于高房价而选择离开的也不在少数。

第二，由于中国的地区间公共服务分布差异很大，就业机会和职业生涯发展际遇等在大城市也体现出绝对优势，这使得其他地区的居民只要有能力就会希望到大城市工作和定居。例如，对于三、四线城市的高收入家庭，他们的子女如果在一线城市哪怕读一个很普通的大学或者是毕业后在一线城市做一份最普通的工作，基于各种发展机会的考虑，他们很多时候也会希望子女在大城市定居，在具备条件时利用家庭的储蓄为子女在大城市购置房产。因此，支撑着大城市房价的不仅是当地的居民，还有二、三、四线城市的富裕人群，这进一步削弱了用当地的房价收入比来衡量房价泡沫的合理性。这两大原因的存在，也可以解释为什么在众多指标均表明中国的房价存在泡沫的情况，仍然在持续上涨。只要外部需要购房的人群源源不断进入大城市，就会一直从需求的基本面上支撑着大城市的房价。实际上，未来人口迁移的路径决定了不同城市的价值，以及相应的房地产市场的发展。

当然，上述两个原因属于中国社会经济转型期的一些特色。长期来看，一、二线城市房价拐点的来临取决于以下两个因素：一是，当那些计划（且能够）在大城市购房的外来人口均已购房，即外来需求基本得到满足。二是，随着人口的老龄化速度加快，大城市的人口由于老龄化出现快速下降，而外来人口进入的速度已经不能完全补充大城市的人口减少。当这两个因素满足时，一、二线城市的高房价也会失去支撑，转而进入缓慢下行的轨道。但初步判断，上述中国经济社会转型期的人口向大城市流动支撑房价的因素在短期内不会变化。因此，这里对于一、二线城市房价的基本判断为，近5年维持高位震荡，甚至会继续上涨，快速下跌的可能性较小；长期来看，10年左右大城市的房价也将越过高点进入下行轨道。

在理解这一结论时需要注意两点。一是，这里的判断是基于房地产市场基本保持稳定不出现剧烈上涨或下跌的情况。即便仍然有源源不断的外来刚性需求，房价的支撑也有一个极限，不可能无限上涨，因此，如果房地产市场在当前这样的高位短期内再出现剧烈上涨将可能使大城市房价提前到达顶部，也会使下跌的速度加快。这样显然不利于推进经济结构转型和维持居民生活和社会的稳定，这也是政府将维持房地产市场稳定作为政治任务的合理性所在。

二是，这里所判断的10年之后越过高点的下行，并不是指房地产市场会出现断崖式下跌，而是相对于其他价格指数来说进入缓慢下跌的阶段。因此，如果房地产市场保持稳定不出现急剧上涨，即便10年之后，房产价格也不会快速下跌，而是会维持或略低于其他价格指数如CPI的趋势运行，因此名义价格可能还在缓慢上升。在这期间，随着居民收入的不断上升，对房价的可承受能力也逐步提高，随着时间的推移居民收入和房价之间的差距会逐渐缩小，通过这样的方式中国的房价仍然可以实现软着陆。当然，如果届时的经济发展有新的增长点，也可能会进一步推动房价上涨，但像当前这种急剧快速上涨只可能会在极个别

第十二章 全书结论：美国实践在中国探索中的综合考量

特殊的城市出现。

当前一些有房的家庭因为稍早购置了房产而自喜，主要基于两个原因，一是房价急剧上涨，资产账面价值快速上升；二是在这样的涨速下还未购房的普通家庭储蓄增加的速度远远赶不上房价，确实会感觉购房无望，望洋兴叹。很多已购房人的房产价值的增长是自身一辈子工作的收入也无法企及的，而没有购房的家庭则显得追悔莫及。这一状况导致一项决策基本上决定了一个家庭一辈子的生活质量和幸福程度，严重打击了整个社会对完成本职工作和保持工作活力的积极性。这也是整个社会对房地产市场扭曲性发展的反映，现在多数大城市的房价都超前反映了五至十年之后的城市区位的价值。当然，从房产价值反映预期的角度看，这是合理的。但实际上，未来随着房价相对价值的降低，在不同家庭的对比中，拥有房产的比较优势将急剧下降，这也正是一个正常的具备活力和竞争力的社会所需要的。

还需要注意的是，这里的分析是基于政府政策等外部因素不变，房地产税也维持不全面开征的情况下的判断。譬如，如果房地产税开征了，房价的下行趋势是不是会提前到来？要回答这一问题，需要分析房地产税对房价会有怎么样的影响？我们在第一章关于房地产税与房价的关系中就提到，房地产税对房价的影响与房地产市场中的消费需求（刚需）和投资需求的变化息息相关。当消费市场和投资市场达到均衡时，如果将房地产税用于当地基本公共服务，房地产税对房价的影响将同时取决于房地产税和公共服务的资本化效应。在中国的背景下，大城市的房价普遍处于高位，房地产税作为一个新税种，对基本公共服务的改善作用需要一定的时间才能体现。因此，房地产税对房价的影响在短期内主要由房地产税对房产消费需求和投资需求的效应决定。由于房地产的特有属性使其同时存在消费和投资两个市场，而投资市场的需求可以迅速转化为消费市场的供给，这使得房地产市场与其他产品相比，受税收等外部政策的影响在时间上更加迅速，在幅度上也会更大。而众多不同来源的信息反映的都是，中国的大城市中存在着房地产投资甚至投机的市场，相当部分的房产被这部分人群持有。拥有两套以上住房的家庭亦不在少数。因此总体判断，开征房地产税会对房地产市场价格造成不小的下行压力。不少房地产市场的研究者倾向于夸大房地产税的冲击，似乎一旦房地产税开征，房地产市场就将迅速溃之千里，并以此作为原因论证房地产税不应也不能开征。而对于力主推动房地产税改革的学者和实践部门相关人员来说，一些研究也倾向于淡化对房地产市场的影响。房地产税对市场的实际冲击可能要高于一些学者的估计，也不可小视。因此，我们既不能因噎废食，也不能百密一疏而大意，需要理性审视看待房地产税可能对市场供求带来的冲击。当然，房地产税在不同的城市对房价的影响根据当地的消费和投资需求结构不同会有很大差异，不同城市具体的判断需要在基于数据的基础上进行严格精确的测算。

另外，再从房地产税的改革来看，有一种看法是，现在已经过了房地产税开征的最佳时机。如果在 20 世纪 90 年代房改的同时推出房地产税，房价一定不会上涨到今天的高度，对房地产市场的政策调控也会更加游刃有余。在房价已经大幅上涨后，房地产税可能会对房地产市场带来冲击性影响的担忧成为房地产税改革推进缓慢的原因之一。结合经济增长下行的背景和经济结构转型的艰难，中央政府对房地产税改革也迟迟不愿意贸然推进。那么，到底有没有房地产税的最佳开征时机？从地方治理的角度看，房地产税的开征没有所谓最佳时间，很多治理问题的解决显然是越早越好。但从对房地产市场可能带来的影响来看，房地产税改革在时机的选择确实需要一定的策略甚至战略性的考虑。下面我们讨论房贷抵个税的政策，这对一些地区来说，或许恰好为房地产税的开征提供了一个重要契机。

（二）房贷利息抵个税的政策分析

由于政策的名称容易带来误解，我们首先需要对所谓房贷利息抵个税的政策进行一些解释。房贷利息抵个税并不是说房贷利息可以直接抵免个人所得税，而是说房贷利息可以在计算个人所得税应纳税所得额时（即当月工薪收入减去免征额和其他免税项目）进行税前扣除。由于个人所得税的超额累进税率的设计，每个家庭从这一政策的获益取决于每月的房贷利息额及收入的高低。对于高收入者，其所得税适用的最高级税率可以高达 45%（当月应纳税所得额超过 8 万元的部分），而低收入者的最高级税率可能远低于高收入者。例如，当月应纳税所得额在

4500元至9000元之间的税率为20%[1]。因此，即便是同样的房贷利息进行税前扣除时，高收入者在房贷抵个税的政策中获益更大。

房贷利息可以抵个人所得税，这一政策本身是一个关于房地产市场的政策。本书主要讨论房地产税，为什么这里专门讨论这一政策，且紧随房地产税对房价的影响之后专门分析？原因有三。一是该政策的重要性和可能产生的影响是很多其他的房地产限购放松或收紧等政策所不可比拟的。二是该政策的时效性很强。该政策进入大众视野是由中国财政学会副会长兼秘书长贾康（财政部财政科学研究所原所长，研究所现更名为"中国财政科学研究院"）于2016年7月22日在三亚出席会议时放出相关消息。贾康提到个人所得税可抵扣房贷已明确，他称，"中央要求的时间是1年左右，但今年可能赶不上了。可以确定的是，这种方案会在全国推广。"[2] 最后，这一政策与房地产税改革有重要的联系，这种联系对政府间财政关系的调整和房地产税推出时机的把握均非常重要。下面我们将详细阐述。

在分析这一政策的影响之前，我们需要厘清以下问题。即这一政策想要达到的政策目标是什么？在当前的房地产市场状况下，其计划推出的时间点是否合适？在过去的一年里，在三、四线城市仍然挣扎着去库存的背景下，一、二线城市的房地产市场又经历了一轮快速上涨。由最新的2016年8月房价数据可以看出，北京、上海和南京的房价同比上年分别上涨32.09%、31.57%和28.95%。[3] 在房地产市场出现严重分化、一、二线城市房价仍在高速上涨的阶段，房贷利息抵个税这样的政策值得斟酌，这取决于我们对房价的合理价位的理性判断。毫无疑问，房贷利息抵个税的政策对房地产市场的价格将具有推高效应，且该效应可以大到足以高过很多所谓的放松限购的政策。在该前提下，如果我们认为现在一、二线城市的房价仍然离合理价位有距离，这一政策确实应

---

[1] 根据2011年6月30日通过的《个人所得税法》修正案，将个税免征额由2000元提高到3500元，适用超额累进税率为3%至45%，自2011年9月1日起实施。现行的不同级数的税率分别为（括号中为当月的应纳税所得额的不同级距，用 i 表示）：3%（$i ≤ 1500$）、10%（$1500 < i ≤ 4500$）、10%（$4500 < i ≤ 9000$）、25%（$9000 < i ≤ 35000$）、30%（$35000 < i ≤ 55000$）、35%（$55000 < i ≤ 80000$）、45%（$i > 80000$）。

[2] 资料来源：搜狐财经，http://business.sohu.com/20160725/n460986345.shtml。

[3] 资料来源：搜狐财经，http://business.sohu.com/20160914/n468392356.shtml。

该推出，而如果是想通过该政策去除三四线城市的房地产库存，则很可能去库存的目的没有达到，反而进一步推高一、二线城市的房价。其原因是，由于一、二线城市的收入水平明显高于三、四线城市，在个税的超额累进税率的设计下，房贷利息抵个税政策的最大受益者是高收入人群和住房贷款还款额较高的人群。这两类人群大部分集聚于一、二线大城市，包括房地产市场的投机客。因此，假使确实在2017年推出房贷利息抵个税的政策，这必然推动一、二线城市房价的进一步上涨，如果涨速过快，很可能酿成房地产市场不可控的断崖式下跌的危机。

实际上，美国早就有房贷抵个税的政策，其中可以抵免的部分甚至同时包括了房贷中的利息和本金（两者均有一定的限额）。从完善个人所得税的角度来看，计算个人所得税应税所得额时将房贷利息在税前扣除也是合理的一步。但结合房地产市场的价格走势以及当前一二线城市明显过热的状况，该政策本不应立即推出实施。那么，房贷利息抵个税的政策何时才应该推出，该政策会对房地产税的改革产生什么影响？根据当前的市场状况，推出房贷利息抵个税的政策无疑存在使房地产市场失控的风险。

分析至此，我们不妨将房贷利息抵个税政策和房地产税改革结合起来综合考虑。如果政府有意向从完善所得税制和促进房地产市场发展的角度推出房贷利息抵个税的政策，若与房地产税的推出相结合综合考量，这实际上是房地产税改革推进的一个良好契机，可以在很大程度上减小房地产税可能给对市场带来的冲击。由于政府对于房地产市场的政策目标是保持稳定，既不能过快上涨，也不能大幅下跌，任何可能导致房地产市场大涨或大跌的政策都是政府所不愿意看到的。如果房贷利息抵个税和房地产税改革都是政府想要推进的政策，两者同步而行或一先一后均不失为一套很好的政策配对。这样做的好处非常明显，从市场的角度看，两项政策对房地产市场的反向影响可以相互制约，同时释放了两项政策各自对房地产市场产生剧烈影响的风险，从而保证房地产市场价格的稳定。从居民的角度看，开征房地产税的同时，由于一些家庭同时获得房贷利息抵个税的收益，至少一部分的收支相抵可以增加居民对房地产税的可接受程度。从政府的角度看，通过政策配对的方式推行这两项政策，可以大大增加政府对政策调控的自由度空间以及提高政策的韧性。由于房地产税对房价的影响取决于各项税制要素的设计，若发现政策配对对房地产市场的影响超出了一定区间，可以通过对房地产税税基、税率和减免等制度设计的微调达到稳定市场的作用。同时，政策配对的结果是个人所得税收入减少，房地产税收入增加，其本质是中央政府或省政府让出了部分个人所得税转变为基层政府房地产税，这有助于进一步理顺政府间财政关系，促进中央与地方财政事权和支出责任划分的改革。当然，如果两项政策通过配对的方式实施，除了房地产市场以外还有很多的影响因素需要通盘考虑，具体的设计方案还需要根据当时当地的情况审慎考量后作出。

（三）房地产税改革应该审慎对待

巧合的是，在贾康提出房贷抵个税相关政策消息的第二天，2016年7月23日，在成都举行的G20财长和央行行长会议上，财政部部长楼继伟即明确表示：应该积极推动房地产税制改革，解决收入分配问题，这是一个难题，但也"义无反顾"地要做。[①] 那么，房地产税改革为什么需要"义无反顾"？房地产税改革的阻力在哪里，存在如此大的阻力为什么还要勉强推进？这里也以初步探讨的形式进行阐述。

首先，从所谓"既得利益"的角度看。对于一些政策的推进和实施，平时经常听到的言论是存在"既得利益"或"利益集团"的阻挠。那么，房地产税改革是不是存在"既得利益"，其阻力是不是来源于这些利益的阻挠？部分人认为由于政府官员这个群体大多拥有一定的房产，且有些价值不菲，房地产税的开征一定会触动这些官员的利益，作为政策的推动和执行过程中重要的力量，政府官员自身的消极会导致房地产税迟迟不能落地。这样的说法似乎有一定道理，但并没有触及问题的本质。从当前房产拥有者的分布来看，房产确实分布不均明显，尤其是房产市场的投资者和投机客是极其不愿意房地产税开征的。但房地产税作为一项重要的税制改革，其推进和落地的速度主要取决于中央政府在经济社会大背景下对整体形势的估计和判断。推进缓慢和迟迟不落地

---

① 资料来源：新华网，http://news.xinhuanet.com/fortune/2016-07/26/c_129178682.htm。

的原因主要还是中央政府对房地产税可能带来的方方面面的影响及其不确定性还存在一定的疑虑。一旦中央开始推动，在中国的政府组织架构下，中层官员的意见不能影响政策的主导方向。另外，房地产税政策推出时再预留 2—3 年时间让市场消化后再行实施的设想（侯一麟、马海涛，2016）更进一步减小了这方面可能的阻力。

其次，从政府的角度来看。首先是地方政府，房地产税可以为地方政府带来可靠稳定的收入来源，使财力并不宽裕的地方政府有充分的动力去开征好管理好房地产税。如果房地产税改革推进后给予地方政府开征或不开征以及税制要素设计等方面充分的自主权，两种类型的地方政府可能会愿意作为先行者尝试开征。一类是那些财政收入不足甚至已经难以为继的基层政府，它们在别无其他选择的情况下可能会尝试开征。另一类即是地级市内对公共服务需求较高的某些区县，当地居民的消费偏好要求更高的公共服务水平。当地的房地产市场往往也发展良好，因而具有相对较丰厚的税基，以较低的税率即可获得相当的财政收入，可以较好地改善当地基本公共服务，满足居民的需求。这样的基层政府在居民的需求推动下也会有意愿和动力尝试开征房地产税。其他一些地方政府则可能会由于阻力太大或不确定性太高而选择暂缓开征。对中央政府来说，国务院于 2016 年 8 月 16 日发布的《国务院关于推进中央与地方财政事权和支出责任划分改革的指导意见》充分说明了中央政府已经认识到财政作为国家治理的基础所亟须解决的财政体系中存在的重大问题并开始着手实施改革。要理顺政府间财政关系，推动财政事权和支出责任划分的改革，发展地方政府自己的主体税种和稳定的收入来源是必不可少的。房地产税是天然的地方税，更可以作为重要的基层治理工具，是地方政府的最优选择。因此，从不同层级的政府来看，房地产税都是必须走的一步，也是未来必然的方向。其不确定性只在于时间点的选择。

最后，也是最重要的，从居民的角度来看，对房地产税仍然存在一定的逆反心理。如前文所提到的，由于多数居民已经几乎将毕生储蓄投入购置房产当中，如果开征房地产税，尽管有时税额并不高，居民会将对房价过高的不满转移到房地产税上，进而统统归结于政府的错误政策。这也是为什么很多普通居民反对开征房地产税，甚至一听到房地产

第十二章 全书结论：美国实践在中国探索中的综合考量

税就不问青红皂白地表达出反感，且伴随着愤怒的情绪。在这样的环境下，居民对房地产税的准确认知和纳税意愿对房地产税改革的推进至关重要。这就需要政府在税制要素设计上和房地产税的使用上真正下功夫，使房地产税真正能够"取之于民，用之于民"。如果税负适中，针对不同人群差异对待而不失公平，且房地产税与公共服务直接相关，缴纳税收的同时可以获得相应的公共服务，这将在很大程度上提高居民对房地产税的纳税意愿。从而可以顺利推进房地产税改革，完善财税体系，提高地方治理水平，且能让推动国家治理能力和治理体系的现代化尝试在离人民最近的基层政府上走出切实有效的一步。

后　　记

　　2016年9月16日，即农历八月十六之夜，我在复旦大学江湾校区打下了本书第一稿的最后一个字，完成初稿。尽管一整天细雨绵绵，当时我心里却充满阳光。俗语云，十五的月亮十六圆。我仰望着没有星星的天空，心中顿生宇宙浩瀚、人生渺小之感。

　　回顾写作这本书的日日夜夜，不禁思绪万千。弱水三千，只取一瓢。自己能够选择房地产税作为研究方向要感谢很多人，我心存感激之情。我希望自己能够在这个领域继续深入探索，以期在社会科学领域众多的议题中添加一项合理深刻的阐释。

　　古人云，书生报国无他物，唯有手中笔如刀。我很庆幸自己人生的第一本书就能在房地产税这一重大议题上发表一些尚不成熟的想法。我也希望自己的拙著能够为中国当下的财政体制改革和地方治理完善贡献一份微薄之力。

　　感谢我的博士导师侯一麟教授，是在他的指引下我才慢慢进入公共财政这一领域，也是在他的引导下我开始涉及房地产税并对这一话题产生了浓厚的兴趣，书中不少的思想也是来源于侯老师的思考和指导。感谢北大-林肯基金对我在房地产税研究中的慷慨资助，也要感谢中国社会科学出版社喻苗女士在出版过程中的大力支持。

　　感谢我的家人，在我的学术职业生涯起步的这两年里的无私支持和奉献。谨将此书献给我的父亲母亲，感谢他们的一生操劳。

　　作者在书中将房地产税在美国的经验教训和在中国可能带来的方方面面的影响力求准确阐释，但由于作者水平、见识有限，仍然存在不少疏漏，请各位专家读者不吝批评指正。

张平
2016年9月16日于复旦大学江湾校区